만나요약설교 4

김명규 지음

만나요약설교 4

| 1판 1쇄 발행 | 2006. 8. 25. |
| 1판 5쇄 발행 | 2018. 6. 20. |

엮은이	김명규
펴낸이	박성숙
펴낸곳	도서출판 예루살렘
주소	(10252) 경기도 고양시 일산동구 고봉로776-92(설문동)
전화 | 팩스	031-976-8972 / 031-976-8974
이메일	jerusalem80@naver.com
출판등록	1980년 5월 24일(제 16-75호)

ISBN 978-89-7210-439-1 03230
책값 뒤표지에 있습니다.

ⓒ 이 출판물은 저작권법에 의해 보호를 받는 저작물이므로
무단 전재와 복제를 할 수 없습니다.

도서출판 예루살렘은 하나님을 사랑하며 하나님 말씀대로 순종하며 살기를 원하는
청소년, 성도, 목회자들을 문서로 섬기며 이를 위하여 기도하며 정성을 다하여
모든 사역과 책을 기획, 편집, 출판하고 있습니다.

오직 성령이 너희에게 임하시면 너희가 권능을 받고
예루살렘과 온 유대와 사마리아와 땅끝까지 이르러 내 증인이 되리라(행 1:8)

머리말

　나는 자작(自作)해서 小石(소석)이라 하였다. 창세 전에 예정되었으며, 태에서 나오기 전에 이 세대에 목회자로 구별된 존재임을 믿는다. 다행히 유치부 때부터 교회에 다녔으며, 고향 충남 서천군 마산면 마명리에 위치한 마명교회는 2004년 3월에 100주년 기념행사를 가졌다. 출신 목회자들만 해도 교파를 떠나 헤아릴 수 없이 많이 배출되었다. 초등학교 4년 때 부흥회를 통해서 소위 은혜체험과 함께 방언을 비롯한 말로 표현하기 어려운 성령의 역사를 받았다.
　변해가는 세상의 물결을 따라 강단들이 변해가며 생명력을 상실해 간다. 세상에 완벽한 자가 어디에 있으리요 마는, 두렵고 떨림으로(빌2:12) 성도들에게 설교한다. 성경과 성령의 능력 밖에는 인간의 치유책이 없음을 알아야 한다.
　유명인들의 추천서가 내게 무슨 소용있는가? 매주 내 설교로 살아가는 성도들의 추천서가 오히려 힘이 있으리라 생각되어 몇몇 교인들의 추천서를 싣는다. 그것은 나 자신이 타성에 젖지 않도록 채찍질하는 채찍이 될 것이다.
　설교 시간마다 뒤에 앉아 잘하든 못하든, 은혜가 되든, 되지 않든지 간에 큰 소리로 아멘하면서 분위기를 띄우며 설교자에게는 힘이 되어주는 아내와 팔순이 모두 넘으신 부모님이신 김형창 집사님, 김복춘 권사님과, 잘 해드리지도 않는데도 불구하고 결혼해서 30년 가까이를 함께 사시는 93세의 장모님 이월식 권사님과 은평교회 모든 성도들과 매주마다 설교를 정리하여 교정을 본 부교역자들에게 사랑의 마음을 표한다. 그리고 피를 나누고 태어난 형제들 또한 항상 마음에 생각한다. 미국 이민생활을 하는 형 김인규 장로님, 동생 김정규 집사와 김경숙 권사 그리고 서울 신대를 졸업하고 경주 한마음성결교회를 시무하는 김성규 목사 또한 늘 마음의 동역자들이다.
　총회 때마다 나를 만나면 책이 또 언제 나오느냐고 하신 분들에게도 보답할 양으로 더욱 잘해보려고 힘쓰는 바이다. 끝으로 유명한 책도 아닌데 언제나 마다하지 않고 출판해주신 예루살렘 출판사 윤희구 사장님께 감사를 표한다. 이 책이 조금이나마 신앙생활에 도움이 된다면 무한히 하나님께 감사할 것이다.

은평교회 목양실에서
小石 金明圭牧師

추천사

저의 인생을 하나님께로 인도해 주시고 장로의 직분으로 몸 된 교회를 섬길 수 있게 하신 목사님의 설교집에 추천의 글을 올리게 된 것을 영광으로 생각합니다. 목사님의 설교는 오직 성경적인 관점으로 쉽고 간결하면서도 힘이 있습니다. 목사님의 설교를 통해 저를 포함한 은평교회 온 교우들은 행복한 신앙생활을 하고 있습니다. 담임 목사님의 [만나요약설교4]집을 출간 하게 됨을 기쁘게 여기며 행복한 마음으로 감히 추천을 합니다.

김형철 장로

담임 목사님의 설교는 역동적이면서도 쉽고 간결하여 한 주간 동안 생활 속에 설교 말씀을 적용하며 살 수 있습니다. 뿐만 아니라 온 가족이 목사님의 주일 설교 말씀을 통해 가정의 영적 질서가 회복되었으며, 부모로써 자녀들을 바르게 양육하며 교육할 수 있는 영적 권위를 얻게 되었습니다.

손기실 안수집사

저는 목사님의 설교 말씀을 통해 왜 성도로써 전도와 선교를 해야 하는가에 대한 비전과 사명을 갖게 되었습니다. 매 주일 강단에서 선포되는 설교는 비전과 사명을 갖고 인생을 살아갈 수 있는 신선한 도전과 용기를 얻게 합니다. 이 은혜를 꼭 이웃들과 함께 나누기를 소원합니다.

박희용 안수집사

저는 2005년 5월부터 우리 교회에서 시작된 24시간 릴레이 90일 작정 기도회에 목사님의 설교 말씀을 붙잡고 기도 하던 중 다리미 같은 뜨거운 것이 다리를 지지는 듯하더니 즉시로 관절염이 깨끗하게 치료되는 체험을 했습니다. 담임 목사님의 설교 말씀은 매주 마다 치료를 경험케 하는 능력이 있습니다.

박귀선 집사

목 차

머리말 ... 3
추천사 ... 4

감사

- 감사로 드리는 제사인가?(시 50:1-15) ... 12
- 어떤 감사인가?(맥추감사절)(단 6:10) ... 16
- 유일하게 감사한 사람(눅 17:11-19) ... 20
- 감사로 제사를 드리라(시 50:14-15, 22-23) ... 24

기도

- 기도의 가공할 만한 위력(약 5:13-20) ... 27
- 응답받는 기도(딤전 2:8) ... 31

전도

- 전도와 선교의 미래를 보라(행 16:6-10) ... 35

성경

- 불완전한 인간을 온전케 하는 책(딤후 3:14-17) ... 39

성령

- 오순절에 임하신 약속의 성령(행 2:1-12) 43
- 성령 충만한 사람의 증거(엡 5:18-20) 46

고난

- 고난주간과 겟세마네와 예수님(눅 22:3-46) 49
- 가로막았던 휘장을 찢어라(막 15:37-38, 히 10:19-20) 52

부활

- 부활의 신앙을 가진 사람들(마 28:1-10) 55
- 부활의 능력(고전 15:1-11) 59
- 부활하신 주님과 동행하라(눅 24:15-32) 62

하나님

- 꿈을 통해 역사하시는 하나님(창 37:3-11) 66
- 하나님의 은혜를 아는 사람(고전 15-10) 69
- 우리의 승리는 오직 하나님께(시 3:1-8) 73
- 하나님을 만나라(사 55:6-13) 77
- 골짜기에서 일어난 하나님의 역사들(시 84:5-7) 81
- 하나님을 찬송하라(엡 1:3-14) 85
- 하나님인가? 세상인가?(요일 2:15-17) 88
- 여호와는 성민이기에(신 14:1-2) 91

예수님

- 예수 이름으로 주어야 할 일(행 3:1-10) 94
- 질병을 치료하시는 예수 이름(말 4:2) 98
- 인생을 깨우러 오신 예수님(요 11:11-14) 102
- 여호와, 예수 이름(출 3:15, 마 1:21(호 12:5)) 106
- 예수 이름으로 행복한 사람들(마 5:9-12) 110
- 예수 그리스도의 탄생을 전하라!(마 1:8-25) 113

국 가

- 하나님의 백성된 시온의 딸아(습 3:14-17) 117
- 부림절의 유래를 아십니까?(에 9:20-28) 121

축 복

- 이사하는 곳마다 복을 받은 사람(창 26:12-14, 23-25) 125
- 복된 귀를 가진 사람(마 13:9) 128
- 가이오가 받은 복(요3 1-6) 132
- 하나님의 백성이 받는 복(시 144:12-15) 136

교 회

- 더 좋은 미래를 향하여 부흥하는 교회(빌 3:12-14) 140
- 소문난 교회 소문난 신앙(살전 1:7-10) 144

- 성전 기둥의 요건(계 3:7-13) … 148
- 주일성수의 권세와 축복(이 58:13-14) … 152
- 아브람이 쌓았던 가나안의 제단들(창 12:5-9) … 156
- 평안하여 든든히 서가는 교회(행 9:31) … 160
- 성공적인 예배자들(요 4:21-26) … 163
- 겨자씨 비유와 교회 운동(막 4:30-32, 마 13:31-32) … 166

가정

- 자녀가 축복받고 잘되는 길(엡 6:1-3) … 169
- 아브라함을 통해 보여주신 자녀교육(창 22:1-14) … 173
- 아버지를 기쁘게 한 탕자의 모습(눅 15:11-32(엡 6:1-3)) … 177
- 말씀에 뿌리 내리게 하는 자녀교육(신 11:18-21) … 180
- 하나님께서 행복을 주신 가정(시 128:1-6(엡 5:22-6:4)) … 184

시험

- 넘어지지 않도록 조심하라(고전 10:1-12) … 187
- 아간을 잡아라(수 7:16-26) … 191
- 실패에서 얻은 영적교훈(마 26:31-35) … 195

성도

- 비유로 본 참 성도의 모습(골 2:6-7) … 199
- 타락된 인간의 본질적 모습(엡 2:1-3) … 202
- 하나님과 동행한 에녹(창 5:21-24) … 205
- 좋은 밭, 풍성한 결실의 성도(마 13:18-23) … 208

- 천국가는 큰 무리들(계 7:9-14) 211
- 그리스도 예수의 마음을 가진 사람(빌 2:5-11) 215

말 씀

- 위력있는 하나님 말씀(히 4:12-13) 219

구 원

- 예수님을 영접하고 변화된 사람(눅 19:1-10) 222
- 부끄러운 구원도 있습니다(창 9:12-22)(고전 3:11-12) 226
- 잃어버린 하나님의 백성을 찾으라(눅 19:9-10) 229
- 거듭난 사람의 현주소(요 3:1-16) 232
- 구원은 여호와께 있사오니(시 3:1-8) 235
- 참 영생의 문, 영생의 길(마 7:13-14) 238

신앙생활

- 돌이킬 수 없는 사울의 범죄(삼상 15:22-23) 241
- 모리아 산으로 가는 발걸음(창 22:1-19) 244
- 빛과 소금처럼 귀한 존재(마 5:13-16) 248
- 의되신 예수님께 빌려드린 사람들(마 25:44-46) 251
- 주 안에서 기뻐해야 할 이유(빌 4:4-7) 255
- 영적 시온주의 신앙(시 84:1-7) 258
- 신령적으로 부요한 자(사 61:10-11) 262
- 인생으로도 성공하신 분(막 1:7-11) 266
- 종려나무와 백향목 같은 성도(시 92:12-15) 270

- 하나님의 도에 대한 자세(약 1:22-25) 274
- 친구가 몇 명입니까?(요 15:13-15) 278
- 일어나서 함께 가자(약 2:10-15) 282
- 성도에게 있어야 할 비둘기 날개(시 55:6-7) 286
- 제자의 길을 가는 사람(마 16:24) 290
- 거짓증거하지 말라(출 20:16) 293
- 솔로몬의 실패의 배경(왕상 11:1-3) 297
- 참 꿈을 가진 사람들(행 2:14-21) 301
- 육적 부자와 영적 부자(계 3:17) 304
- 자기 것을 버리고 순종하는 사람(막 10:17-22) 308
- 열등적 신앙인가? 우등적 신앙인가?(출 4:10-17) 312
- 실패가 변하여 성공으로(눅 5:1-11) 316

만나요약설교 IV

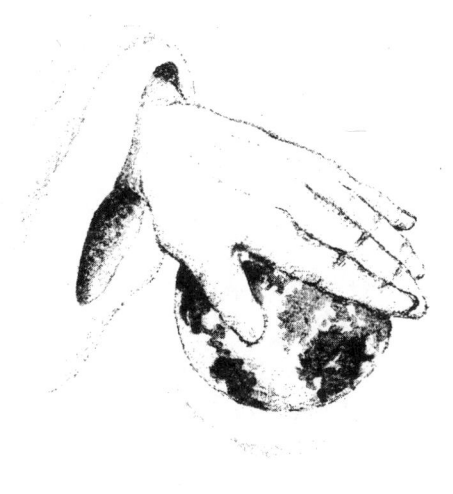

| 감사 | ## 감사로 드리는 제사인가?
시편 50:1-15

사람이 어떤 일을 할 때에 몇 가지 유형이 있기 마련입니다. 첫째는 그 일을 기쁘고 즐거운 마음으로 하기 때문에, 힘들고 어려움이 있어도 능히 극복해 나가는 유형입니다. 둘째는 그 일이 해도 되고 하지 않아도 되는 식이거나 하는 둥 마는 둥 하는 식인데, 여기에는 능률이 나타나지 않습니다. 셋째는 하기 싫은 일인데, 타인에 의해서 억지로 하는 일이며, 여기에는 능률은 그만 두고 오히려 일에 대해서 해가 됩니다.

오늘 본문에서 이스라엘 백성들에게 예배생활이 추락된 것에 대해서 책망을 하게 되었고, 바른 예배생활을 촉구하고 있습니다. 매년마다 돌아오는 추수감사절을 맞이하여 우리의 추수감사에 대한 것을 다시 한 번 조명하는 시간이 되기 위해서 몇 가지 은혜를 나누어 보겠습니다.

1. 이스라엘 백성들을 향해서 어리석게 오류를 범하지 말라고 촉구하셨습니다.

이스라엘 백성들이 무엇을 잘못하였기에 무엇에 대한 오류를 범하지 말라고 하신 것일까요? 무엇에 대한 오류이고, 무엇에 대한 어리석음이겠습니까?

1) 우리가 드리는 예배 속에는 시간이며, 예물이며, 헌금 등 모두가 포함됩니다.

하나님은 창조주이시며 모든 것을 통치하시는 주권자이십니다. 이 사실에 동의하십니까?

① 그런데 이스라엘 백성들은 이 사실에 대해서 오류를 범했습니다.

우리도 때때로 오류를 범하기 쉽습니다. 그것은 다름이 아니라 '모든 것이 하나님의 것'이라는 사실을 깨닫지 못합니다. 우리는 세상에 태어날 때에 빈손으로 왔습니다. 그리고 빈손으로 세상을 떠나게 됩니다(딤전 6:7). 몸까지라도 또한 하나님께서 거하시는 전이요, 하나님의 것입니다

(고전 6:19-20). 그런데 때때로 내 것인양 오류를 범하면서 주인을 모르고 남용합니다(욥 1:21-22). 욥은 적신으로 왔다가 적신으로 돌아간다고 했습니다.

② 우리가 하나님의 것을 올바르게 구분해 놓았는가를 깨닫게 하시는 말씀입니다.

하나님의 것을 가지고 내 것이라고 교만을 부리거나, 월권행사를 할 것이 아니라 주인의 것을 확실히 구분해야 합니다. 여기에는 반드시 주인으로부터 착한 종에게 주시는 축복도 약속되었습니다.

2) 이스라엘 백성들은 본문에서 하나님께서 자기들에게 무엇을 원하시는지를 파악조차 못하는 오류를 범하고 있습니다.

우리는 하나님의 뜻이 무엇인지 빨리 알아야 하겠습니다(미 6:6-8).

① 그 나무를 보아서 그 열매를 안다고 하였는데(마 7:16-), 이스라엘 백성들은 좋은 포도나무에서 들포도의 열매가 맺었다고 했습니다(사 5:1-7). 우리는 좋은 포도열매를 맺어야 합니다(마 7:16).

② 하나님이 원하시는 것이 무엇인지 헤아려야 합니다.

(9절) "내가 네 집에서 수소나 네 우리에서 수염소를 취치 아니하리니" 하였습니다. (13절) "내가 수소의 고기를 먹으며 염소의 피를 마시겠느냐" 하였습니다. 문제는 하나님께서 원하시는 것이 이스라엘 백성들 자신들이었듯이 하나님은 우리들을 산제사로 드리기를 원하시는 것입니다(롬 12:1). 주일이면 산과 들로 놀러가면서 말로만 지켜지는 예배가 하나님을 기쁘시게 하실 수 없음을 깨달아야 합니다.

2. 이스라엘 백성들이 드린 제물에 대해서 어디에 오류가 있고, 그릇된 부분이 어디에 있는가를 깨달아야 합니다.

추수감사절이 계속 지나가지만 과연 우리의 감사절에 오류가 없는지 생각해야 합니다(8절). "내가 너희 제물에 대하여는 너를 책망하지 않으리니 네 번제가 항상 내 앞에 있음이로다" 하셨습니다. 그런데 무엇이 문제였습니까?

1) 번제이든, 다른 제물이든지 언제나 드려지는 정신이 문제입니다.

제물은 언제나 드렸으나 그 속에 정신이 문제였습니다.

① 책망을 받았습니다.
   왜 책망을 받았을까요? 우리는 마태복음 23:23에서 예수님이 지적하신 것에서 찾을 수 있습니다. 바리새인들은 박하의 십일조, 근채의 십일조, 회향의 십일조를 드렸으나 더 중요한 의와 인과 신은 버렸다고 책망을 받았습니다.

② 오늘의 제물에 대해서 과연 희생적 예물을 드렸습니까?
   어떤 예배든지 희생이 따르고 믿음이 따라야 합니다(히 11:6).

2) 하나님께서 받으시는 예배는 감사예배를 포함해서 모두가 믿음의 요소가 있어야 합니다.

① 아벨의 예배가 믿음의 예배였다고 성경은 답했습니다(히 11:4).
   가인은 믿음의 예배가 아니었기에 상달받지 못했습니다. 믿음이 아닌 것은 헛된 제물이 되는 것입니다(사 1:13).

② 믿음 속에서 상한 심령이 깃들어 있습니다.
   겸손과 상한 심령으로 드리게 될 때에 참된 예물이 됩니다(시 51:17). 다윗은 상한 심령으로 드리게 될 때에 용서함을 받게 되었습니다.

3. 이스라엘 백성들이 드린 예배 속에는 감사가 없었기에 책망을 받게 되었습니다.

성도가 드리는 모든 예배에는 감사가 있어야 합니다. 감사 없이 드려지는 예배는 하나님이 받으시지 않습니다.

1) 오늘 본문에서 감사를 강조했습니다.

(14-15) "감사로 하나님께 제사를 드리며 지극히 높으신 자에게 서원을 갚으며 환난 날에 나를 부르라 내가 너를 건지리니 네가 나를 영화롭게 하리라" 했습니다.

① 무엇에 대한 감사입니까?
   왜 우리가 희생의 제물을 드려야 합니까? 감사에 대한 동기는 하나님의 은혜와 은총에 대한 감사요, 구속의 은혜에 대한 감사입니다. 추수감사뿐 아니라 모든 예배에 구속의 감사가 있어야 합니다.

② 구약시대의 제물은 신약의 예수 그리스도가 예표이었듯이, 신약의 성도들은 언제나 예수 그리스도의 십자가 은총의 감사가 깃들어야 합니다. 예수 그리스도의 보혈 공로에 대한 감사입니다.

2) 언제나 하나님과의 서약(약속)을 잊지 말아야 합니다.

(시 15:4) "마음에 서원한 것은 해로울지라도 변치 아니하며" 했습니다.

① 그것은 서약과 감사입니다.
　여기에 기도하게 될 때에 응답도 빠르게 오게 됩니다.
② 환난 날에 부르게 되면 응답하시겠다고 하셨습니다(15절).
　이번 추수감사절에 영적 비밀을 깨달아서 응답받는 감사절이 되시기를 축원합니다.

결 론: 올바른 추수감사절을 지키고 있습니까?

감사 어떤 감사인가?(맥추감사절)
다니엘 6:10

성경에는 감사에 대한 말씀이 많이 기록되었고 제시되었습니다. (살전 5:16-18) "항상 기뻐하라 쉬지 말고 기도하라 범사에 감사하라 이는 너희를 향하신 하나님의 뜻이니라" 라든지, (시 50:14) "감사로 하나님께 제사를 드리며", 또한 (시 50:23) "감사로 제사를 드리는 자가 나를 영화롭게 하나니 그 행위를 옳게 하는 자에게 내가 하나님의 구원을 보이리라" 하였습니다.

세계 공용어로 되어버린 말 가운데 하나가 "감사합니다"(Thank you)라는 말입니다. 이 말은 언제나 어디에서나 통하는 말이 되었습니다. 또는 "미안합니다"(I am sorry)입니다. 성숙한 시민사회에서는 이 두 말이 잘 통하게 되어 있습니다. 신앙적인 입장에서 하나님께 잘못된 모든 일에 대해서 회개와 감사는 성숙한 신앙의 척도와 같다고 하겠습니다. 어거스틴(Augustine)은 고린도전서 13장에서 믿음, 소망, 사랑에 감사가 더할 때에 성숙한 신앙이라고 역설한 적이 있습니다.

본문에서 우리는 다니엘이 어려운 환경과 조건에서도 감사했던 사건을 새롭게 마음에 담게 됩니다. 지금은 우리 모두가 신앙 회복 가운데 감사 회복을 할 때라고 봅니다. 본문을 중심으로 이번 맥추감사절을 맞아 감사에 대한 몇 가지 은혜를 나누어 보겠습니다.

1. 사람들은 흔히 조건부 감사에 빠지기 쉽습니다.

감사를 하더라도 조건부 감사에 빠지기 쉽다는 것입니다.

1) 어떤 조건 때문에 상습적으로 하는 것이 조건부 감사입니다.

극히 소극적이고 보편적인 감사에 지나지 않는 일입니다.

① 감사의 사례를 볼 때에 이런 일들입니다.

큰 아파트에 당첨이 되어서, 대학에 입학해서, 장사가 잘 되어서, 생일이 되어서, 시골에서는 돼지 새끼가 많이 출산되어서, 송아지가 태어나서…. 당연히 해야 할 감사지만 이것마저 하지 않는 사람들도 있습니다.

② 조건부 감사라도 메마르지 않아야 하겠습니다.
자녀는 부모에 대해서 당연히 감사하게 생각해야 되지만 자녀들이 부모에게 감사할 줄 모르듯이, 성도는 하나님께 마땅히 감사하는 것이 하나님의 자녀로써의 도리입니다.
그런데 사람들은 조건부 감사에도 메말라 있습니다. (눅 17:11-19) 10명의 문둥이가 모두 예수님의 치유의 은총으로 낫게 되었지만 예수님께 나와서 감사한 사람은 사마리아 사람 하나였습니다. 이때에 예수님은 말씀하십니다. "그 아홉은 어디 있느냐" 조건부 감사라도 메마르지 않게 해야 합니다.

2) 감사하는 신앙이 성숙한 신앙입니다.
아무리 화려한 직분이나 은사가 있어도 감사가 없으면 아직도 약한 신앙입니다.

① 신앙의 성숙도를 측정하는 것은 감사에 있습니다.
신앙 성숙의 측정기는 없지만 있다면 감사입니다. 교회생활에는 어떤 일을 하든지 꼭 감사가 따라야 합니다. 기도할 때 감사도 해야 한다고 했습니다(골 4:2). 원망은 망하는 길이 됩니다(고전 10:10). 감사로 제사하라고 하였습니다(시 50:23).

② 하나님이 기뻐하시는 신앙은 감사입니다.
감사 속에는 기적과 능력이 더욱 체험되지만 원망과 불평은 파멸로 가는 지름길이 됩니다. 이것은 이스라엘 백성들에게서 그 견본(거울)이 되었습니다(고전 10:11).

2. 다니엘의 감사는 조건 없이 감사하는 힘 있는 감사였습니다.
다니엘의 현실은 문제투성이요, 어려움이 많았지만 감사했습니다.

1) 화려한 조건이 없지만 감사하는 신앙입니다.
① 욥의 경우에서 엿보게 됩니다. 욥과 같은 동질적 신앙입니다(겔 14:14). 욥은 어떤 까닭이 있기에 하나님을 섬기는 것이 아니었습니다(욥 1:9). 이것이 참 신앙이요, 성숙한 신앙입니다.

② 우리가 가져야 할 신앙은 이와 같은 감사의 신앙입니다.
성경에서 바울과 같은 모습에서 보게 됩니다. 선교지가 아시아였으나 아시아를 포기하고 유럽으로 옮겼던 바울 일행이 귀신에 사로잡힌 자를 치료해주게 되는데, 이 일로 오히려 옥에 갇히게 됩니다. 원망의 조건이지만 기도하게 되고 찬송했습니다(행 16:25). 그 일로 빌립보교회가 세워지는 계기가 되는 옥사장 일가의 구원이 오게 되었습니다. 여수순천 반란사건 때에 공산당에 의해서 순교한 아들을 보며 감사했던 손양원 목사님의 감사와 동질적인 감사라고 보겠습니다.

2) 우리가 이 세대에 이만한 감사의 신앙을 가져야 하겠습니다.
이것이 참 믿음이요, 감사입니다.
① 하박국 선지자의 기도 속에서 감사를 배우게 됩니다(합 3:18).
이것은 하나님 자신으로 인해서 기뻐하는 일입니다.
② 믿음의 선진들이 감사했던 생활과 현재 우리의 신앙생활을 비교해 보고 감사하는 신앙으로 성숙되게 해야 하겠습니다.
감사가 없이는 신앙 성숙 역시 어렵습니다. 성숙한 신앙은 환경이나 배경에 관계없이 감사하며 살아가는 신앙입니다. 감사가 메마르지 않고 풍요해야 합니다.

3. 다니엘의 감사는 또 한 번 기적을 체험하는 감사였습니다.
감사했던 다니엘에게 또 한 번 기적이 체험되었습니다.

1) 다니엘은 죽음도 감수했던 희생적 감사였습니다.
사자 굴에 들어가기로 결심했던 감사신앙이었습니다.
① 진정한 신앙이 엿보이는 감사의 신앙입니다.
인간적인 생각에서 볼 때에 급한 소나기는 피하고 보자고 할 만한데 다니엘은 그렇지 아니했습니다. 변질된 신앙이 아니었기 때문입니다. 오히려 감사로써 수용했습니다.
② 사자 굴도 막을 수 없는 감사의 신앙입니다.
오히려 하루에 세 번씩 더욱 감사기도 했습니다. 무조건적 감사가 중요합니다.

2) 진정한 감사의 신앙은 외적인 조건에 있지 않기 때문에 기적이 나타나게 되었습니다.

① 진정한 감사는 외부조건에 있지 않습니다.

현대인들은 너무나 외부적 조건에 의지하는 신앙입니다. 다시 한 번 생각해야 할 시점에 있습니다.

② 참 감사 속에서 기적이 일어나게 되었습니다.

사자가 입을 봉하게 되었고 오히려 모함했던 두 명의 총리는 사자 굴에 떨어지기 무섭게 사자들이 뼈까지 부서뜨리게 되었습니다. 그리고 다니엘은 오히려 다리오 왕 뿐 아니라 메대와 파사 때까지 형통한 사람이 되었습니다(단 6:28).

이번 맥추감사절에 우리의 신앙생활에서 다시 한 번 감사생활을 확인해야 하겠습니다. 감사 신앙으로 승리케 되는 축복이 있기를 주의 이름으로 축원합니다.

결 론: 참신앙의 척도는 감사입니다.

유일하게 감사한 사람
누가복음 17:11-19

 감사

　우리가 세상을 살아가면서 축복받아야 할 것과 이미 받은 축복들의 내용과 목록들을 작성해 보면 수없이 많이 있는데, 그 가운데서 제일은 죄에서 영원히 멸망 받아야 하는 존재였으나 예수 그리스도의 피값으로 죄 씻음 받아 영원한 생명을 얻게 되었다는 것이 으뜸입니다.
　그 다음으로 중요한 것이 무엇이냐고 말한다면 사람들과 개인의 뜻에 따라서 다를 것입니다. 물질적인 가치나 명예, 또는 세상의 권세 등 추구하는 일들이 많이 있을 것입니다. 그러나 그 가운데 제일은 건강일 것입니다. 건강 없이는 그 어떤 일로도 즐거울 수가 없기 때문입니다. 지금도 이웃을 비롯한 지구촌 곳곳에서 암, 에이즈 등 현대 의학으로도 어떻게 할 수 없는 질병으로 1년에 수백만의 사람들이 죽어가고 있는 실정입니다.
　본문에 나오는 문둥병(Leprosy)은 성경 시대에 많은 사람이 앓고 있었는데 일단 이 병에 걸리면 건강한 사람과는 접촉이 금하여졌고 따로 격리시키게 되었습니다. 예수님께 왔던 10명이 예수님의 지시에 따라서 대제사장에게 가던 중에 낫게 되었는데 9명은 모두 가버리고 10명중에 1명만 예수님께 사례하게 되었습니다. 사마리아 사람입니다. 수없이 하나님의 은혜를 받고 살지만 감사에 메마른 현대인이 다시한 번 본문에서 감사의 마음을 회복하기 원합니다.

1. 사마리아 사람의 감사의 모습은 예수님이 내 질병을 낫게 하였다는 증인적인 감사입니다.

　우리는 예수님의 증인들입니다(행 1:8). 나를 구원하신 것에 대한 증인입니다.
1) 세상에서 이 기쁨과 이런 축복이 어디에 있겠습니까?
　가장 큰 축복이요, 기쁨의 현장입니다.
　① 우리는 이런 축복과 감사를 받게 되었으니 마땅히 감사해야 합니다.
　　세상에서 돈으로 살 수 없는 치유, 영생을 얻었습니다. 코닥 필름(Kodak Film)을 개발한 미국의 이스트만(Estman)이라는 사람은 돈을 많이 벌게 되었지만 암에 걸려 죽게 됩니다. 그가 말하기를 누구든지 내 병을 고쳐주면 재산의 90%를 주겠다고 했는데, 당시에 그의 재산이 30억불(약 3조 6천억)이었는데, 결국 죽게 되었습니다. 예수님은 죄와 사망에서 죽었던 우리를 살려주셨습니다(엡 2:1). 우리는 예수님에 대한 증인이 되어야 하겠습니다. 이것은 감사에서부터 나오게 됩니다.

② 나머지 9명은 어디로 갔습니까?
불신앙인의 대표적인 인물들이라고 보겠습니다. 현대인들은 하나님의 은혜 속에서 살지만 감사가 없습니다. 우리는 이 시간에 다시 한 번 우리에게 중인적인 감사가 있는가를 확인하고 불신앙적인 자세 가운데 빠지지 말아야 하겠습니다.

2) 반드시 증인적인 감사의 사람이 되어야 합니다.
매일매일 일상생활에서 감사는 예수 그리스도의 증인의 삶입니다.
① 구약에는 많은 나환자 이야기가 있는데 수리아 사람 나아만의 이야기는 우리에게 큰 교훈을 더해줍니다(왕하 5:15).
"내가 이제 이스라엘 온 천하에 하나님 외에는 신이 없는 줄 아나이다" 했습니다. 이것이 무슨 뜻입니까? 자기가 체험한 증인적인 감사입니다.
② 교회사에도 수많은 감사들이 있습니다.
존 뉴튼(John Newton)은 타락의 길에서 구원받은 것이 감사해서 찬송가 405장 '나 같은 죄인 살리신'(Amazing Grace)을 작사했습니다. 사도 바울은 '나의 나 된 것은 하나님의 은혜로다' (고전 15:10) 하였습니다.

2. 사마리아 사람의 감사는 우선순위가 분명한 감사였습니다.
죽을 병, 저주의 병에서 낫게 되었으니 만나야 할 가족이나 사람도 많았겠고 가야할 곳도 많았겠지만 우선적으로 예수님께 오는 사람이었습니다.

1) 삶의 우선순위가 분명해야 합니다.
내 인생에 있어서 우선순위를 무엇에 두고 있습니까?
① 구원받은 성도는 우선적으로 해야 하는 일이 분명해야 합니다.
먼저 구해야 할 일이 있습니다. 예수님은 말씀하시기를 '너희는 먼저 그의 의를 구하라' 고 하셨습니다(마 6:33).

② 신앙생활에서 우리의 우선순위를 어디에 두고 있는지 생각해야 합니다. 천국백성으로서 우선순위가 바뀌게 되면 문제가 있습니다. 영국은 의회정치의 본산지인데 회의를 하다가도 황실에서 메시지가 전달되면 우선 그것부터 읽는다고 합니다. 우리의 황제이신 예수 그리스도 앞에서 우리는 어떻게 살아가고 있습니까?

2) 성도는 언제나 우선순위가 예수 그리스도에게 있어야 합니다.
구원받은 성도이자, 시민권자이기 때문입니다(빌 3:20).

① 일반 생활에서 나타나야 합니다.

오늘의 미국을 일으킨 청교도들이 미국에 건너가서 가장 먼저 예배당을 짓고 하나님께 감사한 일은 유명합니다. 우리 삶에 중요한 문제가 있을 때마다 다시 한 번 생각해서 우선순위가 바뀌지 않게 해야 하겠습니다.

② 결과적으로 예수님은 사마리아 사람에게 축복하셨습니다.

육신의 질병만 고친 것이 아니라 영혼까지 구원을 받게 되었습니다. 먼저 예수님께 오게 되었던 사마리아 사람의 이 신앙을 본받아야 합니다.

3. 사마리아 사람의 감사는 말로만 그친 것이 아니라 행동으로 보여준 실제적인 감사였습니다.

입으로만 감사하는 사람이 있습니다. 행동과는 거리가 먼 사람입니다.

1) 사마리아 사람은 행동으로 보여주었습니다. 입의 신앙에서 행동의 신앙이 중요합니다.

① 나머지 9명은 마음이나 입으로는 감사했는지 모르나 행동까지는 거리가 먼 사람들이었습니다.

"행함이 없는 믿음은 죽은 것" 이라고 (약 2:26) 했습니다. 아브라함은 산 믿음의 소유자였습니다.

② 행동이 따르지 않는 신앙은 허위에 빠지기 쉽습니다.

그리고 신앙이 표류하게 됩니다. 행동이 없기 때문입니다. 윌리스(Willis)라는 사람은 말하기를 '감사는 하나님의 은총에 대한 기억 뿐 아니라 마음의 경의를 표하는 행동이다' 라고 했습니다.

2) 이번 추수감사절에 임하는 우리의 자세를 어떠해야 합니까?

① 입으로만 아니라 실제 행동으로 감사가 있어야 합니다.
   이것이 사마리아 사람에게서 배우는 감사의 모습입니다.
② 우리 모두가 **빠**짐없이 하나님의 은혜와 축복을 감사합시다.
   (시 50:23) "감사로 제사를 드리는 자가 나를 영화롭게 하나니 그 행위를 옳게 하는 자에게 내가 하나님의 구원을 보이리라" 했습니다.
어려운 시대이지만 이 신앙으로 감사가 충만하시기를 축원합니다.

결 론: 지금도 사마리아 사람은 있습니다.

감사 | 감사로 제사를 드리라
시편 50:14-15, 22-23

한 평생을 살아가면서 좋고 아름다운 것들만 있는 것이 아니라 제일 어렵고 힘들 때도 있습니다. 사람들은 여기에서 갈등과 시험에 들게 되는 일이 많이 있습니다. 그러나 성도는 이런 때에 감사해야 함은 모든 것이 합력하여 결국은 선을 이루기 때문입니다(롬 8:28). 또한 감당할 수 없는 시험은 주시지 않기 때문입니다(출 23:16). 광야와 같은 세상을 살아가지만 감사가 풍성할 때 오히려 축복이 옵니다. 1년 12달 365일 8760시간 마다 감사해도 부족하겠지만 추수감사와 맥추절을 정하시고 감사하라고 하셨습니다. 오늘날은 옛날과 같이 맥류를 거두는 일이 많지 않지만 일상 도시 생활에서 생각해 보면 감사할 일밖에 없습니다. 본문에서 시편 기자가 전하는 감사 생활을 배우게 됩니다.

1. 예배 속에서 언제나 감사하는 믿음이 있어야 합니다.
매번 우리가 예배를 드릴 때마다 감사 속에 드리는지 생각해야 합니다.

1) 예배에는 감사의 믿음이 중요한 요소입니다.
우리 몸에 각양각색의 영양소들이 필요하듯이 예배에는 반드시 감사가 풍성해야 합니다.

① 예배의 요소가 '감사' 입니다.
감사가 풍성할 때에 하나님이 받으십니다. 화려한 의식과 장식과 현대식 풍요 속에 드리는 예배일지라도 감사가 없이 그저 자기만족이나 자기 안위식의 예배라면 문제가 됩니다. 인간적인 축제는 될지 모르나 하나님께는 관계가 없는 예배의식이 되고 말 것입니다. 우리는 이것을 가인과 아벨의 예배에서 배우게 됩니다(창 4:25, 히 11:4). 가인과 같은 형식적 예배는 소용이 없습니다.

② 이 믿음과 감사의 요소는 거듭난 성도들이 가지는 축복입니다.
내 속에 예수의 영이 계시기 때문에 감정과 생각과 느낌이 다르기 마련입니다.

2) 하나님께 예배드릴 때에는 감사로 드리라고 강조하셨습니다.

(14절) "감사로 하나님께 제사를 드리며" 했습니다.

(33절) "감사로 제사를 드리는 자가 나를 영화롭게 하나니 그 행위를 옳게 하는 자에게 내가 하나님의 구원을 보이리라" 했습니다.

① 하나님께서 우리에게 요구하시는 것이 감사입니다.
  감사가 없이 함부로 드릴 때에 성전 문을 닫으라고 책망을 받게 되었습니다(사 1:11-13, 말 1:10). 그리고 말라기시대 이후에 세례 요한 때까지 400여 년 간의 암흑기가 왔습니다.

② 현재 한국 교회의 예배에 대해서 생각해야 합니다.
  인본주의와 형식주의, 요식행위와 편리주의로 치우치지는 않고 있습니까? 세대의 흐름 속에서 정신 차려야 할 때입니다.

2. 감사와 믿음의 예배는 어떤 상황이나 장소에 관계없이 드려지게 됩니다.

장소나 환경이나 상황이 문제가 될 수 없습니다.

1) 우선적으로 감사의 믿음이 회복되어야 합니다.

감사의 믿음이 회복되면 다른 문제들도 회복됩니다.

① 선 믿음과 감사요, 후 회복입니다.
  요나는 물고기 뱃속에서 감사하게 될 때에 해결되었습니다(욘 2:9).

② 다니엘은 사자 굴에 들어갈 줄 알면서도 감사가 약해지지 아니하였고 기도했습니다(단 6:10).

③ 바울이 옥중에서도 찬송하자 옥문이 열리게 되었고 그렇게 바라던 빌립보 교회가 세워지게 되었습니다(행 16:25).

④ 성도들이여! 감사의 회복이 살 길임을 알고 감사를 회복해야 합니다.
  (살전 5:18) "이는 하나님의 뜻이니라" 했습니다.

2) 감사가 곧 축복입니다.

감사하는 곳에는 안 되는 일이 없습니다. 현재 당면한 문제만 볼 것이 아니라 감사 속에서 살펴야 하겠습니다.

① 문제 속에서 감사가 나오게 되는 일이 여기에 있습니다.
   문제 속에서 요나와 같이 자기 자신을 깨닫게 되기 때문입니다.
② **때때로 길이 막히고 되지 않는 일이 있다면 그것도 축복입니다.** 시편 기자는 고난도 유익이라고 했습니다(시 119:71).
   믿음의 성도는 어떤 상황이나 장소에서든지 감사하게 될 때에 그것이 곧 축복임을 깨달아야 합니다.

3. 감사 속에 응답과 축복이 옵니다.

(시 50:15) "환난 날에 나를 부르라 내가 너를 건지리니 네가 나를 영화롭게 하리로다" 했습니다.

1) 감사의 서원을 갚아야 합니다.

현재 조금 어렵다고 원망하거나 불신앙 가운데 있다면 감사의 서원을 갚아야 합니다.

① 서원을 갚을 때에 축복이 옵니다.
   야곱이 벧엘로 올라가지 아니하고 숙곳에 머무르려 할 때에 딸 디나와 세겜 추장과 문제가 생기게 되었고 깨달은 야곱이 벧엘로 올라가게 되는 과정을 봅니다(창 35장).
② 문제가 왔을 때에 먼저 깨달아서 감사부터 회복해야 합니다. 하나님께서는 감사 속에서 역사하시기 때문입니다.

2) 맥추감사절에 다시 한 번 우리의 감사 생활을 회복해야 합니다.

① 감사가 회복 될 때에 막힌 것도 뚫려지게 될 줄 믿습니다.
   감사가 통하는 사람에게 축복이 있습니다. 신구약 성경에서 감사 속에서 언제나 감사가 축복으로 연결시키게 되었습니다.
② 성도들이여! 감사 회복이 없이는 축복도 없음을 아시고 언제나 감사 속에서 더 큰 축복을 받는 감사절이 되시기를 축원합니다.

결 론: 이 세대는 먼저 주의 백성들이 감사를 회복해야 할 때입니다.

| 기 도 | ## 기도의 가공할 만한 위력
야고보서 5:13-20 |
|---|---|

과거 이조시대나 또는 폐쇄된 사회에서의 특징 중에 하나는 폐쇄된 사회이기 때문에 말의 문이 막혀서 언로(言路)가 없었다는 것입니다. 21세기 초 과학시대에 사는 지금에 와서도 공산주의 사회나 정치적으로 후진국 세상에서는 마음대로 말도 할 수 없는 통제사회가 존재합니다. 사람이 마음대로 자유롭게 말을 할 수 없다면 얼마나 답답하겠으며 여기에는 또한 교제나 교류가 있을 수 없는 것은 당연한 이치입니다.

하나님께서는 인간이 하나님과 교통하고 교제할 수 있도록 하셨는데 그것이 기도입니다. 마치 기도는 신앙생활에서 광야의 오아시스와 같은 존재이기에 만사를 해결하는 만능열쇠(master key)로 비유됩니다. 기도와 찬송은 광야에서의 엘림에 비유됩니다(출 15:27).

그런데 성경에는 기도에 관한 말씀이 충만합니다. 기도에는 인내와 믿음(왕상 18장 엘리야의 기도)이 필요하고 낙심하지 말아야 하며(눅 18:1), 감사하며 기도해야 합니다(골 4:2). 이 기도 속에는 가공할 만한 위력이 있음을 예수님과 사도시대에 사도들을 통해서 보여주셨는데 몇 가지 은혜를 나누어보는 시간이 되기 바랍니다.

1. 언제 기도하라고 하셨습니까? 몸이 아플 때에 기도하라고 하셨습니다.

언제나 기도해야 하겠지만 특히 태풍의 위력보다 더 강한 기도의 능력이 나타나기 위해서는 이런 때에 기도해야 합니다.

1) 몸이 아프거나 괴로운 때에 기도하게 되면 위력이 발생합니다.

(14절)"너희 중에 병든 자가 있느냐 저는 교회의 장로들을 청할 것이요, 그들은 주의 이름으로 기름을 바르며 위하여 기도할지니라" 하였습니다. (15절)"믿음의 기도는 병든 자를 구원하리니 주께서 저를 일으키시리라" 했습니다.

① 병들었을 때에 기도하라고 하시는 것은 하나님의 약속입니다.
약속하시고 기도하라고 성경에는 많은 곳에 기록되었습니다. 아람나라 군대장관 나아만의 문둥병 사건에서(왕하 5:1-14), 유다 왕 히스기야의 죽을 병에서(왕하 20:18), 나는 너를 치료하는 여호와(출 15:16)라고 하셨고, 치료하는 광선을 발하십니다(말 4:2). 신약에는 치료의 역사가 더 많이 기록되었습니다(막 16:17, 마 10:1, 행 3:1).

② 병든 자를 낫게 하시는 것은 하나님의 뜻입니다.
하나님의 뜻은 기계를 만든 자가 고장 난 곳을 고치는 것과 같습니다. 우리 몸에 흐르는 혈관이 120,000km라고 하니 놀라운 인체의 신비를 지니고 있지만 몸의 기능을 모두 만드신 하나님이십니다. 치료하시는 것도 하나님은 쉽게 해주십니다.

2) 기도해서 치료 받는 것은 하나님의 은혜요, A/S와 같습니다.

① 기회와 시간을 잡아서 치료해주시는 은혜를 받아야 합니다.
이것은 육신의 질병 뿐 아니라 영적인 일도 동일합니다(고후 6:1-2, 엡 5:16). 기회를 사라고 하셨습니다(엡 5:16). 기회를 만들어서 치료를 받아야 합니다.

② 성경에는 수많은 치료의 사건을 기록하였습니다.
이런 기적들이 하나님이 하시는 치료의 역사들입니다(막 5:25, 10:46-52). 현대에 와서도 치료의 기적들은 수많이 나타나고 있습니다.

2. 언제 기도해야 하겠습니까? 생애 중에서 위험한 일을 만날 때에 기도하라고 하셨습니다.

평상시에도 기도해야 하겠지만 위기 때에 더욱 기도해야 합니다. 예수님도 기도의 모범을 보여주셨습니다(막 1:35).

1) 기도는 보호 능력이 있습니다. 그래서 언제나 천사들이 따라다니면서 구원 받은 사람들을 섬기게 됩니다(히 1:14).

① 성경에서 그 유례를 보시기 바랍니다.
도단성의 엘리사를 보호하였습니다(왕하 6:17).
(수 5:13-15) 군대장관이 이스라엘 가는 길에 앞서 행하였습니다. "나는

여호와의 군대장관으로 이제 왔느니라" 하였습니다.
② 불안전한 세상 가운데서 기도하게 될 때에 하나님께서 보호해주십니다. 왜냐하면 사명을 다하기 위해서입니다. 사자 굴에서의 다니엘이나(단 6:22), 풀무불 가운데서의 세 친구들의 모습에서 능히 보게 됩니다(단 3:24-25).

2) 성경에는 기도할 때에 일어난 사건들이 많이 기록되었습니다.
몇 가지만 예를 들면 다음과 같습니다.
① 부르짖을 때에 응답 받게 되었습니다.
천사를 보내셔서 역사해 주셨던 모습입니다(민 20:16, 출 3:7, 대하 32:21, 마 26:53).
② 하나님께서는 천사를 보내시고 사용하셨습니다.
기도를 천사의 금향로를 통해서 받으셨습니다(계 8:3-). 베드로가 옥에 갇혀있고 교회가 기도할 때에 천사를 보내셔서 구출해 내셨습니다(행 12:5). 하나님의 백성이 위태로울 때 기도하게 되면 위력이 나타나게 됩니다.

3. 언제 기도해야 합니까? 죄를 범하였을지라도 낙심하지 말고 기도해야 합니다.
죄를 범하게 되면 사탄의 공격이 심하기 때문에 더욱 기도해야 합니다.

1) 범죄시에도 더욱 기도해야 합니다.
(15) "혹시 죄를 범하였을지라도 사하심을 얻으리라" 하였습니다.
다윗은 죄를 범한 후에 더욱 기도했던 사실을 봅니다(시 51편).
① 마귀는 더 가까이 다가와서 낙심케 하고 2차, 3차, 계속적으로 죄를 짓게 합니다.
예수님은 더 이상 죄를 짓지 않게 하라고 하셨습니다(요 5:14).
② 죄를 고백하고 회개하며 기도해야 합니다.
"너희 죄를 서로 고하며" 라고 했습니다. 죄를 고백하며 회개할 때에 용서받게 되며 상한 심령을 주께서 받으십니다(시 51:17).

2) 하나님은 사랑과 공의의 하나님이시기 때문입니다.

① 회개하고 자복할 때에 응답해주십니다.
  기도할 때에 사죄의 은혜가 있습니다(롬 8:1-29).
  기도할 때에 하나님을 깨닫게 됩니다(마 5:44).
  기도할 때에 하나님의 능력을 입게 됩니다(마 26:36).
  기도하게 될 때에 생명까지도 연장케 됩니다(사 38:1-8).

② 기도는 성도에게 무기중에 무기입니다.
  그래서 언제나 기도하고 낙심치 말아야 합니다(눅 18:1-8).
  핵무기보다 더 위력적인 능력이 기도입니다.

이 기도의 무기를 사용해서 크게 역사하는 성도들이 되시기를 주의 이름으로 축원합니다.

결론: 기도의 위력을 사용하게 되시기를 축원합니다.

| 기 도 |

응답받는 기도
디모데전서 2:8

육체가 살아있다는 것은 호흡이 계속 진행될 때에 가능합니다. 호흡이 끊어질 때에 육체는 죽은 시체로 싸늘하게 변하게 되고 쓸모가 없어집니다. 그렇듯이 우리의 영적인 생명이 살아있다는 증거는 살아있는 기도에 있습니다. 기도가 살아있다면 영적으로 산 생명에 속하였지만 기도가 죽은 사람은 영적으로 문제가 있습니다.

그런데 기도는 쉬지 말고 언제나 자동적으로 되어야 합니다. 쉬지 말고 기도하라(살전 5:17)하였고, 기도를 항상 힘쓰고 기도에 감사함으로 깨어있으라(골 4:2) 하였습니다. 기도하는 곳에 응답이 있고 하나님이 함께 하시는 현장이 됩니다.

그래서 성경에서 성공적인 신앙의 인물들은 모두 기도의 성공자들이었습니다. 새해에도 우리가 수없이 기도 속에 살게 될텐데 여기에는 응답이 있어야 합니다. 어떤 기도에 대해서 응답해 주신다고 하였는가를 본문에서 말씀하였습니다. "분노와 다툼이 없이 거룩한 손을 들어 기도하기를 원하노라" 했습니다. 기도 응답의 축복을 받는 한 해가 되시기 바랍니다.

1. 거룩한 손에 응답하시겠다고 하였습니다.

"거룩한 손을 들고" 했습니다.

1) 성경에는 손들고 기도하는 자세나 표현이 많이 기록되었습니다.
손들고 기도할 때에 응답이 내렸습니다.

① 손들고 기도할 때에 확실한 응답이 왔습니다.
　대표적으로 모세가 손을 들고 기도했던 것으로 소개합니다(출 17:11). 다윗이나 시편에 많이 기록되었습니다(시 28:2, 68:31, 77:2, 134:21). '성소를 향하여 너희 손을 들고 여호와를 송축하라' 했습니다.

② 손을 든다는 것은 몇 가지 뜻이 있습니다.
　첫째, 하나님을 그만큼 사모한다는 의미가 부여됩니다. 사모하게 될 때

에 기도하게 됩니다. 사모하는 곳에 응답이 있습니다(시 107:9).
둘째, 내 생각을 포기하고 하나님께 항복한다는 의미입니다.
교만치 아니하고 겸손히 회개하며 하나님의 도움을 요청합니다. 이것이 손드는 의미였습니다(시 7:2, 삼상 7:1-9).

2) 이 손은 거룩한 손입니다.

유대인들은 전통적으로 예배 시에 손을 씻고 예배 드렸습니다. 여기에 거룩한 손은 육적인 의미보다 영적인 의미입니다.

① 거룩한 손(holy hands)은 거룩한 성품을 뜻합니다.

미국 웨스트민스터 신학교에서 일하는 마틴 로이드 존스(D, Martin Lloyd Jones)는 말하기를 '거룩한 손은 거룩한 성품을 뜻한다'고 설교했습니다.

아담 이후에 진정으로 회개한 사람은 손이 깨끗해야 합니다. 여기에 응답이 있습니다(렘 15:1, 겔 14:14, 시 66:18).

② 의인의 간구에 역사하는 힘이 있고 응답이 있습니다.

"의인의 간구는 역사하는 힘이 많으니라"(약 9:15, 왕상 18:36-46) 엘리야의 기도에 힘이 있었습니다. 회개하고 손을 깨끗이 해야 합니다.

2. 타인에 대하여 용서하는 신앙 위에 응답이 있습니다.

응답의 두 번째 조건은 '진노가 없는 것'인데, 여기에서 진노는 '분노'를 뜻합니다. 용서의 신앙을 강조한 것입니다.

1) 분노와 진노가 계속 있다는 것은 남을 사랑할 줄 모르기 때문입니다.

용서가 없기 때문입니다. 여기에는 응답이 막히게 됩니다.

① 용서하는 신앙이 곧 응답으로 연결됩니다.

바울은 전했습니다(엡 4:26). "분을 품어도 죄를 짓지 말며 해가 지도록 분을 품지 말며 마귀로 틈을 타지 못하게 하라" 했습니다.

악의와 원한을 품은 상태를 뜻합니다. 예수님도 금하셨고(마 5:23-25), 신구약성경에서 어디에든지 금하신 사례를 보게 됩니다(마 18:23-35, 사 29:13).

② 응답 받기 원한다면 타인에 대해서 용서해야 합니다.
우리교회는 용서하는 신앙위에 세워져야 하겠습니다. "모든 것을 변화시키는 기도(스토미 오마샨 지음)"란 책에서 나를 용서해주심 같이 나도 남을 용서하게 될 때에 평안이 오고 응답이 있다고 역설했습니다. 특히 내게 고통스러운 문제가 있을 때에 남을 용서해 보라는 것입니다. 여기에 응답이 있습니다.

2) 용서한다는 것은 하나님의 사랑을 실천하는 것입니다.
신구약성경의 요약된 용어는 사랑입니다. 사랑은 십자가를 전제로 하는 용어입니다.

① 사랑하는 곳에 응답이 있기 때문입니다.
(눅 6:27-28) 예수님은 원수까지도 사랑하라고 하셨습니다. 바울이 전한 말씀도 같습니다(롬 12:17-21).

② 교회 안에서는 용서와 사랑이 대표적 용어가 되어야 합니다.
교회 안에서 원수가 있다면 응답도 어렵습니다. 다만 서로 불쌍히 여기는 용서와 화해가 있어야 합니다(엡 4:32).

3. 응답의 기도는 '믿음'으로 해야 합니다.

믿음으로 기도하게 될 때에 응답해 주신 것이 성경의 교훈이기 때문입니다. '믿음으로 하고 조금도 의심하지 말라'고 했습니다(약 1:5-8).

1) 왜 응답이 없습니까? 의심 때문입니다.
의심에는 불안과 동요가 그 중심을 이루게 됩니다.

① 믿음의 본질과 정의를 보시기 바랍니다(히 11:1)
믿음이 없는 기도는 응답이 없습니다. 비 없는 뜬구름과 같습니다.

② 올해도 수없이 기도하게 될 텐데 요식행위로 끝나지 않고 응답 받기 위해서는 언제나 믿음의 기도인가 확인이 필요합니다.
바울도 언제나 기도에 대해서 확인 했습니다(딤후 1:12).

2) 응답받는 믿음의 선진들은 모두가 믿음으로 기도 했습니다.

① 믿음의 선진들 중에서 믿음이 없는 사람은 없습니다.

모두가 믿음의 기도와 믿음의 행동들이었습니다.
② 하나님께서는 이 시대에 우리에게 응답해주시기 위해서 믿음의 가치(지불금)를 요구하십니다.

말세 때에는 믿음이 식어지고 믿음이 없는 시대입니다(눅 18:8).

모든 성도들이 믿음의 가치대로 언제나 응답받는 성도들이 되시기를 주의 이름으로 축원합니다.

결 론: 기도에는 언제나 응답의 열매가 맺어져야 합니다.

| 전 도 | ## 전도와 선교의 미래를 보라
사도행전 16:6-10

언제나 그러하듯이 연말연시가 되면 사람들은 개인이든, 회사든, 국가든 간에 한해를 회고하면서 새로운 해를 설계하고 계획을 세웁니다. 미래에 많이 사용되는 단어가 소망(Hope), 꿈(Dream), 비전(Vision), 미래(Future), 전망(View)이라는 용어들입니다. 그러나 계획을 세우고 해도, 그 계획대로 세상사가 모두 이루어지는 것은 아닙니다. 사람이 마음으로 자기의 계획을 세울지라도 그 걸음을 인도하시는 분은 여호와라고(잠 16:9) 하였습니다. 이와 유사한 성경의 교훈이 많이 기록되었습니다(시 127:1, 잠 16:3).

본문은 사도 바울의 선교역사에서 아시아 방향으로 가려했으나, 하나님의 구원계획이 아시아가 아닌 유럽으로 방향을 전환시키는 본문입니다. 에릭 사우어(Erich Sauer)는 세계구속의 여명(The Dawn of World Redemption)에서 하나님의 구원 계획을 분명히 설명했습니다. 우리는 이 세대에 하나님의 세계 구원사에 있어서 사용 받는 민족이요, 교회요, 성도가 되어야 합니다.

1. 하나님의 구원계획에 쓰임 받아야 합니다.

하나님의 인간 구원의 역사는 하루아침에 이루어진 것이 아니라 분명한 예정하심이 있어서(엡 1:13-14), 구원의 순서대로 이루어지게 됩니다(롬 8:29-30).

1) 먼저 구원받은 사람들을 일꾼을 삼으시고 사용하십니다. 위대하신 하나님의 섭리에 따라서 모든 일들이 진행됩니다.

① 시대 시대마다 하나님의 구원계획에 사용된 일꾼들이 있습니다.
예컨대 노아시대에는 노아를 사용하셨고(창 6-8장), 예레미야 시대에는 예레미야를 사용하였고 부르셨습니다(렘 1:4).

② 하나님의 뜻대로 부르시고 하나님의 뜻대로 사용하십니다.
아모스는 뽕나무 농사일을 하다가 부름 받았습니다(암 1:1-1:14). 아모스의 아들 이사야 선지자는 성전에서 기도하다가 부르심을 받게 되고(사

6:7), 유다의 4명의 왕에 걸쳐서 선지자로써 쓰임 받게 되었습니다.

2) 하나님의 구원계획에는 사명자를 사용하십니다.

각양각색의 사람들에게 사명을 주신 이는 하나님이시며, 사용하시는 분 역시 하나님이십니다.

예컨대 성경을 기록한 저자들을 보면 각양각색의 사람들이 등장합니다.

① 구약에서도 다양한 직종의 사람들을 사용하셨습니다.

음악가, 정치가, 군인, 농사하는 농부, 목동에 이르기까지 사용하셨습니다. 모두가 하나님의 구원 계획에 쓰임 받은 사람들입니다.

② 신약에서도 다양한 직종의 인물들을 사용하셨습니다.

예수님의 제자들 역시 어부들이요, 세리요(마 4:18, 약 2:14), 바울은 핍박자요, 율법에 능한 선생이요, 철학자였습니다. 이들 모두가 하나님의 구원계획에 사용 받았습니다.

③ 하나님의 구원 계획은 지금도 세계 도처에서 교회사 미래, 지금까지 여러 단체나 개인, 국가적 차원에서 쓰임 받고 있습니다.

아프리카 선교하면 리빙스톤(Livingstone)이요, 인도하면 윌리암 케리(William Carry)요, 한국 선교하면 단연코 언더우드와 아펜젤러였습니다. 현재에도 미국이 숫자적으로는 우위이지만, 내용적으로 볼 때에는 작은 나라, 대한민국이 선교사역에 크게 쓰임 받고 있습니다.

2. 하나님의 구원계획은 역사 이래 지금까지 유효합니다.

지금도 부지런히 세계선교에 박차고 있으며 이 복음이 땅 끝까지 전파되면 세상은 끝이 옵니다(마 24:14).

1) 하나님의 구원 계획은 상상을 초월해서 역사하여 왔고 지금도 역사하고 있습니다.

① 아프리카 오지 마을에서 부터 초현대판 도시에 이르기까지 복음은 전파되고 있습니다(계 7:1-9).

이스라엘 12지파의 상징적인 숫자인 144,000을 비롯해서 이방인들의 숫자를 셀 수 없는 구원이 예언되었습니다(계 7:1).

② 구원 계획인 전도와 선교에 동참하는 일은 구원받은 사람 모두의 사명입니다(마 18:18-20).
성령이 임하셨으니 이제는 전도요, 선교입니다(행 1:8).

2) 구원의 비밀은 하나님만이 아십니다.
본문에서 볼 때에 하나님의 계획과 바울의 생각은 달랐습니다(사 55:8). 아시아보다 유럽이 우선순위이었음을 보게 됩니다.
① 마케도니아 빌립보 지역에서 사람을 만나게 하셨습니다.
사람을 만나게 하시는데 루디아를 만나게 하시고, 옥사장을 개종시켜 믿게 하셨습니다. 결과적으로 빌립보 교회가 세워지게 되었습니다.
② 구원계획과 일들은 하나님만이 아십니다.
어떤 사람을 만나게 하시고 어떤 사건이 이루어지는 모든 배경이 하나님께 있습니다. 그러므로 우리는 힘써서 전도하며 선교해야 합니다. 존 스토트(John. R. W. Stott)는 「현대 기독교」라는 책에서 '선교는 지상명령이다' 라고 했습니다(요 20:21). 이것이 또한 교회의 사명입니다.

3. 우리는 전도하고 선교해서 영혼 구원하는 환상을 보아야 합니다. 환상은 꿈이요, 미래의 계획이요, 장차 나타날 사건입니다.

1) 본문은 본문에서 환상을 보게 됩니다.
선교는 매우 중대한 일입니다.
① 우리 주변에는 빨리 와서 우리를 구원해 달라고 부르짖는 일들이 있음을 알아야 합니다.
우리 주변에는 멸망으로 가는 사람들이 많이 있기 때문입니다.
② 교회가 해야 할 일은 선교의 사명입니다.
예외가 없으며 선교에 대한 환상을 보아야 합니다.

2) 새해 우리 교회가 해야 할 일입니다.
여기에는 몇 가지가 요구됩니다.
① 기도가 선결되어야 합니다.
전도와 선교는 영혼구원이기 때문에 기도가 필수적입니다(막 9:29).

② 믿음입니다. 믿음으로만 가능합니다. 믿음이 없이는 할 수 없습니다.
③ 희생입니다(요 12:24). 십자가 희생 없이는 역사도 없습니다. 시간, 물질등 반드시 희생뿐입니다.
④ 선교, 전도는 성령으로만 가능한 일입니다. 성령 충만 받아 이 세대에 하나님의 구원계획에 모두 참여하시기를 축원합니다.

결 론 : 많은 사람을 옳은 데로 인도해야 합니다(단 12:3).

| 성 경 | **불완전한 인간을 온전케 하는 책**
디모데후서 3:14-17

하루에도 수백 종의 책들이며 신문 잡지들이 인쇄되어 나오는 시대요, 컴퓨터의 다원화, 다원주의시대이기 때문에 인쇄매체들이 홍수를 이루는 시대입니다. 세상에 수많은 종류의 책들이 있지만 영생에 이르게 하는 책은 오직 성경입니다. 영적 문제의 해답은 오직 성경밖에 없습니다.

남태평양에 위치한 작은 나라 핏티컨(Pitcairn)이라는 나라가 있습니다. 국민 전체가 20,000명 정도이지만 전체가 기독교인으로 구성된 기독교 국가입니다. 200여년 전에 영국에서 자유주의로 살아가겠다는 무리들이 분티(Bounty)라는 자유 단체를 결성해서 제도와 법률, 사회법규를 벗어나서 살아보겠다고 200여 명이 무인도인 핏티컨에 거주해서 살기 시작했습니다. 9년이 흐른 후에 사람들은 방종과 비윤리와 폭행과 살인으로 얼룩져 있었고 급기야는 지도자인 '프리처'라는 사람은 자살해서 죽습니다. 뒤를 이어 지도자가 된 존 아담스(John Adams)는 이제 유토피아를 포기하고 영국으로 돌아가려고 창고를 정리하던 중에 먼지로 뒤덮인 성경을 발견하고 읽기 시작했습니다. 회개와 함께 온 백성이 돌려보면서 변화되기 시작했습니다. 이제는 돌아가기를 포기하고 국가를 형성한 것이 핏티컨이라는 지상 낙원에 가까운 국가가 되었습니다. 이 섬에 관한 것을 기록한 니콜슨(R. A. Nicholson)은 "이 핏티컨(Pitcairn)이라는 나라는 한권의 성경으로 만든 새롭게 된 곳이다"라고 했습니다. 그 곳 뿐이겠습니까?

세계 지도를 펴놓고 보면 기독교 복음을 먼저 받아들였거나 지금도 교회가 성행하는 국가와 민족은 생명력있게 역사하는 국가요 민족임을 보게 됩니다. 우리 한국에 기독교 복음이 들어오기 전과 후를 비교해보면 잘 알 수 있습니다. 불란서의 작가 빅토르 위고가 18세기 영국을 가리켜서 "영국에는 두 권의 책이 있는데 하나는 세익스피어 작품이고 또 하나는 성경이다. 영국은 세익스피어를 만들었지만 성경은 영국을 만들었다"라고 하였습니다. 본래는 해적국가이던 영국이 신사의 나라가 된 것은 성경이 있기 때문입니다. 영국이 부강한 나라로서 아프리카의 줄루족 추장이 영국을 방문했을 때에 빅토리아 영국여

왕은 한 권의 성경을 추장에게 주면서 "영국의 부강은 바로 이 성경책에서 이루어진 것"이라고 설명했습니다.

성경은 개인, 가정, 사회, 국가를 사는 길로 인도합니다. 왜 그럴까요? 그 비결을 본문에서 발견하게 됩니다.

1. 성경은 살아계신 창조주 하나님의 말씀이기 때문입니다.

세상에는 책들이 많이 쏟아져 나오지만 하나님 말씀은 아닙니다. 성경은 하나님의 말씀입니다. 그래서 여기에는 영과 육의 변화가 이루어집니다.

1) 성경은 하나님의 말씀(Words of God)이라고 했습니다.

만군의 여호와 하나님의 말씀이 성경입니다. 하나님이 "가라사대" 하시면서 말씀하신 책이 성경입니다.

(16절) "모든 성경은 하나님의 감동으로 된 것으로" 하셨고, (딤후 1:21) "오직 성령의 감동하심을 입은 사람들이 하나님께 받아 말한 것임이니라" 했습니다.

① 성경에서 성경에 관한 기사를 보시기 바랍니다.

살았고 운동력이 있습니다(히 4:12). 생명의 양식이요(마 4:4), 듣는 자마다 살아나게 되며(겔 37:1-, 요 5:25), 불과 같고 방망이 같으며(렘 23:29), 완전하여 영혼을 소생케 하며(시 19:7), 그래서 송이 꿀보다 더 달다고 되어 있습니다.

② 성경은 1600년간 기록되었지만 한 사람이 통일성 있게 기록한 것보다 더욱 정확하게 기록되었습니다.

구약 1500년, 신약 100년 해서 약 1600년간 기록되었고 40여명의 기록자들이 기록했는데 농부, 어부, 학자, 제사장, 왕, 선지자, 군인, 세리, 공무원, 의사, 시인 등 별의별 직업의 다양성 속에서 기록되었지만 하나입니다. 하나인 것은 예수 그리스도와 그의 나라에 모두 맞추어져 있습니다.

③ 성경은 단순한 책이 아닙니다.

단순한 역사책도 아니며, 명상록도 아니며 도덕책도 아니고 사상집도 아닙니다. 397년 신약 27권이 확정될 때에 신학자 아다나시우스(Athanasius)는 "이것들은 구원사의 좌표요 여기에서 목마른 자들은 그 안에서 찾아질 수 있는 말씀을 풍성하게 사용할 수 있는 것이고 그 안에만 경건교리가 기록되어있다. 거기에 가감할 자가 아무도 없다"고 하였습니다.

2) 우리는 성경을 부지런히 읽고 듣고 행하며 전해야 합니다(계 1:3).

① 읽는 일에 힘써야 합니다.

특히 청소년들에게 성경을 가까이 하게 하며 읽혀야 합니다. 영국에서 건너와 조선 땅 대동강에서 순교했던 토마스(Thomas) 목사님은 순교했지만 그가 남긴 성경은 서상륜이란 관리가 집에 가지고 가서 벽지로 사용하다가 읽고 감동을 받아 최초의 기독교인이 되었고 만주에 건너가 성경이 번역되어 이 땅에 들어올 때 공로자가 되었습니다.

② 듣는 일에 힘써야 합니다.

듣게 될 때에 살게 되고 믿음이 생기게 됩니다(롬 10:17, 갈 3:2,5).

③ 전해야 합니다. 그리고 행하여야 합니다.

여기에서 생명들이 살게 됩니다. 현재 350개 언어로 번역되어 전해지고 있으며 신약은 814개 언어와 구약은 933개 언어로 번역되어 소수민족에게로 전달되고 있고 언어가 없는 민족에게는 언어를 만드는 작업이 681개나 된다는 보고입니다. 또한 세계에서 성경을 제일 많이 보급하거나 수출하는 나라는 한국 교회입니다.

2. 성경은 창조주 만군의 여호와의 말씀이기 때문에 이곳에만 구원이 있습니다.

"성경은 능히 너로 하여금 그리스도 예수 안에서 믿음으로 말미암아 구원에 이르는 지혜가 있게 하느니라" 하였습니다(15절).

1) 성경은 구원의 보고(창고)입니다.

어떤 금은보화가 있는 창고와 비교할 수 없는 보고입니다.

① 이 말씀에 구원이 있습니다(요 20:31).

② 이 말씀에서 죄인들이 회개하며 새롭게 변화됩니다.

본 설교자를 비롯해서 베드로, 바울, 사형수 김대두 역시 성경이 변화시켰습니다.

2) 성경은 지혜의 보고입니다.
① 성경 속에 지혜가 있습니다(잠 1:5,7).
② 성경 속에는 없는 것이 없습니다. 모든 일이 성경에서 이루어집니다. 그리고 지혜를 약속했습니다(약 1:5-6).

3. 성경은 하나님 말씀이기 때문에 인생을 변케하고 온전케 해주는 치료의 약입니다.

죄의 병, 사망의 병에서 낫는 약은 신구약 성경 밖에 없습니다.
"교훈과 책망과 바르게 함과 의로 교육하기에 유익하니 이는 하나님의 사람으로 온전케 하며 모든 선한 일을 행하기에 온전케 하려 함이니라" 했습니다(17절).

1) 성경은 바른 인격으로 변화시켜 줍니다.
① 자녀들에게 성경을 많이 습득하게 해보시기 바랍니다.
　세상 교육과는 차원이 다르기 때문에 앞이 보입니다(시 119:105).
② 세상은 죄로 어둡지만 성경은 미래를 밝게 하고 빛 가운데로 인도합니다.
　그러나 때가 되면 말씀을 구할 수 없는 때가 옵니다(암 8:11).

2) 성경 속에 산 사람들은 인생이 변화 받아서 살았습니다.
① 역사 속에서 수를 헤아릴 수 없습니다(창 13:16).
② 영국의 고아의 아버지라 불리는 죠지 뮬러는 일만 번 이상의 기도응답을 받았다고 간증했습니다.

성경 속에서 승리하는 우리 교회 모든 가족들이 되시기를 축원합니다.

결 론: 성경 밖에는 우리의 살 길이 없습니다.

| 성 령 | ## 오순절에 임하신 약속의 성령
사도행전 2:1-12

개인에게는 생일이 있고 국가나 역사에도 기념비적인 날들이 있습니다. 교회사에도 기념할 만한 사건이나 일들이 많이 있습니다. 구약 교회사에도 보면 이스라엘이 출애굽한 유월절(출 12:11), 유다가 하만의 손에서 건짐 받은 날을 기념하는 부림절(에 9:26)을 비롯해서 맥추절, 초막절(출 34:22), 가나안에 들어가서 첫 번째 생산해서 드린 감사의 절기인 오순절(레 23:16)이 있습니다.

맥추절이 첫 번째 거둔 것을 드린 감사절기라면, 오순절은 성령이 임하여 신령한 첫 번째 것을 거둔 마가 다락방의 신약교회의 탄생을 뜻합니다. 수장절은 추수감사절로써 종말 때에 예수님 재림과 영원한 천국 창고에 드리는 예고요, 그림자와 같습니다. 예수님이 십자가 대속적 죽음을 죽으시고 부활하시어 40일 동안 제자들과 함께 계시다가 승천하시고 10일후, 즉 부활 후 50일 째 되는 날 약속하신 보혜사 성령께서 임하시게 되었습니다.

1. 오순절은 교회가 시작되어 약속하신 성령이 임하신 날입니다.

십자가와 부활 사건 후 50일 째 되는 날(Pentecost) 임하셨습니다.

1) 성령께서 오실 것에 대한 것은 이미 예수님이 약속하셨습니다(요 14:16-26).

약속하신 성령께서 임하시게 되었고 교회가 세워지게 되었습니다.

① 구약에도 50일 째 되는 날은 애굽에서 나온 후 50일 째 되는 날로써 중요시 여겼고, 이것은 신약에 예수님이 승천하신 후 50일 째 되는 날로써 신약교회 탄생의 예표요, 그림자였습니다. 구약은 광야교회로써 광야생활 중에 있었기 때문에 붙여진 이름입니다(행 7:38).

② 구약의 예언과 예표된 대로 보혜사 성령께서 오실 것을 예수님은 약속하셨습니다(요 14:16, 26, 16:28).

예수님은 승천하시기 전에 사도들에게 당부하시기를 '약속하신 성령께서 오실 때까지 예루살렘을 떠나지 말고 기다리라' 당부하셨는데, 승천하신 후 10일 후에 성령께서 오셨습니다. 성령이 임하시면 권능을 받게 되고 전도 선교의 사역으로써 지상교회의 사명이 무엇임을 일깨워 주셨습니다(행 1:8).

2) 성령은 불로 상징되었습니다. 성령은 곧 불의 역사입니다.

① 시내산 모세에게 나타나실 때에도 불로 보여주셨습니다.
(출 19:17-18, 출 24:17, 시 4:11) 모두가 불로써 보여주셨습니다. (신 4:11) '그 산에 불이 붙어 화염이 충천하고 유암과 구름과 흑암이 덮였는데…' 했습니다. 이것은 신약교회 탄생시에도 성령의 불로 역사하실 것에 대한 예표요, 그림자입니다

② 예수님은 이 땅에 불을 던지러 오셨습니다(눅 12:49).
'내가 땅에 불을 던지러 왔다' 고 하셨습니다. 하나님은 불이십니다(히 12:29). 교회사는 성령의 불로써 이루어진 역사입니다.

③ 성령의 별명들이 많이 있는데 그 중에 하나가 불과 같은 성령입니다.
성령은 비둘기(마 3:16)와 같고, 기름과 같고(마 25:1-9), 인(印)과 같고(엡 1:13-14), 생명수와 같다고 했습니다(요 4:14, 6:35). 그런데 본문에는 불과 같다고 표현했습니다.

④ 오순절 때에 임하신 성령은 불로써 표현 되었고 그 불로써 교회는 생명력있게 시작되었습니다.
세상에도 지금은 불이 모든 것을 지배하는 화력의 시대입니다. 하나님의 성령불이 전세계복음화에 있어서 빼놓을 수 없는 주도적 역할을 합니다.

2. 오순절에 임하신 성령불은 제자들 뿐 아니라 다른 무리들을 변화시켰습니다.

불같은 성령은 모든 사람들을 변화시킵니다.

1) 성령께서 오시면 변화시켜 새롭게 하십니다.

① 회개가 이루어졌습니다(행 2:38).
예수님은 이런 사실을 미리 예고해주셨습니다(요 16:8).

② 약했던 제자들이 강하고 담대하게 변했습니다.
이론적 신앙에서 3번씩이나 예수님을 부인했던 베드로(마 26:75)가 담대하게 전도자가 되었습니다(행 4:19).

③ 성령은 불이시기 때문에 뜨겁게 역사하시는데 그로인해 열심이 생기게 되고 능력 있는 신앙생활로 나오게 됩니다.
라오디게아 교회에게 '뜨겁든지…해야 한다' 고 책망했습니다(계. 3:15).

2) 성령은 진리의 영이시기 때문에 이런 변화가 일어납니다.
① 말씀이 생각나고 깨달아지게 됩니다.
그래서 3년간 들은 말씀들이 그대로 깨달아지고 적용되었습니다.
② 말씀에 대해서 순종하게 됩니다.
불순종자가 순종자로 바뀌게 됩니다. 현대교회의 맹점은 불순종이 더 많이 있다는데 있습니다. 다시 한 번 성령 충만을 받아야 합니다.

3. 오순절 날에 임하신 성령은 능력을 체험하게 했습니다.

1) 성령이 임하시게 될 때에 각종 은사가 체험됩니다.
① 성경은 분명히 기록되었습니다(고전 12:1-, 14:).
방언에서부터 시작되어 각종 기적을 체험하게 됩니다(행 3:1).
② 육에 속한 것이 아니고 영에 속한 일이기 때문에 영적으로라야 분별하기 때문에 세상 사람들은 비난합니다(고전 2:13-16).

2) 우리는 성령의 능력을 충만히 받아야 합니다.
성령께서 지금도 역사하시고 계십니다.
① 성령 받아야 신앙인이고 또한 능력이 나타나게 됩니다.
이는 우리에게 유익하게 하시기 위해서 주십니다(고전 12:7).
② 성령 받게 될 때에 성령께서 우리의 신앙생활이 성공적으로 자라고 열매가 맺도록 인도하시며 열매가 맺히게 됩니다(갈 5:22).
종말 때를 맞이해서 성령불이 꺼지기 쉬운 때에 우리 교회는 언제나 성령께서 강하게 역사하시는 교회로 세워져 가게 되기를 주의 이름으로 축원합니다.

결 론: 성령은 지금도 계속해서 역사하시며 하나님의 일을 하십니다.

성령 충만한 사람의 증거
에베소서 5:18-20

속이 비어있는 것보다는 가득하게 차있는 상태를 사람들은 선호합니다. 속이 가득 차있는 가을배추며, 그물에 가득 차서 만선이 된 어부의 배며, 꽃이 피기 직전의 터질 듯한 꽃망울은 보는 이의 마음을 좋게 합니다. 성경에는 충만이란 말씀이 많이 기록되었습니다. 물론 좋고 아름다운 축복의 개념에서의 충만입니다. (신 33:16, 대상 16:32, 시 96:11, 98:7, 시 24:1, 시 50:12, 시 6:3, 시 16:11, 요 1:16, 롬 15:29, 요 3:29, 15:11, 16:24, 행 2:28, 13:52, 빌 2:4, 롬 15:13, 엡 1:3) 성경에는 충만이란 용어가 충만합니다. 본문에서는 성령 충만을 말씀했습니다. 세상 사람들은 세상의 것들로 충만하기를 원하겠지만, 그리스도인은 성령으로 충만해야 합니다. 왜냐하면 성도는 성령으로 인치심을 받았기 때문입니다(엡 1:13). 성경에는 우리 믿는 성도들이 성령의 인치심을 받았으니 성령충만하라고 하였는데 성령 충만한 삶은 어떤 생활일까요?

1. 성령 충만은 일반적인 생활 속에서 나타내야 합니다.

평상시에 술을 많이 마시고, 담배를 많이 피우는 사람들 옆에 가면 자연히 술 냄새와 담배 냄새가 찌들어 있습니다. 성도는 성령의 인치심을 받게 되었고 그리스도께서 친히 너는 내 것이라고 싸인해 주셨기 때문에 생활 속에서 예수 냄새가 물씬 풍겨나야 합니다(19절). "시와 찬미와 신령한 노래로 서로 화답하며 너희의 마음으로 주께 노래하며 찬송하며" 했습니다.

1) 성령 충만한 그리스도인은 겉으로 표출되는 것이 영적이고 신령한 것들이어야 합니다.

① 말도 성령 충만해야 합니다(엡 14:29-30, 5:4).
   말에도 성령 충만이요, 그 말이 생활에 옮겨져야 합니다.
② 성령 충만한 증거는 기쁨입니다.
   천사의 말이나 산을 옮기는 믿음도 중요하겠으나 기쁨이 충만합니다(빌 4:4, 행 16:25).

③ 참 그리스도인은 성령 안에서 찬송과 신령한 노래가 충만합니다.
세상 사람들은 술과 노래와 유흥이겠지만 그리스도인은 성령 안에서 평안과 찬송입니다.

2) 성령 충만한 증거가 확실히 나타나야 합니다.

성경 찬송을 몸에 소지하고, 매일 밤마다 교회에서 잠을 잔다고 성령 충만이겠습니까?

① 몸에서 스스로 냄새가 나도록 해야 합니다.
과자 공장 옆에서는 과자 냄새가 나듯이 우리 생활 속에서 자연스럽게 성령 충만이 나타나야 합니다. 사도 바울은 고린도교회에 확실하게 전했습니다(고후 2:14-16).

② 좋은 냄새는 누구나가 맡기 좋아하지만 악취는 원하지 않습니다.
오월이 오면 그윽한 아카시아 냄새나 라일락 향기가 온 천지에 풍기듯이 그리스도인이 있는 곳에 냄새가 좋아야 합니다. 한국교회에 이 생활이 요구됩니다.

2. 성령 충만한 성도는 평상시에 감사를 나타내 보여야 합니다. '충만'은 '넘친다'는 뜻입니다.

(20절) "범사에 우리 주 예수 그리스도의 이름으로 항상 아버지 하나님께 감사하며" 했습니다.

1) 세상 사람들은 자기 일에 좋은 일에만 감사합니다.

왜냐하면 영적 소속이 세상이기 때문입니다.

① 세상 사람들은 세상일에만 혈안이 되어 있고 거기에 따라서 감사가 있거나 없거나 합니다.
그러나 그리스도인은 달라야 합니다. 성령의 사람이기 때문입니다.

② 그리스도인은 매사에 감사가 풍성해야 합니다.
성령 충만한 증표는 감사에 있습니다. 범사에 감사함이 그리스도 안에서 하나님의 뜻입니다(살전 5:17-18).

2) 성도의 보는 시야가 매사에 감사의 눈으로 바뀌어야 하겠습니다.

감사의 안경을 끼면 감사하게 보입니다.

① 정상적인 시각으로 볼 때에 이 시간에 우리가 여기에 앉아서 예배드리는 자체가 감사의 큰 조건입니다.

② 우리는 최종적인 목적지가 천국이기 때문에 감사합니다.
장례식 때마다 보십시오. 한 순간에 세상을 떠나면 영원히 지옥으로 가는 인생들이 얼마나 많이 있습니까? 잠간 보이는 일에 연연하지 말고 영원한 천국의 사람이 될 것을 감사하는 것이 성령 충만입니다.

3. 성령 충만한 그리스도인의 증거는 서로 돕고 살아가게 됩니다.
(21절) "그리스도를 경외함으로 피차 복종하라" 했습니다.

1) 성령 충만한 그리스도인은 피차 도우며 살아갑니다.
이것이 또한 초대 교회였습니다(행 2:42-47).

① 세상에는 그리스도인이 도와야 할 일도 있고 사람도 이웃도 많습니다.
혼자 살려고 하면 자기도 죽게 됩니다. 세상 사람들은 대개가 혼자 살려다가 자기도 죽게 됩니다(인도의 성자 썬더싱에서 봅니다).

② 남을 돕는 그리스도인이 이 땅에 편만하게 많아야 합니다.
성령은 남을 돕도록 하시는 분이시기 때문입니다. 반대로 피차 물고 뜯으면 같이 망합니다(갈 5:15).

2) '그리스도를 경외함으로' 라고 했습니다.
예수님을 경외하는 사람은 예수님의 마음을 배워야 합니다. 이것이 성경입니다(빌 2:5-11).

① 예수님은 우리 때문에 생명을 주셨고 생명 관계가 되었습니다.
그러하듯이 우리는 교회 안에서 이런 도움이 서로가 필요합니다.

② 초대교회 성도들은 사자 굴에서도 서로 껴안고 순교했습니다.
이것이 교회입니다.

성도들이여 언제나 생활속에서 성령 충만한 그리스도인이 되시기를 주의 이름으로 축원합니다.

결론: 이 세대가 요구하는 그리스도인은 성령 충만입니다.

고난 | 고난주간과 겟세마네와 예수님
누가복음 22:39-46

　기독교 복음의 핵심은 예수 그리스도의 십자가의 대속적 죽으심과 부활에 있습니다. 예수님은 창조주로써 육신을 입고 이 땅에 오셨고 우리를 구원하셨습니다. 죄가 없으신 분이시요(레 1:4), "모든 일에 한결같이 시험을 받은 자로되 죄는 없으시니라"(히 4:15)고 하였습니다. 인간의 모든 죄를 위해서 죄 없으신 예수께서 십자가에서 대속적 죽음을 당하셨습니다. 그전에 겟세마네 동산에서 밤이 새도록 피땀 흘려 기도하셨습니다. '겟세마네'라는 말은 '기름틀'이란 뜻인데 히브리어 '겟세미니'에서 온 말입니다. 지금도 겟세마네 동산에는 이천년이 넘는다는 감람나무 8그루가 지나는 성지 순례객들을 반기고 있습니다. 예수님은 목요일을 지새우시고 금요일 아침 아홉시 쯤 해서 십자가에서 달리게 되셨습니다. 고난주간을 맞아 '기름틀' 겟세마네와 예수님을 생각하며 다시 한 번 은혜 나누어 보겠습니다.

1. 예수님은 '기름틀' 속에서 밤을 지새우셨습니다.

　창세기 3:15에서 이미 예언된 대로 여자의 후손으로 오신 예수님은 사탄마귀의 머리를 상하게 하시고 또한 뱀이 여자의 후손의 팔꿈치를 물게 되는 때가 되어서 예수님은 고통 중에 그 밤을 지내시면서 어떤 일을 하셨을까요?

1) 예수님은 겟세마네 동산에서 기름 짜는 고통을 당하셨습니다.

　그 고통의 결과로 우리가 나음을 입게 되었고 살게 되었으니 예수님은 한 알의 밀알이 되신 것입니다(요 12:24).

① 예수님은 기도로 밤을 새우셨습니다.

　예수님의 생애 전체가 기도의 생애이셨습니다. 공생에 시작부터 마지막 십자가에 죽으심까지 기도로 일관된 생애가 되신 것입니다(마 4:1-, 막 1:35, 눅 18:1, 요 17:1-26) 알 에이 토레이 박사(R.A.Torrey)는 '예수 그리스도는 기도의 일생이셨다'고 평한 바 있습니다. 그 기도는 무릎을 꿇어야 하는 기도이셨고(눅 18:13) 피땀 흘린 기도이셨습니다.

② 기름틀에서 진액을 짜내는 기도였습니다.
(44) "예수께서 힘쓰고 애써 더욱 간절히 기도하시더니 땀이 땅에 떨어지는 피방울 같이 되더라" 했습니다. 예수님은 그렇게 기도하시게 된 것입니다. 히브리서에 증언했습니다(히 5:7).

2) **믿는 성도들은 현실 생활 가운데서 십자가의 고통을 생각하며 주님을 따라야 하겠습니다. 십자가란 형틀입니다. 악세사리가 아닙니다.**

① 예수님을 따라가는 제자의 삶이 무엇인지 보여주셨고 알려주셨습니다. 다름 아닌 십자가를 지고 따라가는 생활입니다(마 16:24). '기름틀' 인 겟세마네를 생각하며 주님을 따라야 하겠습니다.

② 예수님의 십자가 사건이 없었다면 우리 역시 여전히 죄 가운데 서 있었을 것입니다.
기독교 중심은 십자가 죽으심과 부활에 있습니다. 믿음의 선진들은 이 신앙으로 순교의 제물이 되면서 신앙을 우리에게 물려 주었습니다.

2. 예수님은 '기름틀'에서 아버지의 뜻에 복종하시고 순종하는 모습을 보여 주셨습니다.

아담이 에덴동산에서 하나님의 형상을 상실하게 되고 추방된 이유가 무엇이겠습니까? 불순종 때문이었습니다.

1) **하나님께서 제일 기뻐하시는 일은 순종이요, 기뻐하시지 않는 일은 불순종입니다.**

① 성경에서 불순종하였던 사람들은 모두 실패하였습니다.
아담이 불순종해서 실패하였습니다(창 3:1). 그래서 아담 안에서 모두가 죽게 되었습니다(고전 15:20). 아간이 불순종해서 실패와 낙담을 가져오게 했습니다(수 7:24-26). 사울이 불순종하여 실패자가 되었습니다(삼상 15:22-23). 요나가 실패자가 된 때는 불순종한 때였습니다(욘 1장).

② 순종의 결과는 기적과 축복의 현장이었습니다.
그래서 기적의 현장에는 언제나 순종이 있었습니다. 가나 혼인잔치의 기적에서(요 2:1-11)와 두 배에 가득 채운 현장에서(눅 5:1-5)와 소경이 두

눈을 뜨게 된 현장에서(요 9:1-7) 보게 됩니다.

2) 예수님은 순종자가 되셨습니다.
순종이 계셨기에 우리가 구원받게 된 것입니다.

① 순종을 배우셨다고 했습니다.
(히 5:8) 영원히 구원의 근원이 되셨습니다. 우리는 예수님처럼 순종을 날마다 배워나가야 합니다.

② 예수님은 오직 순종이 전부이셨습니다.
사도 바울도 이를 뒷받침해서 증거했습니다(고후 1:18). 기름불에서의 예수님은 순종의 본이 되심으로 구세주가 되셨습니다.

3. 믿음의 선진들은 순종하며 고난의 발자국을 역사 속에서 우리에게 남겨 놓았습니다.
역사 속에 선진들이 모두가 고난 속에 걸어온 길이었습니다.

1) 믿음의 길에서 걸어온 고난의 길이었습니다.
믿음이 아니면 걸어올 수 없는 역경의 길이지만 순종하여 걸어왔습니다.

① 성경에서 모든 분을 보시기 바랍니다.
베드로, 요한, 야곱, 바울 사도들을 보면 순종하며 고난의 길을 잘도 걸어왔습니다. 스데반 집사님도 보십시오(행 7:51).

② 이는 성령으로 말미암아 기도 없이는 할 수가 없는 일입니다.
성령 받아서 일하지 않으면 할 수 없기에 성령을 약속대로 주셨으니 성령 받아서 이 길을 잘 달려가게 되기를 예수님의 이름으로 축원합니다.

결 론: 예수님의 고난을 생각하며 신앙으로 승리합시다.

 가로막았던 휘장을 찢어라
마가복음 15:37-38, 히브리서 10:19-20

세상 사람들의 노래 중에 이런 구절이 있습니다. "당신과 나 사이에 저 바다가 없었다면…" 우리는 국토 분단으로 남북이 갈라진 지구상의 유일한 국가입니다. 지금도 임진각에 가면 녹슨 철마 위에 "철마는 달리고 싶다"는 글귀가 있습니다. 막혀있다는 것은 괴로운 일입니다. 시에서 이웃과의 합의하에 담장을 헐어내고 주차공간이나 정원을 만드는 모습에서 시원함을 느끼게 됩니다. 우리는 아담 안에서 모두가 하나님과의 사이에서 막혀 있었고, 영원히 죄 가운데서 지옥의 형벌을 받게 되었습니다.

그러나 제2의 아담이신 예수 그리스도가 십자가에 죽게 되었고 죽으실 때에 성소의 휘장이 갈라지게 됨으로써 모든 막힌 담이 예수 안에서 찢어지게 되었습니다. 사도 바울도 이 사실을 에베소서에서 강조했습니다(엡 2:13-22). 이제는 예수님이 십자가에 죽으실 때 찢어진 휘장은 존재할 수 없습니다. 하나님과 화평입니다. 1년에 한 차례씩 피를 가지고 들어가던 대제사장의 행위도 소용없습니다. 예수님이 십자가에서 해결해주셨기 때문입니다(엡 2:16).

1. 예수님의 육체가 찢어짐으로써 휘장이 갈라지게 되었습니다.

(히 10:20) "이 길은 우리를 위하여 휘장 가운데로 열어놓으신 새롭고 산 길이요 휘장은 저의 육체니라" 하였습니다.

1) 인간이 하나님께 나아가는 유일하고 새로운 길이 개통되었습니다. 죄에 막혀 있었고, 율법에 막혀 있던 길이었습니다.

① 이제는 예수 이름으로 얼마든지 나아가는 길이 열리게 되었습니다.
믿는 자에게는 지옥이 막히고 천국이 열리게 되었습니다. 예수님이 길이요(요 14:6), 예수님이 자유케 했습니다(요 8:31). 세상에 다른 길은 없습니다(행 4:12).

② 이 길은 누구도 무너지게 할 수 없습니다.
세상 사람들이 만든 다리나 건물은 지진이나 사고로 무너질 수 있지만

하나님께 나아가는 이 길은 영원히 무너질 수 없습니다. (롬 8:35-) 유일한 생명과 자유의 다리입니다.

2) 이제는 누구도 정죄할 수 없습니다. 예수 그리스도 안에 있기 때문입니다. 영원한 자유가 주어졌습니다.

① 구원받은 성도는 이 확신 가운데 있어야 합니다.
말씀을 믿고 신뢰하시기 바랍니다(요 5:24, 롬 8:1-2). 영생과 천국이 보장되어 있는 길이요 말씀입니다.

② 이제는 우리 믿는 사람들이 하나님을 모신 성전이 되었습니다.
보이는 건물 성전 시대는 예수님 육체가 찢겨질 때 지나갔습니다. 성령을 모신 심령 속에 거하시는 하나님이십니다. 우리 자신들이 곧 성전들입니다(고전 3:16, 6:19, 고후 6:16, 엡 2:21). 믿는 자 속에는 성령께서 좌정하고 계시며 옛 보이는 휘장은 더 이상 존재하지 않습니다.

2. 이제는 내가 믿음으로 휘장을 찢는 확신이 필요합니다.

이미 예수 그리스도가 죽으실 때에 휘장이 찢어졌기 때문에 휘장이 존재하지 않습니다. 그러나 내가 내 마음에 존재하는 휘장을 찢어야 할 때입니다.

1) 하나님께 방해가 되는 내 안에 휘장을 찢어야 합니다.
아직 내 안에 휘장이 찢어지지 않은 채 불신앙적으로 존재한다면 빨리 해결해야 합니다.

① 의심과 불신앙의 휘장이 내 마음에서 찢어져야 합니다.
하나님께서는 이미 용서하셨고 평화를 주셨지만 수용할 수 없는 내 마음의 휘장이 문제가 됩니다. 이제 믿어야 합니다(요 5:24). 라오디게아교회로 문이 닫혀있었기 때문에 책망을 받았습니다(계 3:18). 옷을 찢지 말고 마음을 찢어야 합니다(욜 2:12-13).

② 죄를 회개하고 마음의 불신앙의 휘장이 깨끗하게 정리되어야 합니다.
하나님의 성령께서 지금도 우리에게 오셔서 역사하시며 감동 감화주십니다. 하나님은 사랑이시기 때문입니다(요일 4:16). 하나님은 지금도 당신을 이처럼 사랑하십니다.

2) 마귀의 속임수에 더 이상 속지 말아야 합니다.
마귀는 계속적으로 불신앙에 머물게 속이려 합니다.
① 마귀의 속삭임에 속지 말아야 합니다.
   마귀는 본래부터 거짓말쟁이기 때문입니다(롬 8:44). 진리가 그 속에 없습니다.
② 내 인생 속에 부정적인 과거는 믿음 안에서 지워버리세요.
   하나님은 당신을 용서해주셨습니다. 최고의 법정이신 예수 안에서 하나님께서 용서하셨습니다. 그래서 휘장이 찢어지게 된 것입니다.

3. 하나님과의 수직적인 휘장이 찢어졌으면 이제는 성도와의 관계에서도 수평적인 휘장이 찢어져야 할 때입니다.

1) 이제는 내가 이웃과의 수평적인 관계에서 휘장을 찢어야 합니다 (막 11:24, 마 5:24, 벧전 3:7, 골 3:13).
① 하나님과의 사귐은 곧 성도와의 사귐이 되어야 합니다(요일 1:4-).
   이것이 빛 가운데 있는 성도의 생활이 되기 때문입니다(요일 1-5장). 유대인들이 정죄했지만 예수님은 용서하셨습니다(요 8:1-11). 용서의 복음이 우리에게 있습니다(마 18:21-35).
② 교회 안에서는 담장이 없어야 합니다.
   예수님이 용서해 주셨기 때문입니다. 이것이 고난주간에 배워야 할 복음입니다(마 6:9-).

2) 아직도 휘장이 막혔다면 이 시간 찢고 해결하시기 바랍니다.
예수님이 십자가에서 찢어 놓으셨습니다.
① 휘장이 찢어질 때에 생명이 있고 축복이 있습니다.
   막힌 것은 하나님이 원하시지 않는 일입니다.
② 막힌 것은 불신앙이며 죄입니다.
   현대인들이 쌓고 있는 담벽을 헐어버리고 예수 그리스도 안에서 화평케 되기를 주의 이름으로 축원합니다.

결론: 휘장을 찢으세요.

| 부활 | ## 부활의 신앙을 가진 사람들
마태복음 28:1-10

　모든 생명체들이 제일 무서워하는 일은 죽음입니다. 인생 역시 예외는 아니라서, 모든 인생들은 누구나가 죽음 앞에서 무력합니다. 중국의 시황제는 늙고 죽는 문제를 해결하려 하였으나, 지금도 중국 서안에 있는 거대한 지하 병마총만 남긴 채 무력함을 보여주었습니다. 그러나 예수 그리스도는 십자가를 지시고, 대속적 죽음을 죽으시고, 장사 지낸 바 되었다가 삼일 만에 생명의 부활을 하셨습니다.

　빌라도가 예수를 처형한 뒤에 일어난 사태들을 자세히 로마 황제에게 보고한 문서가 지금 터키의 성 소피아 사원에 보관되어 있는데, 전 50권으로 되어 있으며, 번역하여 "빌라도의 보고서"라는 책명으로 출판되었는데, 예수님의 활동과 죽음과 부활에 관한 것도 포함되었으며 병사들이 부활을 목격한 내용도 기록되었습니다. 예수 그리스도의 부활 사건은 제자들에게 다시 예루살렘으로 모이게 하였고(눅 24:28-34), 3년간 전하였던 복음이 헛되지 않고 이 땅에 교회가 세워지는데 결정적인 역할을 하는 계기가 되었습니다.

　예수 그리스도의 부활을 부인하고 허위라고 증명하려고 나섰던 사람이 역사상 많이 있었습니다. 그 중에 프랭크 모리슨(Frank Morison)이라는 사람은 무신론자로서 예수님의 허위성을 말하려고 성경을 읽어 내려가다가 마음이 변하게 되었고 오히려 부활을 전하게 되었는데, 「Who moved that stone?」(누가 돌을 옮겼는가?)라는 책입니다.

　역사상으로 수많은 사람들이 예수님의 부활을 반증하려고 힘썼으나 실패로 돌아갔습니다. 왜냐하면 예수님의 부활은 사실이기 때문입니다. 예수 그리스도의 부활이 거짓이라면, 그 거짓을 위해서 무수한 순교자들이 났겠으며 지금도 세계 도처에서 행하여지고 있는 순교의 역사가 기록되겠는가? 부활 신앙으로만 가능한 사건들입니다.

　그러므로 예수 그리스도의 부활은 역사에서 일어난 사실이며 장차 모든 성도들의 부활의 첫 열매가 되셨습니다. 본문에서 몇 가지 은혜를 나눕시다.

1. 예수 그리스도의 십자가의 죽으심과 부활은 믿는 자에게 영원한 사망에서의 해방이요, 죽음으로부터 자유의 선언입니다.

"…네가 먹는 날에는 정녕 죽으리라"(창 2:17) 했습니다.

1) 이제는 성도들에게는 예수님의 부활로 말미암아 부활의 소망을 갖게 되었는데, 예수님이 부활의 첫 열매로써 시범을 보이셨기 때문입니다.

예수 안에서는 다시 사는 부활의 축복이 있습니다.

① 예수를 믿는 자는 다시 사는 역사가 있다고 분명히 하셨습니다.

"예수께서 가라사대 나는 부활이요 생명이니 나를 믿는 자는 죽어도 살겠고 무릇 살아서 나를 믿는 자는 영원히 죽지 아니하리니 이것을 네가 믿느냐"(요 11:25)고 하셨습니다. 여기에 '아멘' 하는 신앙이 되어야 합니다. 영과 육이 잠시 분리되어 있다가 다시 결합하는 때 부활의 사건이 일어나게 될 것입니다.

② 만일 부활이 없다면 기독교 신앙을 가진 자들이 가장 불쌍한 인생일 것입니다.

사도 바울은 고린도전서 15장에서 이 사실을 분명히 역설하셨습니다. 그러나 예수 그리스도는 잠자는 자들의 첫 열매가 되셨습니다. 아담 안에서 모든 이들이 죽겠지만 예수 안에서는 살게 됩니다. 사망이 사람으로 말미암았듯이 다시 사는 것도 사람으로 오신 예수 그리스도로 말미암아 이루어지게 되었습니다. 이것이 우리의 신앙이요, 기독교입니다.

2) 이제는 산 자를 죽은 자 가운데서 찾는 일이 없어야 합니다.

"그가 여기 계시지 않고 그의 말씀하시던 대로 살아나셨느니라"(마 28:6) 하였습니다.

① 예수님께서 친히 부활하실 것에 대해서 여러 차례 예고하셨습니다.

그러나 제자들은 산다는 것에 대해서 아직 인식하지 못하였고 이해를 할 수 없었기에 옛 직업을 찾아서 다시 고향으로 떠나게 되었습니다. 그와 같은 제자들에게 예수님은 부활하신 후 나타내 보여주셨습니다(요 20:19-29).

② 이 부활의 사실을 믿는 자는 영생이 있습니다.
"오직 이것을 기록함은 너희로 예수께서 하나님의 아들 그리스도이심을 믿게 하려 함이요 또 너희로 믿고 그 이름을 힘입어 생명을 얻게 하려 함이니라"(요 20:31) 하였습니다.

3) 이제 우리는 부활하신 예수님만 생각하여야 합니다. 생활 속에서 부활하신 예수님만이 나타내보여야 합니다.

① 예수님은 고난을 겪으시고 죽으심으로 부활하셨습니다.
기독교는 고행주의는 아니지만 십자가를 지고 가는 종교입니다(마 16:24). 십자가 고난 끝에 부활의 영광이 있습니다.

② 예수님의 십자가 죽으심과 부활하심은 기독교의 총체입니다.
십자가와 부활이 없으면 기독교는 존재하지 않습니다. 부활을 바라보면서 고난을 이기고 순교했던 선진들을 보십시오. 히브리서에는 분명하게 증거 해 주었습니다(히 11:33-40).

2. 예수 그리스도의 십자가의 죽으심과 부활은 믿는 자들에게 새로운 삶의 시작이 되었습니다.

이제는 고향으로 하향하거나 무덤에서 배회하는 제자의 삶이 아닙니다(눅 24:13-).

1) 예수님의 부활의 소식과 부활하신 예수님을 만난 제자들은 달라졌습니다.

① 이제는 낙심한 제자들이 아니었습니다. 예수님을 만났기 때문입니다.
교회 안에서 말씀을 통하여 예수님을 만난 사람들은 생활이 달라져야 합니다(몬 11절, 골 4:9).

② 내가 부활함과 같이 너희도 부활할 것이라는 주님 말씀에 제자들이 승리를 얻었습니다.
따라서 기독교 신앙은 세상에서 그 어떤 것도 당할 자 없습니다. 승리가 보장되었기 때문입니다.

2) 달라진 제자들과 같이 이제 부활을 믿는 성도들은 달라져야 하겠습니다.

① 달라진 제자들의 모습을 보시기 바랍니다.
오순절을 겪으면서 확실히 달라지게 되었고 바뀌었습니다(막 16:9, 요 20:15, 눅 24:30, 마 26:34, 행 4:19, 막 14:50-52, 요 20:25-29).

② 달라지게 되었고 변화되어서 전도자가 되었습니다.
신앙이 달라지고 육적 생활이 변화되었습니다. 부활의 증인들입니다.

3. 예수 그리스도의 십자가의 죽으심과 부활은 믿는 자들에게 최후 승리의 부활을 약속하신 사건입니다.

인간의 죽음 문제가 해결되었습니다.

1) 부활에는 두 가지가 있습니다(계 20:5,6).

① 첫째 부활입니다(살전 4:13-17).
믿는 자의 부활입니다. 최후 승리의 부활입니다.

② 두 번째 부활로써 심판의 부활입니다.
불신자들의 부활입니다. 불행한 부활로써 영영히 지옥 가는 부활입니다.

2) 우리는 모두 믿는 자로써 최후 부활의 승리자들입니다.

① 부활하신 예수님을 만나지 못하고 사는 인생은 불쌍한 인생입니다. 예수 안에만 생명이 있기 때문입니다(요일 5:11-12).

② 예수 안에서 우리는 영원한 부활이 약속되었습니다. 믿음의 결과는 영원히 사는 축복인바 여기에 속한 성도가 되시기를 축원합니다.

결 론: 우리는 생명의 부활에 참여할 사람들입니다.

부 활

부활의 능력
고린도전서 15:1-11

사람이 만든 과학 수준은 옛날에는 모두가 공상 영화에나 나올 법한 일들이 지금은 현실화된 것들이 많이 있습니다. 그래서 다니엘서 12:4에 있듯이 지식이 더해 가는 종말 때를 살아가고 있습니다. 예수님은 죽은 자 가운데서 살아나셨습니다(요 11:25). "예수께서 가라사대 나는 부활이요 생명이니 나를 믿는 자는 죽어도 살겠고 무릇 살아서 나를 믿는 자는 영원히 죽지 아니하리니 이것을 네가 믿느냐?" 하셨습니다. 오늘은 부활주일입니다. 예수님께서 죽은 자 가운데서 다시 살아나셨다는 말씀을 강하게 논리적으로 전개하는 본문에서 몇 가지 은혜를 나누어 봅니다.

1. 예수님의 부활은 곧 나의 부활과 직결됩니다.

예수님은 곧 나의 죄 때문에 죽으셨다가 나를 의롭게 하심을 얻게 하기 위해서 다시 살아나신 것입니다.

(롬 4:25) "예수는 우리 범죄함을 위하여 내어줌이 되고 또한 우리를 의롭다 하심을 위하여 살아나셨느니라" 했습니다. 따라서 이를 믿으면 구원을 얻게 되는 것이 성경에 약속한 구원관입니다(롬 10:9-10).

1) 예수 그리스도의 부활과 우리 믿는 자의 부활은 구원교리의 핵심입니다. (십자가와 부활은 기독교의 핵심입니다)

① 따라서 예수님의 부활과 성도의 부활은 전도의 중심입니다.
인간이 지옥형벌 받을 대신 예수님이 받으셨고 다시 살아나신 사건이 부활주일입니다. 초대 교회는 이것이 전도의 핵심이요 전체였습니다. (1절) "내가 너희에게 전한…" 이라고 말했습니다.

② 개인이 순교하면서까지 전해야 하는 중대한 복음이었습니다.
초대교회부터 시작해서 수많은 사람들이 순교하면서 이 복음을 전했습니다(행 7:51-60). 스데반 집사님을 비롯해서 베드로, 바울, 야고보 등 수많은 사람들이 순교의 제물이 되었고, 이 땅위에도 수많은 순교자의 피

가 적셔져 한국교회가 세워지고 여기까지 부흥했습니다.
③ 우리는 이 부활의 복음을 전해야 하겠습니다.
부활의 사건은 최초에 천사가 제자들에게 전했습니다(마 28:5). "그가 여기 계시지 않고 살아나셨느니라" 그러므로 우리는 '사셨네 사셨네 예수 다시 사셨네' 라고 찬송합니다.

2) 예수 그리스도의 부활과 믿는 성도의 부활은 역사적 사건입니다.

어떤 이들의 주장과 같이 가설이나 공상이나 환상도 아닙니다. 사실이요, 역사입니다. 만일 부활이 없다면 본문에서 바울이 전했듯이 기독교는 아무것도 아닐 것입니다.

① 예수님 부활은 역사의 시간 속에서 부활하셨습니다.
신화나 가설이나 전설이 아니라 역사요 사실입니다. 영어에서 역사를 '히스토리(History)라고 하는데 두 가지 말의 합성어로서(His+story 그의 이야기) 예수 그리스도의 역사입니다. 그래서 예수 그리스도는 기원전과 기원후(B.C.와 A.D.)로 나누어지는 역사의 분수령이 되셨습니다. 중세 때의 신학자인 터툴리안(Tertullian)은 그의 호교론에서 예수 그리스도의 부활은 역사적 사건이었다고 말했습니다.

② 예수님은 죽은 자 가운데서 부활하셨듯이 그를 믿는 성도들 역시 미래 역사 가운데서 예수님이 재림하실 때에 부활하게 됩니다.
이와 같은 사실을 성경은 분명히 기록했습니다(요 5:28-29, 계 20:5-6). "그 첫째 부활에 참여하는 자들은 복이 있도다" 했습니다.

2. 부활은 하나님의 특별하신 생명의 능력의 역사입니다.

마귀는 죽이고 파괴하는 일밖에 몰라 예수님을 십자가에 죽이면 끝이 날 줄 알았지만 생명의 부활은 몰랐습니다. 그러나 예수님은 생명의 부활을 하셨습니다.

1) 하나님은 생명이시며 생명의 주인이 되십니다.

창조주이시기에 살리는 능력이 있으십니다.
① 자연 만물을 통해서 보여 주었습니다.
겨울 동안 죽은듯이 있던 대지가 봄에는 다시 싹이 나게 되고 생명이 약

동하게 되는 것과 같습니다.
② 죽은 자가 예수 그리스도 안에서 다시 부활하는 것도 같습니다.
믿는 자에게는 구원의 능력이 있고 부활에 참여하게 됩니다. 성경은 여러 곳에 확실히 말씀했습니다(고전 1:18, 고전 15:42).

2) 썩을 몸이 썩지 않을 몸으로 변하게 되는 능력입니다.
심은 씨앗이 썩을 때에 새싹이 나는 것과 같습니다(고전 15:42, 요 12:24).
① 부활 때에는 확실히 변화된 몸으로 살게 됩니다.
우리는 예수님의 부활처럼 미래의 부활을 소망합니다.
② 최종적으로 예수님의 생명이 부은 바 되기 때문입니다.
코에 생기를 부으심과 같습니다(창 2:7). 이는 암탉이 21일간 품을 때에 병아리가 나오는 것과 같습니다.

3. 생명의 부활의 신앙이 있는 사람은 생활이 달라지게 됩니다.
우리 하나님은 살아 계신 하나님이십니다.

1) 예수님 부활을 믿고 자기 자신의 부활을 믿는 사람은 생활이 달라지게 됩니다.
① 바울의 옛 모습과 변화된 모습을 비교해 보십시오.
제자들 역시 부활하기 전과 후의 모습이 달라지게 되었습니다(막 14:51-52, 눅 24:13, 마 16:31).
② 나약했던 모습이나 예수를 모르는 삶에서 바뀌게 되었습니다. 강하고 담대해지기 시작했습니다(행 4:19).

2) 우리의 모습이 부활절을 맞아 바뀌어야 합니다.
① 생활에서 낙심과 실망이 아니라 담대히 소망 중에 승리해야 합니다.
② 부활 신앙 가지면 세상 어떤 일 앞에서도 승리케 됩니다.
우리 성도들 역시 부활 신앙으로 극복해 나가게 되기를 축원합니다.

결 론: 예수님은 부활 하셨고 믿는 성도 또한 부활하게 됩니다.

부활 | 부활하신 주님과 동행하라
누가복음 24:15-32

아무리 낯선 길이라도 동행자가 든든하게 같이 간다면 행복한 일입니다. 그래서 여행자요 나그네는 안내자를 잘 만나야 합니다. 혹시라도 안내자를 잘못 만난다든지, 안내자에게서 떨어지게 되면 큰 일이 벌어집니다. 인생은 여행하는 나그네와 같습니다. 공동묘지로 가는 여행자입니다. 에덴동산에서 추방된 그때부터 인생은 공동묘지까지 올라가게 됩니다.

세상에서는 부모형제, 친구들이 있지만 결국 혼자일 때가 옵니다. 그러나 부활하신 예수님을 인생의 안내자로 삼고 동행하는 사람은 절대로 혼자가 아닙니다. 예수님이 동행자이시기 때문입니다(마 28:20). 오늘 본문에서 평상시에 예수님을 따르던 두 제자가 엠마오로 내려가다가 부활하신 예수님을 만나서 동행하는 모습이 기록되었습니다. 이들은 슬픔과 낙심과 실망에 쌓여 있었으며 다른 제자들이 전하는 부활을 믿지 못하고 엠마오로 내려가다가 부활하신 예수님을 만나서 예수님의 말씀을 듣고 다시 예루살렘으로 올라가게 되었습니다. 여기에서 우리의 여행길에 나그네의 모습에서 예수님과 동행하는 우리의 모습이 되기 원합니다.

1. 부활하신 예수님과 동행하면 슬픔이 변하여 기쁨과 소망이 생깁니다.

엠마오로 내려가는 두 제자의 마음에는 슬픔과 낙심에 쌓여서 내려가고 있었습니다(19절).

1) 인생은 모두가 슬픔과 낙심의 엠마오로 내려가는 중에 있습니다.

제아무리 부자요, 부러울 것이 없는 사람이라도 인생은 짧고 순간적으로 지나가게 됩니다(시 90:9-12).

① 죽음을 향해 가는 인생이기 때문입니다.

또는 이미 죽었거나 죽음을 향해 가는 인생입니다(눅 9:6, 엡 2:1). 예수 그리스도 밖에서는 모두가 이렇게 허망하게 됩니다(요일 5:11-13). 성공과 실패를 떠나서 결국 예수 밖에서는 이렇게 허무합니다.

② 죽음과 무덤은 어디에서나 슬픔이요, 울음, 낙심, 한숨뿐입니다.
입은 옷도 화려한 옷이 없이 흰색이 아니면 검정색 일색입니다. 거기에는 기쁨이나 환희나 소망이 없습니다. 그런데 이것이 인생의 역사적 삶의 현장이라는 것입니다.

2) 부활하신 예수 그리스도는 그와 같은 인생들에게 찾아오셔서 슬픔이 변하여 기쁨으로, 절망이 소망으로 변하게 해주셨습니다.

선지자 이사야는 이미 이 사실을 예언했습니다(사 61:1-2, 눅 4:18-19).

① 예수님이 가시는 곳마다 역사가 나타났습니다.
(눅 7:11-16) 나인성 과부의 아들을 살리셨습니다. 죽은 자가 살았습니다. '청년아 내가 네게 이르노니 일어나라' 하시자 일어나게 됩니다. (요 11:34-46) 무덤 속에 있던 나사로를 살리심으로 기쁨을 주셨습니다.

② 죽음과 슬픔 속에 있는 사람처럼 곤란 가운데 있다고 해도 예수 그리스도는 찾아 오셔서 기쁨을 주시는 분이십니다. 문제는 믿지 못하는데 있습니다.
(눅 24:22) 부활의 소식을 들었어도 불신한 채 엠마오로 내려가고 있었던 것입니다. 부활하신 예수님이 동행중에 있었지만 깨닫지 못하였고 알아보지 못했던 것입니다. 부활하신 예수님이 동행하는 줄로 믿고 나갈 때 슬픔과 애통이 변하여 놀라운 기쁨과 축복이 될 줄 믿습니다.

2. 부활하신 예수님과 동행하면 진리와 의가 결국 승리하는 모습을 체험하게 됩니다.

이 세상은 타락하여 마귀가 득실거리고 어두움이 지배합니다(엡 2:2). 더욱이 사단이 말세 때에는 더 역사한다고 했습니다(계 12:12). 세상이 발달해도 죄가 더 관영하게 되고 타락하는 이유가 여기에 있습니다.

1) 마치 불의의 세력이 이기고 승리하는 듯이 보입니다.

이는 하박국 선지자의 질문과 같습니다(합 1:13).

① 예수님을 십자가에 못 박는 소리는 마귀가 웃는 소리요 마귀가 승리자인 것처럼 보였습니다.
그러나 예수님이 3일만에 부활하심으로써 마귀는 패하였고 의와 진리이

신 예수님이 승리하셨습니다.
② 이제 예수님은 승리자요 권세자요 심판자로서 이 세상에 다시 재림하실 것입니다(계 1:7).
   이기는 자가 되어야 합니다. 이기는 자에게 약속한 축복이 있습니다(계 2:26-27). 부활하신 주님과 동행하면 이와 같은 승리가 있습니다.

2) 불의의 세력은 최후 심판을 받게 되고 망하게 됩니다.
① 사도 바울은 부활의 확신 속에서 외쳤습니다.
   (고전 15:55-58) 그러므로 부활의 확신 속에 있는 사람들은 주의 일에 힘써야 합니다. 이것이 궁극적인 승리입니다.
② 역사 속에서도 진리가 승리하는 것을 볼 수 있습니다.
   기독교를 핍박하던 로마가 망하였고 교회가 승리했습니다. 1,2차 세계대전에도 분쟁을 일으키는 국가들이 망했습니다. 예수님의 부활은 진리가 궁극적으로 승리함을 보여주신 것입니다. 그러므로 성도는 부활의 주님과 동행할 때에 승리가 옵니다.

3. 부활하신 예수님과 동행하는 자는 말씀을 깨닫고 예루살렘으로 다시 올라가게 됩니다.

낙심과 실망 중에 내려가던 자들이 예수님을 만나서 깨달아 예루살렘으로 다시 올라갔습니다.

1) 듣고 믿음으로 깨닫기 바랍니다(24:25).
"가라사대 미련하고 선지자들의 말한 모든 것을 마음에 더디 믿는 자들이여" 했습니다
① 말씀을 들을 때에 '아멘' 하며 믿고 깨달아야 합니다.
   성령은 진리의 영이시기 때문에 깨닫게 됩니다(요 14:26). 그렇지 못할 때에는 마귀가 와서 빼앗아 갑니다(마 13:19).
② 믿고 깨닫게 되는 것은 성령의 역사입니다(눅 24:32).
   그래서 저들의 마음이 뜨거워졌습니다. 말씀은 그 자체에 능력이 있기 때문입니다(히 4:12). 살아있는 말씀 따라서 올라가는 생활이 있어야 합니다.

2) 깨달았습니까? 이제 예루살렘으로 올라가야 합니다.
예루살렘은 교회와 천국의 모형이요, 상징입니다.

① 내려가게 되면 영적인 강도를 만나게 됩니다(눅 10:30-).
  이번 부활주일에 말씀을 확인하고 예수님과 함께 예루살렘으로 올라가시기 바랍니다.

② 부활하신 예수님과 동행하여 최후 부활에 참여자가 되시기 바랍니다.
  예수님의 부활은 믿는 성도들의 부활의 첫 열매가 되시며 약속이 됩니다 (고전 15:22-24).

부활하신 예수님과 영원한 동행자가 되시기를 주의 이름으로 축원합니다.

결론: 우리는 부활하신 예수님을 믿는 동행자들입니다.

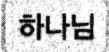 # 꿈을 통해 역사하시는 하나님
창세기 37:3-11

한글로는 꿈이라고 하는 뜻이 영어에서는 '밤에 수면 중에 나타나는 꿈(Dream)' 과 '머릿속에 미래를 설계 해보는 이상(Vision)'으로 분류할 수 있습니다. 성경에는 하나님 백성들에게 꿈을 통해서 하나님의 뜻을 보여주셨고, 요엘 선지자는 신약 시대에 성령께서 오시면 꿈을 꾸며 이상을 가지게 된다고 예언했습니다(욜 2:28). 성경에도 꿈을 통해서 하나님께서 역사하셨지만 오늘날에도 분명히 때로는 꿈을 통해서 하나님께서 말하시는 때도 있습니다.

본문은 야곱의 열한 번째 아들 요셉이 어릴 때에 꾼 꿈의 이야기요, 그 꿈 때문에 고난도 많이 겪었지만 결국은 하나님께서 보여주신 꿈대로 되었음을 보여 줍니다(창 37:11, 15-18). 본문을 통해서 몇 가지 은혜를 나누며 만물이 소생하는 봄을 맞이하는 은혜의 시간을 갖고자 합니다.

1. 성도에게는 하나님의 축복에 대한 꿈이 있어야 합니다.

지금 힘들다고 해도 미래에는 반드시 축복이 있다는 꿈이 있어야 합니다. 그래서 히브리서에는 믿음의 정의를 내려주셨습니다(히 11:1-2)

1) 이 꿈은 하나님께서 주시는 것입니다.

왜 꿈을 주시겠습니까? 하나님께서 그의 백성들에게 역사하시는 뜻을 이루게 하시려고 주십니다(창 41:25-43).

① 이상도 없고 꿈도 없을 때에 어렵게 된 사람도 있었습니다.
사울이 사무엘의 사후에 매우 어렵게 된 것은 꿈도 없고, 이상도 없었기 때문이었습니다(삼상 28:6-). 사울 왕은 결국 신접한 여인에게 가서 점을 치는 타락의 길로 더욱 빠지게 되었습니다.

② 하나님은 하나님의 일을 하실 때에 꿈과 계시로써 하셨습니다.
성경에서 수많은 일들을 보게 됩니다(창 20:6, 28:12, 31:10, 40:5, 41:1-, 삿 7:13 왕상 3:5, 단 2:1 마 2:1~2:13). 하나님은 시대 시대마다 중요한 일들을 꿈에서 보이셨고 역사하셨습니다.

2) 다른 환상도 있고, 계시도 있는데 왜 꿈으로 보여주실까요?

① 다른 계시나 이상과 같이 꿈도 역시 하나님의 방법이라는 것입니다.
하나님께서 일하시는 방법 중에 하나입니다.

② 성도에게는 믿음의 꿈이 있어야 합니다(Vision).
현재 기도하는 것이 내게 없다고 해도 기도하게 될 때에 이루어지는 믿음의 꿈(Vision)이 있어야 합니다. 야베스가 기도할 때에 응답받은 것과 비교됩니다(대상 4:9-10).
믿음의 꿈이 있을 때에 이루어집니다. 세속적인 표현으로 신세타령만 하는 것이 아니라 믿음의 꿈이(Vision) 중요합니다.

2. 성도에게 주신 꿈과 이상은 인생에 대한 설계도와 같습니다.

건축물이 건축될 때에 설계도와 같이 내 인생에서도 설계도가 있습니다.

1) 한 개인이나 국가에 대한 설계도 내지는 세계 역사에 대한 하나님의 원대하신 설계도가 있습니다.

① 하나님은 이 설계도를 개인이나 국가에 대해서 적용하십니다.
예정론(Predestination)이나(엡 1:3-14), 다니엘서와 요한계시록에 나타난 미래 계획에서 하나님의 뜻을 볼 수 있습니다.

② 구약에서도 신약에서도 꿈에 대한 이야기들이 하나님의 설계도였고 그대로 되었습니다.
요셉의 일대기는 그 가운데 나타난 한 예라 볼 수 있습니다(창 50:16, 50:19). 꿈대로 되었던 요셉의 역사관입니다.

2) 성도는 언제나 믿음 안에서 꿈이 있어야 하고 미래의 설계가 있어야 합니다.

① 믿음의 선진들에게 주셨듯이 우리 성도들에게도 주시기 원합니다.
믿음의 꿈을 가지시기 바랍니다. 인생의 밑그림이 예수 그리스도 안에서 그려져야 합니다.

② 꿈이 주어졌음에도 무시하게 될 때에 곤욕을 치른 사람이 있습니다.
예수님을 십자가에 못 박은 본디오 빌라도입니다(마 27:19).

그의 부인의 꿈 이야기를 무시했다가 2000년 간 수억의 성도들에게 정죄당하게 되었고 지금도 사도신경을 통해서 정죄당합니다.

3. 성도에게 주신 꿈과 이상의 현장에는 고난과 역경도 통과해야 합니다. 이것이 요셉의 꿈과 이상의 일대기가 되었습니다.

1) 아름다운 꿈과 이상이 실현되는 현장에는 고난의 배경도 있습니다.
젊은이들이 꿈을 꾸고 이상을 가지게 될 때에 핑크빛 나는 설계만 있을 뿐 고난은 생각하지 않는 경향이 있기에 중도에 실패합니다.
① 고난이 있어도 잘 극복해야 합니다.
 페니(Peny)는 "십자가 없이 영광도 없다(No cross, No crown)." 고 하였습니다. 욥을 생각해야 합니다(욥 23:10).
② 요셉이 그냥 요셉이 아닙니다. 고난 가운데서 끝까지 이기고 승리한 요셉이기에 요셉을 예수님의 모형이요, 그림자라고 일컫게 됩니다.

2) 꿈도 있고 이상도 있으나 고난을 제외시킨다면 성공할 수 없습니다. 고난이 와도 감사하는 신앙으로 극복해야 합니다.
① 성도의 꿈은 하나님이 주신 설계도임을 인식해야 합니다.
 눈물을 흘리며 씨를 뿌릴 때에 꿈이 해결되었습니다(시126:1-6). 또한 요셉이 보여준 성도의 생활입니다.
② 성도의 꿈이 이루어지기 위해서 많은 기도가 필요합니다.
 기도 끝에 응답이기 때문입니다(겔 36:39, 렘 33:1-3, 마 7:7, 갈 6:9).
꿈을 꾸는 성도들이 되시기를 축원합니다.

결론: 성경은 성도에게 꿈이 있게 합니다.

하나님 하나님의 은혜를 아는 사람
고린도전서 15:9-10

　이솝 우화 가운데 이런 이야기가 있습니다. 어느 날 한 선비가 산길을 가는데 어디에서인가 슬피 우는 호랑이 소리가 들렸습니다. 그 소리가 하도 처량해서 가봤더니 사냥꾼이 파놓은 깊은 함정 속에 빠진 호랑이가 울고 있었습니다. 호랑이는 선비에게 집에 있는 새끼를 이야기하며 꺼내어 달라고 사정했습니다. 이야기를 들은 선비가 불쌍히 여겨 호랑이를 꺼내주었더니 호랑이는 감사하기는 커녕 정색을 하면서 '내가 지금 배가 고프니 선비를 잡아 먹어야 하겠다'고 덤비는데, 이 때 마침 옆에 있던 토끼에게 선비가 이야기를 했습니다. 토끼는 말하기를 내가 그 광경을 보지 못하였기 때문에 알 수 없으니 다시 재현해 달라고 요구했습니다. 그래서 호랑이는 다시 함정 속으로 들어가게 되었고 토끼의 재판이 이러했습니다. '은혜를 모르는 너 같은 호랑이는 함정에 빠져서 죽는 것이 훨씬 낫다' 는 것입니다.
　우리가 사는 세상은 누구로부터인가 은혜를 입고 살아가며 또한 누구에게인가 은혜를 나누어주며 살아가도록 되어있습니다. 그런데 지금 세상은 은혜를 모르는 강퍅한 세상이요 자기 밖에 모르는 이기주의 세상이 되었습니다. 왜 일반인들뿐이겠습니까? 우리 그리스도인들은 은혜 속에서 하나님의 자녀가 되었고 은혜 속에 살아가고 있습니다. 바울은 이 사실을 깨닫고 믿는 성도들에게 하나님의 은혜를 알라고 오늘 본문을 중심으로 해서 말씀을 전했습니다. 그리고 그 자신도 순교할 때까지 복음의 일꾼으로서 승리하게 됩니다.

1. 은혜 받은 사람은 은혜를 생각할수록 하나님께 겸손하게 낮아집니다.

　내가 이렇게 된 것이 내 노력이나 내 공로가 아니라 하나님의 은혜라고 깨닫게 됩니다.

1) 바울은 처음에 육신적으로 대단했던 사람이었습니다.

　당시 최고학부라고 할 수 있는 가말리엘의 문하에서 수학하였고, 유대인이요, 베냐민지파요, 교회를 핍박하는 우두머리였고, 율법으로 흠이 없는 자로 여겼던 사람입니다.

① 당시로서는 남부럽지 않은 권세가요, 자랑할 만한 이력의 소유자였습니다.
　요즈음으로 말하면 어느 대학, 직장은 어디며, 재산 정도는 이만하다고 할 만한 이력서입니다. 그런데 이것을 가지고 교만하게 되면 하나님은 싫어하십니다. 교만하면 망합니다(약 4:6).

② 사울일 때의 모습은 분명히 교만한 자였으나 다메섹도상에서 예수를 만난 이후에 깨어지고, 작다는 뜻인 바울이 되었습니다.
　갈라디아 1:17-18의 말씀과 같이 이후에 3년간 아라비아광야에 있었고 은혜 받은 자가 되었습니다. 고린도후서 12:1-6의 말씀과 같이 몸 안에 있었는지 몸밖에 있었는지 모르지만 소위 3층천까지 다녀온 사람이었으나 철저히 겸손 그 자체였습니다. 그래서 하나님께서는 바울이 겸손하도록 사탄의 가시가 있게 하셨습니다(고후 12:7-10).

2) 은혜를 깨달을수록 겸손하게 되고 낮아져야 합니다.

그래서 '나의 나 된 것은 하나님의 은혜로다' 고 했습니다.

① 참 성도는 은혜 받을수록 겸손하게 낮아져야 합니다.
　마치 곡식이 익을수록 고개를 숙이는 것과 같은 원리입니다. 직분이 클수록 겸손해지고 직위가 올라갈수록 허리를 굽혀야 합니다. 예수님은 겸손으로써 나귀를 타셨습니다(마 21:5).

② 사울은 크다는 뜻이지만 바울은 작다는 뜻입니다(엡 3:8).
　크다는 사울 때에는 교만해서 사람을 죽이는데 앞장 서 있었지만 작다는 바울은 겸손해서 사람을 살리는데 힘썼고 순교의 제물이 되었습니다. 바울 자신이 고백한 낮아짐의 고백들을 보시기 바랍니다(고전 15:8, 딤전 1:15). 죄인 중에 내가 괴수니라(딤전 1:15) 하나님의 은혜를 깨달은 자요, 은혜를 아는 고백입니다.

2. 은혜 받은 사람은 은혜를 생각할수록 내가 해야 할 사명에 충실합니다.

지옥 갈 사람이 천국의 사람으로 바뀌었으니 세상에 이런 은혜가 어디에 있습니까? 무교회주의 신학자인 일본의 내촌감삼(우찌무라간조)은 "인간 최상의 저주는 마음속에 받은 은혜가 기억되지 않고 감사를 빼앗긴 인생이다"라고 역설한 바 있습니다.

1) 바울은 은혜를 깨달은 후에 어떻게 사는 것이 좋은 인생인지를 깨닫게 되었습니다. 그리고 그 길을 향해서 순교로 달려갔습니다.

① 그것은 사명의 길입니다(행 20:24-25).
빚진 인생으로서 전도에 힘썼고(롬 1:14) 죽을 것을 각오하고 사명의 길을 완주했습니다. 베드로도 부활하신 예수님을 만나고 재사명을 받았습니다(요 21:15-). 그리고 사명자의 길을 제시하였습니다(고전 4:1-2).

② 사명 때문에 고난이 왔지만 달게 지고 달려가게 되었습니다.
주님의 일 때문에 고난이 오거나 믿음 지키기 위해서 고난이 온다구요? 당연히 가야하는 길입니다. 고후 11:23-28절을 읽어보시기 바랍니다. 우리가 가야하는 길을 분명히 제시해주셨습니다.

2) 하나님의 은혜를 받으셨습니까?

소위 은혜 받았습니까? 잘하셨습니다. 이제는 그 은혜 속에서 사는 것이 남아있습니다.

① 은혜 속에 사는 길은 주의 일에 힘쓰고 복음 때문에 고난이 와도 달게 받는 생활입니다.
주경가 고뎃(Godet)은 "하나님의 은혜로 말미암아 우리는 복음의 빚진 자가 되었다"고 역설했습니다.

② 하나님께서 우리에게 요구하시는 것은 사명입니다.
은혜 받은 자가 사명을 상실하게 되면 아무 것도 아닙니다. 초대교회 성도들은 여러 가지 환경 가운데 어렵지만 사명에 충실하게 되었는데 오늘날과 같이 풍성한 때에 우리는 사명에 충실한 길을 걷는 것이 마땅한 길인 줄 알고 은혜 받았으니 사명에 충실해야 합니다.

3. 은혜 받은 사람은 신앙생활을 시종일관해야 합니다.

신앙생활은 하다가 중단한다든지 쉬었다가 다시 하는 식으로 하면 안 됩니다. 진짜 은혜 받은 사람이라면 천국에 입성할 때까지 계속해야 합니다.

1) 바울은 은혜 받고 끝까지 달려간 사람입니다.

딤후 4:6-7에서 그가 달려온 길의 마지막 고백이 전해져 있습니다.

① 마지막 의의 재판대에서 의의 면류관 쓸 때까지 달려야 하는 것이 은혜 받은 자의 가는 길입니다.

② 은혜 받은 자로서 무엇을 남기고 싶습니까?

사람이 지나간 곳에는 발자국이 남게 됩니다. 사명자가 지난 곳에는 분명한 흔적이 남아있습니다. 바울이 간 발자국이며, 언더우드가 남긴 한국장로교회의 발자국이 또한 오늘까지 선명히 남아있습니다. 은혜 받은 사람은 발자국이 아름답게 남게 됩니다.

2) 우리는 지금 어디까지 왔습니까?

끝까지 잘 달려가서 은혜 받은 것을 잊지 말아야 하겠습니다.

① 중간에 하차하면 곤란합니다.

왕상 13:1-32에서 보듯이 남쪽 유다에서 올라온 사명자요 선지자의 불행이 엄습해서는 곤란합니다. 뒤로 물러가 침륜에 빠지면 하나님이 기뻐하시지 않습니다(히 11:38).

② 은혜 받은 성도 여러분이 천국에서 승리할 때까지 은혜가 지속되기를 바랍니다.

이것은 주님의 원하시는 바요, 목회자의 소원입니다.

여러분 모두가 은혜 속에서 승리하게 되시기를 주의 이름으로 축원합니다.

결 론: 하나님의 은혜를 모르면 곤란합니다.

하나님 | 우리의 승리는 오직 하나님께
시편 3:1-8

세상은 연속적인 전쟁과 같은 곳이라고 말합니다. 국가와 국가 사이에 싸우는 전쟁도 전쟁이지만 일상생활에서 모두가 전쟁과 같은 현장을 보게 됩니다. 그런데 전쟁은 무슨 전쟁이든지 이기고 승리해야합니다. 이 이김과 승리는 여호와께로서 온다고 하였습니다. (잠 21:31) "싸울 날을 위하여 마병을 예비하거니와 이김은 여호와께 있느니라" 하셨습니다. 전쟁을 이김은 하나님께 있음을 분명히 말씀했습니다(렘 3:33, 삼상 17:47). 더욱이 인생사는 전쟁인데 이 전쟁에서 이기는 성도가 되기 위해서 본문에 귀를 기울여야 하겠습니다.

본문은 또한 1967년 소위 6일 전쟁 때에 250만 밖에 안 되는 국민이 1억이 넘는 아랍연합을 이긴데 크게 작용하였던 말씀이기도 합니다.

그 때에 모세 다얀 장군은 특별 무기로써 이 말씀을 온 국민들에게 읽혀주어 어떤 무기보다 더 강한 힘이 되었습니다. 우리는 더욱 마귀 권세들과 싸워야하는 영적 군대들입니다. 다윗이 전쟁사에서 승리하고 간증하는 말씀을 통해서 은혜를 나누려 합니다.

1. 성도가 세상을 살 동안에 대적이 많이 있음을 밝혀줍니다.

본문에서 세 번씩이나 대적이 많다고 강조하였습니다.

1) 대적의 종류도 많고 싸움의 대상도 많이 있습니다. 이것이 전쟁의 현장이었습니다.

① 다윗에게는 사울을 비롯해서 정적들이 많이 있었습니다.
후에는 심지어 자기 몸에서 낳은 아들 압살롬까지 정적이 되었던 것을 보게 됩니다. 블레셋에게 쫓겨가는 때도 있었습니다. 이것이 대적이 많은 다윗의 생애였습니다.

② 성도가 세상에 살 동안 역시 대적들이 보이게, 보이지 않게 많이 있습니다.
생활상의 전쟁에서 비롯한 사업, 직장, 교육, 모두가 피나는 고투요, 전쟁

입니다. 더욱이 성도는 언제나 영적 전쟁의 현장에 있습니다. 문제는 이 모든 전쟁에서 성도는 무조건 이기고 승리해야 한다는 사실입니다.

2) 성도이기 때문에 전쟁에서 이기고 승리해야 합니다.

패자는 할 말이 없고 승자만이 할 말이 있습니다. 우리는 본격적인 전쟁사에 있습니다.

① 성도에게는 언제나 전쟁을 걸어오는 세력이 있음을 알아야 합니다.

마귀를 비롯해서 세상사가 모두 싸움의 대상이 됩니다. 그래서 교회를 말할 때에 조직신학에서 '전투적 교회'라고 말하게 됩니다. 아담과 하와를 무너뜨린 마귀는 예수님께까지 오게 되었고 예수님께 일격을 맞고 패한 마귀는 하나님의 자녀들에게 달려듭니다(계 12:12).

가룟유다에게는 은 30으로, 다윗에게는 7계명과 인구조사로 달려왔습니다. 예수님은 십자가로 승리하셨습니다(골 2:15). 깨어 있어야 합니다(벧전 5:8).

② 대적이 제아무리 숫자적으로 많고 강하게 보여도 예수님이 이기셨으니 성도 또한 이기게 됩니다.

마귀는 패한 적(敵)에 불과합니다. 예수님은 마귀의 머리를 짓밟으셨습니다(창 3:15).

다윗은 어릴 때부터 이 신앙으로 이겨왔습니다. 어린 나이에 골리앗과 싸워서 이겼습니다(삼상 17장). 이기는 성도들이 되시기를 축원합니다.

2. 성도가 세상에서 이기기 위해서는 대적 앞에서 두려워하지 말고 담대해야 합니다.

1) 여호와가 함께 하시기 때문에 이기게 됩니다(시 97:10). "그가 그 성도의 영혼을 보전하사 악인의 손에서 건지시리이다"

① 강하고 담대해야 할 이유가 있습니다.

성경에 동물에 대해서 많이 기록하였는데 성도와 빗대어서 말씀한 사자가 많이 있습니다. 성도는 사자와 같이 담대해야 합니다(수 1:4-9). 여호수아에게 말씀하시기를 '강하게 하고 담대하라' 하셨습니다.

② ' 주는 나의 방패시요(3-4) 나의 영광이시요, 나의 머리를 드시는 자니

이다' 하였습니다.
하나님께서 다윗의 기도에 응답하셨고 승리자로 축복하셨습니다. 이것은 다윗에게만 아니라 모든 성도에게 약속하신 축복입니다. 성도가 세상에서 이기고 승리하는 비결입니다.

2) 여호와께서 이기게 하실 때에는 환경이나 배경이나 대적의 숫자, 아군의 숫자에 관계가 없습니다.

① 모든 것을 초월해서 이기게 하십니다.
(삿 7:8) 기드온과 연합군과의 전쟁에서 보았습니다. (왕하 18장) 히스기야의 전쟁에서 보여주었습니다.
(대하 14:9) 아사왕의 전쟁에서 보여주었습니다. (삼상 17:47) 전쟁은 여호와께 있으며 이김은 또한 여호와께 있기 때문입니다(잠 21:31).

② 천만인이 필요가 없습니다.
'천만인이 일어나 대적하여도 두려워 아니하리로다' 하였습니다. 이것은 성도의 특권이요, 축복입니다. 마틴 루터(Martin Luther)가 종교개혁을 할 때에 외친 말이 있습니다. '나의 대적이 지붕 위의 기와보다 많아도 두려워 아니하리로다' 그리고 승리했습니다. 주님이 이기셨듯이 생활 속에서 승리하는 성도가 되시기를 축원합니다.

3. 성도가 세상에서 반드시 이긴다는 소망 가운데 살아야 합니다.

다윗은 평생을 전쟁 속에 살아온 사람입니다. 이긴 비결은 언제나 하나님께 소망을 두었기 때문입니다. '구원은 여호와께 있사오니' 하였습니다.

1) 우리의 구원의 소망은 오직 하나님께 있습니다.

① 인생이나 사물을 의지하면 그것이 끊어질 때에 함께 끊어집니다.
'여호와를 신뢰하고 여호와께 피함이 방백보다 낫다' 했습니다(시 118:5-9).

② 성도의 믿음의 대상은 오직 하나님뿐이십니다.
개인도 개인이지만 국제적 관계에서 대한민국이 살 길은 하나님께 소망을 가지고 살아가는 일입니다. 선교사적인 입지에서 하나님께 의지하고 쓰임 받아야 합니다. 여기에 소망이 있습니다.

2) 이제는 우리의 모든 소망이 하나님께 있음을 알았다면 명심해야 할 일이 있습니다.

① 기도하는 개인, 기도하는 국가가 되어야 합니다.
   주시기로 되어 있어도 구해야 합니다(겔 36:37). 모세가 손을 들 때에 이기고 승리했습니다(출 17:10-).

② 말씀을 앞세워야 합니다. 하나님 말씀은 능력이 있습니다(히 4:12).
   여호수아도 법궤를 앞세워서 나갔습니다(수 3:14).

③ 믿음이 중요합니다. 믿고 나가게 될 때에 영적 전쟁에서 이깁니다(요일 5:4).
   영적전쟁이든 생활전쟁이든 이기게 되기를 축원합니다.

결론: 전쟁은 이겨야 합니다.

하나님

하나님을 만나라
이사야 55:6-13

인생은 만남속에 살아가게 되어있습니다. 태어나서부터 죽을 때까지 만나게 되는데 부모님과 만나며 형제, 친척들과 만나고 친구, 선생님, 선후배, 이웃까지 모두 만남의 연속입니다. 그런데 어떤 만남이어야 하는가가 매우 중요한 일입니다. 백성은 지도자를 잘 만나게 될 때에 부강한 나라가 됩니다.

인도차이나반도에 위치한 캄보디아는 70년대에 '폴포트' 라는 공산정권에 의해서 200만 명이 죽임을 당하였고 피폐한 국가가 되었습니다. 세상에서의 만남도 중요하지만 사람에게 있어서 하나님과의 만남이 더욱 중요합니다.

본문에서 우리에게 말씀하시는 중요한 요지가 '하나님을 만나라' 입니다. "너희는 여호와를 만날만한 때에 찾으라 가까이 계실 때에 부르라" 했습니다. 타락해서 죄에 빠진 인생이 영원하게 사는 영생의 길과 복은 살아계신 하나님을 만날 때에 주어지게 됩니다. 본문에서 하나님은 말씀하셨습니다.

1. 인생을 사는 동안에 하나님을 반드시 만나야 합니다.

세상을 살아가면서 다양한 만남이 있지만 제일 중요한 것은 하나님과의 만남입니다.

1) 어떤 하나님을 만나야 합니까?

우리가 만나야 하는 하나님에 대해서 성경에서 분명히 제시하였습니다.

① 창조주 하나님을 만나야 합니다.

사람들은 창조주 되시는 하나님을 모르고 살아가게 됩니다. 그래서 고 김용기 장로님은 그를 찾아온 대학생들에게 '여러분이 다른 부모님에게 가서 자기 부모라고 우격다짐을 할 수 있느냐' 고 말하면서 창조주 하나님을 잃어버리고 사는 것은 마치 그와 같다고 교훈한 적이 있습니다. 하나님께서 태초에 천지를 창조하셨습니다(사 54:16, 요 1:3).

② 주권자되신 하나님을 만나야 합니다.

하나님은 나의 주권자요, 인생의 주권자이십니다. 모든 인생들의 세상사가 하나님의 주권하에 있습니다(시 127:1, 잠 16:9, 삼상 2:7) 인생의 주권자이신 하나님을 만나야 합니다.

③ **사랑의 하나님을 만나야 합니다.**
하나님은 사랑의 하나님이시기에 죄인들까지라도 만나주시기를 원하십니다. 하나님은 사랑이십니다(요일 4:16). 그래서 죄인을 구원하시기 위하여 십자가에서 희생까지 하셨습니다(롬 5:8).

④ **복의 근원되시는 하나님을 만나야 합니다.**
창조 때부터 복을 약속하셨습니다(창 1:28). 그러나 인간이 죄에 빠지게 되었고 모두 상실했습니다. 이제는 예수 그리스도 안에서 믿음으로 복을 약속하셨습니다(갈 3:9).

⑤ **구원자 되시는 하나님을 만나야 합니다.**
반드시 마지막 심판이 있는데 그래서 하나님을 만나야 합니다. 악인은 그 불의한 생각을 버리고 돌아와야 합니다(7절). 하나님은 우리를 만나서 용서하시려고 기다리고 계십니다.

2) 하나님께서 가까이 계실 때에 만나야 합니다.
(6절) "가까이 계실 때에 그를 부르라" 했습니다.

① **독생자 예수님이 이 땅에까지 내려오셨습니다.**
죄인된 인간을 만나시고 구원해주시기 위해서입니다.

② **지금도 말씀으로 가까이 계시며 부르고 계십니다.**
예수님은 말씀으로 역사하십니다(요 1:14, 계 1:3).

③ **성령께서 우리와 가까이 계십니다.**
예수님이 승천하신 후 성령께서 오셨습니다. 만나주시기 위해서입니다.

④ **이 세상을 살아가는 동안에 사건 사건마다 하나님의 섭리하심을 통해서 부르시고 계시고 만나주시고 계십니다.**
이때에 기회를 잃지 말고 가까이 계신 하나님을 만나야 합니다.

2. 하나님께서 인생들에게 만나는 방법을 말씀하셨습니다.
세상에 고위층을 만나기 위해서는 방법이 까다롭지만 하나님은 쉽게 만나주십니다.

1) 하나님을 만나는 방법은 어렵지 않습니다.
① 하나님께 나와야 합니다.
    구약시대에는 제단에서 만나주셨지만 신약에 와서는 예수 이름 앞에 나오면 됩니다. 예수님의 이름을 부를 때에 구원이 있고(요 14:6, 롬 10:11) 생명이 있습니다.
② 가까이 계실 때에 불러야 하는데 부른다는 말은 기도하라는 뜻이 있습니다.
    신구약성경에는 기도에 관해서 너무 많이 말씀하셨습니다.

2) 하나님께서는 만나주시려고 기다리고 계십니다.
① 하루가 천년 같고 천년이 하루같이 기다리십니다(벧후 3:8).
    말씀 속에서 하나님을 만나야 합니다.
② 때가 지나면 문이 닫히게 되고 심판이 옵니다(창 7:16, 마 25:10).
    그래서 기회를 잃지 말고 하나님을 만나야 합니다(고후 6:1-3, 엡 5:16)
    여기에는 영원한 생명이 있습니다.

3. 하나님을 만난 결과는 반드시 복을 약속하셨습니다.

이런 복들이 약속되었습니다.

1) 약속된 복을 받으시기 바랍니다.
이런 복은 세상에는 없습니다.
① 영생의 복입니다. 영원히 생명을 얻는 복입니다.
    반드시 천국과 지옥이 있습니다(눅 16:19-). 복 받아 영생을 얻게 되시기를 바랍니다.
② 형통의 복이 있습니다. '형통하리라' 했습니다.
    요셉은 하나님 안에서 형통한 인물이 되었습니다(창 39:23).
③ 기쁨과 평안과 미래의 영원한 세계가 복이 됩니다.
    예수님이 주시는 평안의 세계가 밝아집니다(요 14:27).

2) 하나님의 약속은 불변합니다(11절).
"내 입에서 나간 말도 헛되이 내게로 돌아오지 아니하며…"

① 여호와의 이름의 명예를 걸고 약속하신 말씀입니다.

　그래서 "여호와께서 가라사대" "예수께서 가라사대" 입니다.

② 이것은 영원한 표징이 된다고 하였습니다.

　영원히 변하지 않는 약속의 축복입니다. 기회를 주실 때에 하나님을 만나시기 바랍니다.

기다리시는 하나님을 만나서 영육이 복을 받게 되시기를 축원합니다.

결 론: 세상에서 진짜 중요하게 만나야 할 분은 하나님이십니다.

하나님 골짜기에서 일어난 하나님의 역사들
시편 84:5-7

1969년 이후로 달에 미국의 우주 비행사 암스트롱 어윈 대령 등의 발자국과 미국 성조기가 꽂혀져 있지만 그전까지만 해도 보름달을 보면 시인들의 시 한 수가 나오는 정경이었습니다. 그 달을 자세히 살피면 인간의 발자국이 남겨지게 되었고 깊고 낮은 계곡이며 낮고 높은 산들이 있습니다. 인생들이 살아가는 세상 역시 타인의 삶은 모두가 평탄대로요 내 인생에만 고달픔이 있는 것 같이 착각하는 사람들이 있습니다만 사실상 다른 사람의 인생에도 계곡과 높고 낮은 산들이 있음을 알아야 합니다.

모세는 120년을 사는 동안에 많은 경험을 하게 되는데, 시편 90:9-10에서 기도로 나타내었습니다. "사람이 살면 70이요, 강건하면 80이라도 그 년 수의 자랑은 수고와 슬픔뿐이니 우리가 신속히 날아가나이다" 했습니다.

(창 47:9) 야곱은 바로를 알현하는 자리에서 130년의 세월이 험악한 세월이었다고 했습니다. 성경에서 인생사를 말할 때에 골짜기로 표현했습니다. 본문에서 시편 기자는 "저희는 눈물 골짜기로 통행할 때에 그곳으로 많은 샘의 곳이 되게 하며 이른 비도 은택을 입히나이다" 하였습니다. 팔레스타인의 지형은 골짜기와 동굴이 많아서 맹수들이 많았습니다. 본문에서 몇 가지 은혜를 나누어 보겠습니다.

1. 성경에는 인생론을 말해주는 골짜기들이 많이 기록되었습니다.

1) 성경에 나오는 골짜기는 모두가 뜻이 있고 의미가 있습니다.
영적 관계에서 몇 군데 소개합니다.
① 다윗도 고백했습니다(시 23:4).
 '내가 사망의 음침한 골짜기로 다닐지라도 해를 두려워하지 않을 것은 주께서 나와 함께 하심이라 주의 지팡이와 막대기가 나를 안위하시나이다' 했습니다. 다윗은 인생의 험악한 골짜기에서 여호와가 목자가 되심으로 축복의 골짜기, 승리의 골짜기로 바뀌었습니다.

② 에스겔이 보았던 해골 골짜기가 있습니다(겔 37:1-14).
환상 중에 보았던 해골 골짜기의 가득한 뼈들은 다름 아닌 이스라엘 백성들의 영적인 모습이었습니다. 그들에게 말씀이 전달될 때에 뼈들이 살아서 군대가 되었습니다.
험악한 죽음의 침체와 사망의 골짜기라도 살아계신 하나님의 말씀으로 되살아나는 능력의 골짜기가 되었습니다.
③ 전쟁터에도 승리가 오는 골짜기가 있습니다(왕하 3:16-).
전쟁터에서 물이 없는 계곡에서 선지자의 말을 듣고 그 계곡에 물이 넘치게 했고 그 결과 전쟁에 승리했던 역사는 분명히 전쟁터와 같은 인생 골짜기에서 하나님의 말씀에 순종하고 선지자를 신뢰했던 것에 있습니다(대하 20:20).
④ 기드온의 승리의 계기가 되었던 골짜기도 있습니다(삿 7:12).
미디안 사람과 동방사람 등 연합군이 메뚜기 떼와 같이 골짜기에 편만하였지만 300명의 용사로 모두 물리치게 되었습니다. 인생사는 하나님께 있습니다.

2) 성도는 언제나 인생 골짜기에서 믿음의 눈으로 긍정적인 부분을 보아야 합니다.

① 현재 서있는 곳이 골짜기와 같은 곳입니다.
긍정적인 믿음 위에 서보시기 바랍니다. 욥은 간증했습니다(욥 23:10). "나의 가는 길은 오직 그가 아시나니 그가 나를 단련하신 후에는 내가 정금같이 나오리라" 했습니다. 본문에도 시편 기자는 "눈물 골짜기로 많은 샘의 곳이 되게 하시고" 했습니다.
② 성도의 고난의 골짜기는 반드시 그 끝이 있습니다.
고난의 터널이 아무리 길어도 끝이 있기 마련입니다. 성경의 교훈을 보십시오(시 119:71, 잠 16:3, 요셉의 경우 창 37-50).

2. 골짜기 같은 문제는 우리(나)를 향하신 하나님의 섭리입니다.

1) 우리가 태어나서 살아가는 모든 일이 하나님의 섭리에 있습니다.

① 개인마다 가정마다 향하신 하나님의 뜻을 생각해야 합니다. 결국 선을

이루게 하십니다(롬 8:28).
② 그렇기 때문에 골짜기에서도 낙심치 말고 하나님을 바라보아야 합니다. 하나님께서 결국 독수리를 훈련시키듯이 하나님 백성을 인도하십니다(신 32:11).

2) 하나님 백성은 언제나 하나님이 눈동자같이 지키시고 계십니다(시 17:8).

① 나를 택하사 여기까지 인도해주신 하나님을 날마다 바라보아야 합니다. 여기에는 낙심이 없습니다.
② 로뎀나무 아래 있던 엘리야와 같이 주의 음성을 들어야 합니다(왕상 19:5).
거기에는 새로운 사명이 엘리야를 기다리듯이 우리 모든 성도들에게 부여하시는 계획이 있습니다(롬 11:29). '하나님의 은사와 부르심에는 후회하심이 없느니라' 했습니다.

3. 인생사의 골짜기는 누구에게나 있는 것이지만 성도에게는 예수 안에서 골짜기를 평지로 살아가는 능력이 있습니다.

1) 예수 안에서는 골짜기도 평지로 살아가는 능력이 있습니다.
골짜기로 종지부를 찍는 것이 아니고 소망이 있습니다.
① '골짜기마다 돋우어지며' 했습니다(사 40:4, 마 3:3, 눅 3:5).
예수 그리스도 안에서 골짜기가 돋우어지게 됩니다. 우는 곳에 기쁨과 슬픔이 변하여 낙이 있게 하십니다. 골짜기가 돋우어지고 평지가 되게 하십니다.
② 말씀 안에 있을 때에 축복의 골짜기로 변화됩니다.
환경은 변하기 마련입니다. 성도에게 소망이 있는 것은 하나님이 소망의 하나님이시기 때문입니다(롬 15:13).
롯이 택했던 소돔지역은 불바다로 멸망케 되었지만 아브라함이 택한 헤브론 골짜기는 성지가 되고 축복의 상징이 되었습니다(창 13:3, 창 37:14).

2) 하나님은 지금도 골짜기와 같은 세상을 살아가는 성도에게 역사하십니다.
① 골짜기와 같은 곳에서 부르짖어 기도해야 합니다.
일을 만드시고 이루시는 하나님이십니다(렘 33:1-3)
② 역사의 무대에서 큰 승리자들은 골짜기 같은 세상에서 이긴 자들의 간증입니다.

그러므로 성도들 역시 골짜기와 같은 세상을 이기고 승리의 간증자들이 되시기를 축원합니다.

결론: 성도는 제아무리 깊은 골짜기도 이길 수 있습니다.

하나님   **하나님을 찬송하라**
에베소서 1:3-14

　세상에는 많은 노래들이 있는데 그 노랫말들도 다양합니다. 대부분 3류 노래들이 영화에나 흘러간 노래들로 가득 차 있습니다. 그런데 사람들은 이 노래말에서 울고, 웃고 하는 모습을 보면서 인생을 즐기는 방향으로 세월을 낚는 사람들이 많이 있습니다. 또한 세계 다른 종교나 종파에서도 교회의 제도를 본 받아서 자기들 나름대로의 종교에 대해서 노래를 하거나 본받으려는 현상들을 보게 됩니다. 그러나 우리는 세상적인 사람들의 생각에서 찬송하는 것이 아니라 우리에게는 분명한 뜻이 있고 의미가 있습니다. 구원의 노래입니다.(엡 5:19, 고전 14:26, 약 5:13 그리고 시편의 노래들) 모두가 죄와 사망에서 구원받은 것에 대한 감격의 노래들입니다.
　사도 바울도 본문에서 구원받은 은혜에 대한 감격에서 "찬송하리로다"로 시작해서 말씀을 전했습니다. 구원받은 사람은 자동적으로 감사와 찬송이 나오게 되어 있으며 이 구원의 근원과 찬송의 대상이 본문에서 나와 있습니다.

1. 구원 받은 배후에는 성부 하나님의 예정과 그 성부 하나님께 대한 찬송입니다.

　"찬송하리로다"는 (율로기아) 예정된 복을 의미합니다. 예정된 것에 대해서 찬송하는 것입니다.

1) 성부 하나님께서 우리를 예정하신 바를 찬송합니다. 이것은 성도의 본질적인 축복이 됩니다.

① 성경에는 이 은혜에 대해서 말씀하셨습니다. (6절) "은혜의 영광을 찬미하게 하려 하심이라" 여기에 찬송의 목적도 있습니다(12,14절).

② 성부 하나님은 모든 것을 '계획' 하시고 통치하시는 하나님이십니다. 여기에 우리의 구원계획이 있습니다. 그 하나님께서 주관하십니다. (시 127:1, 잠 16:9) 결국 "그 기쁘신 뜻대로 우리를 예정하셨는데"(5절) 이를 찬송합니다.

③ 구원 받은 성도의 삶의 목적은 하나님을 찬송하는데 있습니다(14절, 사 43:21). 그리고 그 분에게 영광을 돌리는 삶에 있습니다(고전 10:3). 미국의 유명한 찬송가 작사자로 헤스팅스 토마스(Hestings Thomas 1784-1872)는 88세를 살면서 수많은 찬송을 남겼습니다(6장, 27장, 188장 등). 우리 찬송가에도 많이 수록되었습니다.

2) 예정을 입어 구원 받은 복은 세상의 그 어떤 것과 비교할 수 없는 축복입니다. 예정 입은 복이 무엇과 비교할 수 있겠습니까?
① 바울은 이 사실을 "찬송하리로다"라고 시적인 표현을 사용했습니다. 그리고 옥중에서도 찬송했습니다(빌 4:4).
② 구원 받은 성도는 하나님의 예정에 대해서 감격하며, 감사하고 찬송해야 합니다. 이것은 우리 성부 하나님의 역사입니다.

2. 구원 받은 배후에는 성자 하나님의 대속적 죽으심과 구원해 주심이 있기에 성자 하나님을 찬송합니다.

성부 하나님은 계획하셨고 성자 하나님은 그 구원 계획을 이루셨습니다. (십자가에서 7절)
① 예수님은 우리 죄 때문에 십자가에서 대속적 죽음을 당하셨습니다(요 1:29, 사 53:5, 요 19:31-).
그래서 우리가 믿음을 얻게 되었고, 평화를 누리며 구원의 감격을 누리게 되었습니다.
② 예수 안에서 구원이 있습니다.
마치 포도나무 가지가 원줄기에 붙어 있듯이 우리는 예수 안에서 구원을 받으며 열매를 맺게 됩니다. 그래서 사도 바울은 유명한 '예수 안에'라는 용어를 남겼습니다.

2) 예수님의 대속적 죽으심과 부활 사건이 없이는 구원도 없습니다. "피 흘림이 없은 즉 사함이 없느니라"(히 9:22)고 했습니다.
① 예수님의 피흘리심이 우리의 죄를 사했습니다.
이 기쁘신 결과를 성자 예수님이 하셨음에 대해 찬송합니다.

② 이 사실을 깨달은 사람들이 전도도 하고 순교도 하는 것은 여기에 구원이 있기 때문입니다.
우리는 순교 정신으로 찬송하며 이 복음을 전해야 합니다.

3. 구원 받은 배후에는 성령 하나님께서 일하시는 역사를 통해서 구원하심을 찬송해야 합니다.

1) 하나님의 계획과 성자 예수님의 십자가 대속을 개인에게 접목시키는 분은 성령 하나님이십니다.

① 내게 실제적으로 감동 감화 받게 하시는 분입니다.
이 분을 찬송하라는 것입니다.
② 또한 인치시는데 '너는 내 것' 이라고 도장을 찍어 놓는 작업이 성령께서 하시는 일입니다.
(13-14) 하나님의 소유된 백성임을 인치는 것입니다(사 43:1).

2) 우리가 믿음으로 끝까지 걸어가도록 도우시는 분이십니다.

① 우리 위해서 끊임없이 기도하십니다(롬 8:26).
그 분을 찬송하는 것은 당연한 일입니다.
② 그러므로 하나님의 성령을 근심되게 말 것이며(엡 8:26) 끝까지 믿음의 길을 잘 걸어가야 합니다.
이 모든 일이 성령 하나님께서 역사하심이니 감사하며 찬송이 끊어지지 않기를 축원합니다.

결론: 우리의 찬송을 성삼위일체 하나님께 드립니다.

하나님 | 하나님인가? 세상인가?
요한일서 2:15-17

믿음의 성도들의 궁극적인 목표는 하나님을 모시고 살다가 영원한 천국에 이르는 것이 영원한 꿈입니다. 그런데 실제 생활 속에 들어가 보면 말과는 달리 천국이 멀게만 느껴지고 실제 생활 속에는 세상의 것으로 가득하게 채워져 있음을 보게 됩니다. 혹 노인들에게 '이제 권사님, 집사님이 세상을 다 사셨으니 천국에 가셔야 되지요' 하게 되면 노를 발하고 싫은 기색이 역력합니다. 우리가 바라보는 천국은 막연한 곳이 아니요 실제 우리가 영원히 살아야 할 곳이요, 예수님이 준비해 주셨습니다(요 14:1-6).

믿음의 선진들이 담대히 외쳤는데 순교자 스데반 집사님이 외쳤고(행 7:56), 보수주의 신학자 그레이삼 메이첸(Gresham Mechen) 박사는 임종시에 '보라 하늘 문이 열리는구나' 라고 하였고, 아프리카 밀림의 선교사 리빙스톤(Livingstone)은 기도하다가 소천을 했습니다. 바울은 순교 직전에 천국에 대한 분명한 고백을 외쳤습니다(딤후 4:6-7). 본문에서 사도 요한은 "하나님께 속한 사람은 이 세상을 사랑하지 말라"고 했습니다 왜냐하면 한 사람이 두 주인을 섬길 수 없기 때문입니다(마 6:24). 엘리야도 갈멜산에 모여든 백성들에게 하나님께인가, 바알에게인가 택하라고 외쳤습니다(왕상 18:21). 오늘날 그리스도인들을 향해서 외치는 분명한 진리를 본문에서 듣게 됩니다.

1. 성도는 세상과 짝하여 살지 말라는 말씀입니다.

짧은 세상을 살면서 제각기 살아가는 방식이나 방향이 있겠으나 성도요, 하나님의 백성은 구별되게 살아야 함을 명백히 가르쳐 주셨습니다(레 11:44).

1) 세상적으로 살지 말아야 할 목록들이 있습니다.
이것들은 성도들에게 대단히 위험하고, 망하게 하기 때문입니다.

① 육신의 정욕입니다.
육신의 정욕대로 살게 되면 영과 육이 망하게 됩니다. 동물적이고 본능적 생활은 짐승이 하는 일이지 사람은 그렇지 않습니다. 사도 바울도 외쳤습니다(갈 5:19-21). 무엇으로 심든지 그대로 거두게 됩니다(갈 6:7).

② 안목의 정욕입니다.
　이들은 눈으로 봐서 좋게 보일지 모르나 파멸의 길입니다. 하와가 그랬고(창 3:6), 에서가 팥죽에 그랬고(창 25:30-34), 다윗의 눈에 그렇게 보였기에 죄를 짓게 되었습니다(삼하 11:2).
③ 좀 더 고차원적인 이생의 자랑입니다.
　사람이 착각 속에 빠지게 되면 이생의 자랑의 늪에서 망하게 됩니다. 여기에서 교만하고 하나님께 방자하다가 죽습니다. 고대 바벨론의 느부갓네살이 그랬고(단 4장), 2차 대전의 일본과 독일의 히틀러가 그랬습니다.

2) 성도는 세상에 살지만 육신의 길을 따라서 살면 안 됩니다.
① 믿음의 선진들이 보여 주었습니다.
　예수님이 보여 주셨고(마 4:4-) 요셉이 보여 주었습니다(창 39:9).
② 세상에 묻혀서 세상대로 살면 망하게 됩니다.
　에서가 실패자요(히 12:16-17), 가룟 유다가 실패자입니다(행 1:18-19). 로마의 '안티오니우스' 라는 실력자가 이집트의 클레오파트라와의 사랑에 눈이 멀어서 결국 로마를 정적에게 내어준 역사는 우리에게 보여주는 교훈이 크다고 할 것입니다. 성도는 세상에서 영적인 갈림길이 올 때에 분명히 하나님 편에서 결정을 내려야 합니다.

2. 성령을 따라서 행하여야 합니다.
사도 바울 역시 사도 요한처럼 육체의 일을 경계했습니다(갈 5:19).

1) 육체의 일을 따라서 행하면 천국이 없습니다(눅 12:18-21).
① '이런 일을 행하는 자들은 하나님 나라를 유업으로 받지 못할 것이요' 했습니다.
　누가, 어떤 유혹이 와도 '나는 입장이 다릅니다. 반드시 천국에 가야할 사람입니다' 라고 해야 합니다.
② 천국에 입성한 사람은 하나님께 속한 사람이기에 생활이 분명히 구별되어야 합니다.
　서울의 어떤 목사님이 고민에 빠졌습니다. 성도들의 생활이 부유해짐으로 인해서 성도들이 술집, 캬바레, 디스코에만 익숙해져 가고 기도하는

모습, 영적인 모습이 점점 약해지기 때문입니다.

2) 성도는 성령이 충만한 사람이 되어야 합니다.

① 성령의 사람이 되어야 합니다.

"성령을 좇아 행하라. 그리하면 육체의 욕심을 이루지 아니하리라"(갈 5:16) 했습니다. 성결교회의 창시자인 이명직 목사님은 '새가 날아가다가 똥을 떨어뜨리는 것은 닦아내면 되지만 그 새가 내 머리에 둥지를 짓지는 못하게 하라'고 교훈했습니다.

② 성령 충만한 비결은 날마다 회개하고 말씀으로 충만하는 것입니다.

회개할 때에 성령이 임합니다(행 2:38). 말씀이 있을 때 귀신이 자리 잡을 수 없습니다(마 12:43-45).

3. 이 세상의 것은 잠시 잠간이면 지나갑니다.

(17절) "이 세상도 그 정욕도 지나가되 오직 하나님의 뜻을 행하는 이는 영원히 거하느니라" 했습니다

1) 세상은 지나갑니다.

① 눈에 좋게 보이고 감각적으로 달콤해 보이는 것은 세상 것으로써 금방 지나가게 됩니다(벧전 1:25).

② 이 세상도 그 정욕도 지나가게 됩니다.

성도는 세상에서 변치 말고 영원하신 주님을 보아야 합니다.

2) "하나님의 뜻을 행하는 이는 영원히 거하느니라" 했습니다.

① 구원 받은 참 성도는 언제나 하나님 중심입니다.

요한 칼빈(J. Calvin)은 죽은 후에 무덤까지도 만들지 말라고 해서 그의 무덤이 없습니다. 표기만 있을 뿐입니다.

② 우리의 영원한 목표는 하나님이시고 천국입니다.

더 이상 세상 따라서 살지 말고 믿음 따라서 사는 성도들이 되시기를 축원합니다.

결론: 이 세상을 본받지 말라고 했습니다(롬 12:2).

| 하나님 | # 여호와의 성민이기에
신명기 14:1-2

글로벌 시대를 맞이하여 세계 모든 민족과 나라와 방언에 속한 백성들이 자기들의 민족의 독특한 전통과 문화를 자랑하며 살아갑니다. 중국이나 미국과 같은 거대한 나라 안에는 여러 민족이 살아가게 되는데 소위 소수 민족들이 현대와 같이 최첨단을 자랑하는 과학시대에도 동화되지 않고 자기들의 전통을 지켜 나가는 모습을 봅니다. 동화되기는 커녕 오히려 자랑스럽게 여기며 지켜갑니다. 그 가운데 한국 사람은 어디에 살든지 김치문화와 한복 입은 문화 일색입니다.

본문에서는 하나님께서는 이스라엘 백성들에게 "너는 너의 하나님 여호와의 성민이라, 여호와께서 지상만민 중에서 너를 택하여 자기의 기업의 백성을 삼으셨느니라" 했습니다. 이 말씀은 우리에게 예수 그리스도 안에서 유효합니다. 하나님의 자녀요(요 1:12), 천국 시민권자이기 때문입니다(빌 3:20).

1. 너는 너희 하나님 여호와의 성민이라 했습니다.

거룩한 하나님의 백성(people holy) 이라는 뜻입니다.

1) 지상 만민 중에서 택하였다고 하였습니다.

그렇게 많은 사람들 중에 아브라함을 택하셨고(창 12:1-), 갈릴리 바닷가에 수많은 어부 중에 베드로를 위시한 제자들을 택하였듯이(마 4:18-) 택하시고 부르셨습니다.

① 만민 중에서 택하셨고(엡 1:3-14) 부르셨습니다.
   세상 이쪽에서 저쪽까지 모든 각처에서 부르셨습니다(시 113:3, 말 1:11, 시 5:1-5). 예배를 드리게 하기 위해서입니다.

② 하나님은 인간의 기준에서 볼 때에 똑똑하거나 잘난 사람보다 오히려 약한 존재를 부르십니다(신 7:6-).
   구원받은 거룩한 백성이 된 것이 내 공로가 아니라 전적인 하나님의 '주권' 이라는 말씀입니다.

2) 하나님의 기업으로 삼으셨습니다.

각자 집에는 여러 기구들이나 살림의 도구들이 있으니 제일 귀한 존재는 부모에게 있어서 자녀이듯이 세계 지구촌에서 하나님의 귀한 존재는 하나님의 자녀들입니다.

① 하나님의 창조물 가운데 제일은 하나님의 자녀들입니다.

그래서 하나님의 기업은 물질세계가 아니라 하나님의 자녀들입니다. 하나님의 기업이기 때문입니다(시 4:20, 삼하 21:3, 욜 3:2). 하나님의 기업이기에 하나님의 백성을 지키십니다(시 121:1-6). 그래서 때때로 단련도 하십니다(욥 23:10).

② 하나님의 성민들이기에 기쁨과 자부심을 가져야 합니다.

세상에 존재하지만 성민입니다. 애굽의 학정 밑에서도 성민이요, 광야 40년 기간도 성민이요. 가나안에 정착했을 때에도 성민은 성민이듯이 성도는 세상 어디에 있든지 어떤 생활 조건에 있든지 성민의 신분은 변함이 없습니다. 그러므로 성도는 생활이나 환경을 초월해서 긍지와 자부심으로 살면서 세상을 극복해야 합니다.

2. 성민이기 때문에 구별된 생활을 하라고 했습니다.

각국마다 자기 나라의 전통적 의상이나 음식 문화가 있는데 자기 것을 소중하게 여기며 살아갑니다. 성도 역시 마찬가지입니다. 세상 사람들이 뭐라고 하든지 성도는 말씀하신 생활이 있습니다.

1) 성민이기 때문에 매사에 세상과 구별된 생활이 따르게 됩니다.

① 먹는 문제도 구별되어야 합니다.

레위기 11장에서 구별된 음식을 말씀하셨듯이 성도이기에 세상 사람들이 먹는 것을 다 먹으면 곤란합니다.

② 생활에서도 구별해야 합니다.

언어, 생활, 전체가 거룩한 성민의 것이 되어야 합니다(엡 4:29, 5:3). 아버지 하나님이 거룩하신 분이시기 때문입니다(벧전 1:16-17). 언어나 먹는 문제, 마음의 생각까지도 하나님을 닮아가야 합니다.

2) 예수님은 신약 시대에 더욱 강조하셨습니다.
세상의 빛이요, 소금이 되라고 하셨기 때문입니다(마 5:13-14).

① 여호와의 성민이기 때문입니다.
  그래서 '여호와의 성민'이라는 말씀이 계속 강조되었습니다(신 7:6, 14:2,21). 몇 번씩 강조되었습니다. 구별될 것을 강조하신 것입니다.

② 여기에서 성도의 확신과 자부심이 중요합니다.
  다른 사람이 볼 때에는 우습게 보여도 소수 민족들이 자기들의 전통을 자랑스럽게 여기듯이 성도는 세상에서 구별됨이 중요합니다. 이방인의 길로 가지 말아야 합니다.

3. 구별된 생활을 하라는 것은 '성민의 축복과 행복을 위해서'라고 했습니다.

부모가 자식에 대해서 간섭하듯이 하나님은 자녀들에게 간섭하십니다. 그래야 행복이 오기 때문입니다.

1) 성민이 구별될 때에 행복이 옵니다.

① 여기에서 행복을 약속하셨습니다(신 10:12-13).
  행복을 위해서 약속하신 것이 말씀입니다.

② 범사에 복을 주시겠다고 했습니다(신 14:29).
  "그리하면 네 하나님 여호와께서 너의 손으로 하는 범사에 네게 복을 주시리라" 하였습니다(시 128:1-2)

2) 성경에서나 역사에서 축복받은 인물들을 보면 하나님의 약속이 확실해지게 될 것입니다.

① 우리 교회 성도들 역시 역사 가운데 축복의 중심에 서 있기 위해 성민의 생활을 하시기 바랍니다.

② 축복의 현장은 멀리 있거나 어렵지 않습니다.
  (신 30:19) 가까이 있기 때문에 바르게 걸어가야 합니다.
성도들이 모두 다 이 은혜의 축복 속에 살기를 축원합니다.

결론: 성도는 어디에 있든지 성민입니다.

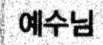 # 예수 이름으로 주어야 할 일
사도행전 3:1-10

사람들은 이 세상에 육적 생명부터 시작해서 모두 받고 태어났습니다. 그래서 받는 데는 숙달되어 있지만 내게 있는 것으로 남에게 베풀고 주는 데는 매우 인색합니다. 그래서 남에게서 받기만을 좋아하고 베풀지 못하는 사람들이 너무나 많이 있습니다. 이것은 개인이나 교회나 국가적 차원에서도 마찬가지 현상입니다. 예수님은 말씀하셨습니다. (눅 6:38) "주라 그리하면 너희에게 줄 것이니 곧 후히 되어 누르고 흔들어 넘치도록 하여 너희에게 안겨 주리라" 하셨습니다.

고여 있는 물은 썩게 되어 있습니다. 그러나 흐르는 물은 생명이 있고 자연에게 유익을 끼치게 됩니다. 헬몬산(해발 5,000m)에서 만년설이 녹아 흘러서 갈릴리 호수로 유입되고 그 물은 갈릴리 호수에 어족을 풍부하게 만들며 흘러서 요단강을 따라 사해로 유입되지만, 사해는 해저 400m이기 때문에 더 이상 갈 곳이 없고 죽은 물이 되어서 생물이 살 수 없는 염해가 되었습니다.

본문은 베드로가 9시 기도시간에 들어가다가 앉은뱅이를 일으킨 기적의 현장입니다. "내게 금과 은은 없지만 내게 있는 것으로 네게 주노니 곧 나사렛 예수 이름으로 일어나 걸으라" 할 때에 앉은뱅이가 일어나는 놀라운 능력이 나타나게 되었는데 본문에서 우리들은 교훈을 얻게 됩니다.

1. 내게 있는 예수 이름으로 받은 바 은혜를 나누어 주는 사람이 되어야 합니다.

받기만 하고 남에게 주지 못하기 때문에 언제나 문제가 생기게 됩니다.

1) '내게 있는 것으로' 주어야 하겠습니다.
성경에는 언제나 내게 있는 것이 무엇인가를 생각하게 합니다.
① 내 손에 무엇이 있습니까?
"은과 금은 내게 없거니와(없는 것은 줄 수가 없습니다) 내게 있는 것으로 네게 주노니…" 하였습니다. 모세의 손에는 지팡이가 들려져 있을 때

에 지팡이를 사용하였고(출 4:2), 사렙다 여인에게는 한 줌 가루와 병에 기름이 조금 있었는데 그것을 사용하였고, 3년 6개월간의 흉년 때에 오히려 축복을 받았습니다(왕상 17:10). 나는 가난할지라도 내 안에 예수님이 계시니 예수 이름을 주어야 합니다. 어린 소년이 보리떡 다섯 개와 물고기 두 마리를 드리게 되었을 때에 오천명이 배불리 먹고도 열두 광주리가 남게 되었습니다(마 14:15).

② 문제는 남에게 주겠다는 마음이 없느냐 있느냐 이것입니다.

남에게 줄 수 없는 사람은 평생에 커피 한 잔 살줄을 모르고 얻어먹기만 합니다. 하나님은 독생자까지 주셔서 십자가에 죽게 하셨습니다. 우리는 하나님의 자녀로써 사랑도, 예수 이름도 주며 살아야 합니다.

2) 우리에게는 세상에서 제일 귀한 생명이 있습니다.

육적 생명도 귀하지만 영원하게 사는 영생이 있습니다. 예수 이름으로 주신 생명입니다(요일 5:11-13).

① 우리에게 있는 예수 생명을 남에게 베풀어야 합니다.

이것이 전도요 곧 선교입니다. 예수 이름으로 줄 때에 기적이 나타나게 됩니다.

② 우리는 말할 수 없고 계산이 불가능한 은혜를 받은 사람들입니다.

이제는 주는 사람이 되어야 합니다(엡 1:6, 롬 8:32).

아프리카 선교사로 유명한 슈바이처 박사는 의학, 철학, 음악 등의 박사 학위가 있었지만 아프리카를 위해서 모두 헌신했습니다. 그가 말하기를 '이 지구상에서 찬란한 영광을 받는 사람들은 그만큼 역사에 많이 주고 간 사람들이다' 라고 역설했습니다.

마태복음 18:23-25에서 왕으로부터 일만 달란트를 탕감 받은 자가 일백 데나리온을 탕감해주지 못한 사람의 이야기는 우리에게 경종을 울립니다. 참고로 일만 달란트는 현대 화폐로 계산해서 약 일 조원 가까이 되는 화폐가치요, 일백 데나리온이란 것은 약 150만원 정도의 가치입니다.

2. 내게 있는 예수 이름으로 주게 되면 서로가 복이 됩니다.

받은 자만 복이 아닙니다. 주는 자가 복이 있습니다.

1) 베드로는 지금까지 받고만 살았습니다.
예수님께 베드로가 받은 것은 돈으로 환산이 안 되는 것을 받았습니다.

① 베드로가 받은 것을 보시기 바랍니다.
갈릴리호수에서 부름 받아서 예수님의 제자로서 3년간 보고 듣고 했던 것이며, 성령 받아서 교회의 초석이 되었던 것들을 볼 때에 계산이 불가능한 축복입니다.

② 3년간 예수님을 따라다니면서 베드로나 요한이 예수님께 전수 받은 것은 세상에 어떤 것과도 비교가 안되는 것을 받게 되었습니다(요 1:1-). 이것은 베드로, 요한 뿐 아니라 다른 제자들도 공히 마찬가지 이지만 오늘날 우리 역시 받은바 은혜가 너무 커서 계산할 수 없습니다. 이제는 예수 이름으로 주어야 합니다.

2) 이제 제자들은 베드로, 요한을 비롯해서 주는 자들이 되었습니다.
오순절 성령강림 이후에 변화 받고 나서입니다.

① 받는 입장에서 이제는 주는 입장이 되었습니다.
"내게 있는 것으로 네게 주노니" 하였습니다. 미국의 부호였던 '거리지'라는 사람은 말하기를 '물질을 값지게 쓰지 못하고 죽는 것은 죄악이다' 했습니다.

② 주는 자도 받는 자도 복이 있습니다.
여기에 기쁨이 있고 주게 될 때에 보람이 있고, 능력이 있습니다. 기독교 복음은 주는 데서부터 시작됩니다. 한국교회는 이제 선교의 주역으로써 베풀고 주는 교회가 되어야 합니다.

3. 주는 것은 주님이 명령하신 말씀입니다.
주님의 명령 가운데 하나가 베풀고 주는 일이었습니다.

1) 사랑 없이는 줄 수가 없습니다.
사랑 없이 주는 것은 진정으로 주는 것이 아니며 역사도 나타나지 않습니다.

① 주는 곳에는 언제나 예수의 이름으로 하나님의 사랑이 있어야 합니다.
미국을 비롯해서 서방국가들이 한국에 준 것은 우리 역사 발전에 계산할

수 없이 큰 것인데 언더우드, 아펜젤러를 통해서 복음을 준 것입니다.
② 주는 것에는 차별이 없습니다.
구약시대에는 유대인으로 구분되었지만 신약에는 복음에 차별이 없습니다(롬 3:22).

2) 지금도 세계 곳곳에 나가있는 종들을 통해서 하나님은 주시는 일을 하십니다.

① 이제는 우리도 받았으니 복음을 비롯해서 타국에 주어야 할 때입니다.
타국인들이 한국을 향해서 하는 말이 "너희가 어려울 때 받았으니 이제는 주라"고 합니다.
동남아시아 해일(쓰나미)때에 다른 나라는 많이 베풀었는데 한국 정부에서는 60만 불을 발표했다가 창피를 당한 일이 있습니다.
이때에 질문 받습니다. '너는 무엇을 주었느냐'고 하실 것입니다.
여기에 양과 염소의 비유로 우리에게 교훈해 줍니다(마 25:31-46).
예수 이름으로 주는 자가 되시기를 주의 이름으로 축원합니다.

결 론: 주는 자가 복이 됩니다.

 질병을 치료하시는 예수 이름
말라기 4:2

본래 하나님께서 세상을 창조하실 때에는 질병이라든지 아픈 것은 없었습니다. 그 때에는 모든 것이 정결하였고 깨끗한 상태에서 창조되었습니다. 그러나 죄가 인간에게 모든 것을 오염되게 해서 괴로움과 고통이 가득하게 되었습니다.

목회자로서 제일 많이 방문하는 곳 가운데 하나가 병원입니다. 병원에 가보면 안타까운 현실로서 이름 모를 각종 아픔 때문에 고생들을 합니다. 병들을 보면 대개 자기 죄 때문에 오는 경우도 있고(요 5:14), 하나님이 하시고자 하는 뜻에서 오는 경우도 있으며(요 9:3-4), 살아가면서 자기 부주의와 각종 사고들 때문에 병원 신세를 지는 경우들이 있게 됩니다. 과학 장비가 발달해가고 의학 기술이 발달해가지만 병원들의 규모는 더욱 대형화 되고 병실마다 빼곡히 입원 중에 있는 환자들이 늘어만 갑니다. 병원에서는 그 병이 치료되든, 치료되지 않든지 간에 돈을 지불해야 하고 심지어 돈을 내지 아니하면 죽은 시체도 인수 받을 수 없는 것이 이 세상 제도입니다.

세상은 무병장수를 꿈꾸지만 사실상 그런 세상은 존재하지 않습니다. 이스라엘 백성들은 하나님의 말씀에 불순종하게 되고 예배생활이 그릇될 때에 영적, 육신적 질병이 왔는데 말라기 선지자를 통해서 경고했지만 그래도 듣지 아니할 때에 예수님 때까지 400여 년간 암흑기가 왔습니다.

오늘 본문은 그와 같은 상태의 이스라엘 백성들을 치료하시겠다고 하는 말씀인데 본문에서 몇 가지 은혜를 나누어 봅니다.

1. 세상적인 의약으로는 모든 병을 치료할 수 없습니다.

의약이 발달되어도 병은 계속 나타나게 되고 따라서 모든 질병을 완치하는 의술은 세상에 없습니다.

1) 세상에는 의사나 약으로 치료되는 일이 많이 있습니다. 그것도 하나님께서 주신 방법이기 때문입니다(왕하 20:7).

① 우선 사람이 질병이나 사건 사고에 걸리지 않도록 조심해야 합니다.

일단 병이나 사고에 부닥치면 큰 피해가 오기 때문입니다.
(막 5:25-34) 혈루병으로 12년을 앓던 여인도 큰 피해를 보았습니다. 사도 요한은 요한 3서 2절에서 영혼이 잘 되고 범사가 잘 되고 강건하기를 기원했습니다. 건강이 축복 중에 축복입니다.

② 병에 걸렸는데 왜 걸렸으며 무슨 병 때문에 고생하는지도 모르는 일들이 세상에는 많이 있습니다.
세상적인 의술로는 100% 치료가 불가능하다는 결론입니다. 때때로 하나님의 일을 위해서 오는 병은 더욱이 세상적인 방법이 아니라 하나님의 방법에 의해서 치료됩니다. 병중에는 '병원 병(Hospital Disease)'이라는 것이 있는데 병원에 간 것 때문에 걸리는 병으로서 이런 병도 많이 있어서 미국에서는 1년에 15,000명이 이 병으로 죽는다는 기사를 읽은 적이 있습니다.

2) 세상을 살아가면서 성도는 건강을 위해서도 기도해야 합니다.
천하를 얻고도 건강을 상실하게 되면 모든 것을 잃은 결과이기 때문입니다.
① 건강에는 본래 하나님께서 축복해주신 선천적 건강체질도 있습니다.
(신 34:7) 모세는 120세를 살면서도 죽을 때에 그의 눈이 흐리지 아니하였고 기력이 쇠하지 아니했다고 했습니다. 모세는 다른 이유 때문에 일찍 죽었던 것입니다.
② 본래는 병들고 약한 몸이지만 하나님의 치료로 건강한 사람들도 있습니다.
(출 15:26) "나는 너희를 치료하는 여호와니라" 했습니다. 본문에서 여호와의 치료하는 광선을 발해서 송아지가 뛰듯이 치료 받는 역사를 말씀하셨습니다. (요 12:35-36) 예수님은 빛이 되십니다. 골수로 윤택케 하시는 하나님이십니다(잠 3:7-8). 하나님의 말씀은 골수를 쪼개기까지 하신다고 말씀했습니다(히 4:12). 고칠 수 없는 질병까지도 치료하시는 하나님의 능력을 믿어야 합니다.

2. 예수님은 병든 자들을 치료해 주셨습니다.
세상에 계실 때에 수많은 병을 고치셨기에 언제나 예수님이 가시는 곳에는 인산인해를 이루었습니다.

1) 제자들을 파송하실 때에도 능력을 주셔서 파송하셨습니다(마 10:1-).

"예수께서 그 열두 제자를 부르사 더러운 귀신을 쫓아내며 모든 병과 약한 것을 고치는 권능을 주시니라" 하였습니다.

① 예수님도 고치셨고 제자들도 고치게 되었습니다.

예수님의 사역들을 보시기 바랍니다(마 4:23, 막 1:24 등).

제자들의 사역과 거기에 따른 예수님의 말씀을 보시기 바랍니다(눅 10:17-20, 행 3:1-).

② 예수께서 오면 영적 질병이든 육적 질병이든 치료해 주십니다.

예수께 와서 치료받지 못한 병은 성경에 없습니다. 그런데 그 예수님은 오늘이나 어제나 동일하게 역사해 주십니다(히 13:8).

2) 예수님도 모두 다 고쳐주시지는 않았습니다.

(요 5:1-) 베데스다 연못에 있던 병자들을 모두 치료해주시지 않고 38년 된 병자만 고쳐주셨습니다. 언제 누구를 고쳐주실까요?

① 환자 본인이 와서 애타게 부르짖을 때에 치유해주셨습니다(막 5:25-34, 막 10:46:52, 눅 17:12-19).

② 본인은 예수님을 만날 수 없고 친구나 친척, 아는 사람이 간곡히 부르짖으며 애원할 때에 고쳐주셨습니다(막 2:3-12, 마 8:5-).

③ 예수님이 보실 때 너무나 애처로운 경우에 불쌍히 보시고 치유해주신 경우도 있습니다(요 5:5-, 눅 7:13-).

어떤 유형이든지 간에 육신의 질병에서 해방되기를 축원합니다.

3. 어떤 유형이든지 간에 치료의 현장에는 믿음이 강조되었습니다.

1) 병 고침에는 믿음이 요구되고 믿음이 지불되어야 합니다.

그래서 이사야 선지자는 '돈 없이 값없이 와서 포도주와 젖을 사라' 고 했습니다(사 55:1-2).

① 야고보서에도 믿음을 강조하였습니다(약 5:15).

모든 치료현장에는 믿음이 강조 되었습니다(막 2:3, 막 5:25, 막 10:52, 마 8:10).

② 믿음이 있으면 기도하게 됩니다(막 9:29, 마 7:7, 렘 33:1-3).
'기도 외에 다른 유로는 이런 유가 나갈 수 없느니라' 하셨습니다.
부르짖는 기도에 하나님의 치유하심이 있습니다.

2) 하나님의 치료의 광선은 지금도 유효합니다.
언젠가 피조세계인 태양의 에너지는 고갈될지 모르나 하나님의 능력은 지금도 계속 일하십니다.

① 지금도 곳곳에서 난치병, 불치병들이 치료되고 있습니다.
사람이 하는 것이 아니라 하나님이 치유하시는 것입니다.

② 이 시간도 우리 가운데 질병에서 치료해주시기를 원합니다.
영적인 병이든 육신적인 병이든 예수 이름으로 치료받고 건강 축복 받으시기를 주의 이름으로 축원합니다.

결 론: 하나님은 지금도 치료해 주십니다.

| 예수님 | **인생을 깨우러 오신 예수님**
요한복음 11:11-14

　자연 생태계에도 겨울 동안에는 죽은 듯이 낙엽이 모두 떨어지고 앙상한 가지만 남겨놓은 채 기나긴 잠을 자다가 봄이 오면 다시 새싹이 나며 푸른 자태를 자랑하게 되고, 동물들이나 곤충들 중에도 겨울잠을 잘 때에는 죽은 듯이 자다가 봄기운에 의해서 다시 건강하게 활동하게 됩니다.
　민족이나 국가가 잠자듯이 역사가 어두울 때 '개화기' 또는 '개화' 라는 말들을 하면서 민족적으로 잠에서 깨어날 것을 강조하는데 우리나라에도 과거 구한말에 개화기가 있었습니다. 이것은 영적인 면에서도 같은 원리를 가지게 됩니다. 죄악의 잠을 자는 인간들이 복음을 듣고 죄악의 잠에서 깨어 일어나야 합니다. 죄악의 잠에서 깨어 일어날 때만이 소망이 있기 때문입니다.
　본문에서 예수님은 죽어서 무덤 속에 묻혀있는 나사로를 다시 깨우러 가십니다. 나사로가 다시 소생하는 이 사건은 생명의 주님께서 부활하심을 보여준 것이며, 장차 모든 믿는 성도들이 예수님 재림 때에 다시 부활할 것을 보여준 사건입니다(살전 4:13). 예수님께서 재림하실 때에 첫째 부활에 참여하기 위해서는 우선 이 세상에 살 동안에 죄악의 잠에서 깨어 일어나야 합니다. 죄악의 잠에 취해있는 인생들을 예수님은 깨우러 오셨습니다. 회당장 야이로의 딸을 살리시고(막 5:41-), 나인성 과부의 아들을 살리시던 주님은(눅 7:14) 오늘도 복음을 통해서 인생들이 깨어 일어나기를 원하십니다.

1. 예수님은 우리를 인생의 모든 잠에서 깨우러 오셨습니다.

　이 인생의 모든 잠들이 무엇이겠습니까?

1) 죄악의 잠입니다.

　죄가 없는 사람은 하나도 없으며(롬 3:10, 23) 이 죄악의 잠에 모두 취하여 있다가 영원히 망하게 됩니다.

　① 인간은 하나님 말씀을 불순종하게 될 때에 선악과를 먹게 되었고 죄악의 영원한 잠에 빠지게 되었습니다(창 2:17).

"선악을 알게 하는 나무의 실과는 먹지 말라 네가 먹는 날에는 정녕 죽으리라 하시니라"고 하셨습니다.

결국 죽게 되었고 이곳에서 다시 살리실 분은 예수 그리스도뿐이십니다 (요 14:6, 행 4:12, 엡 2:1, 시 17:15, 사 26:19).

② 살아계신 생명의 말씀을 들을 때에 깨어 일어나게 됩니다.

사는 것은 믿음인데 이 믿음은 들음에서 나며(롬 10:17), 생명의 말씀을 들을 때에 사는 역사가 있게 됩니다. "나사로야 나오너라"(43절) 부르실 때에 살게 되었습니다. 믿음은 들음에서 나며 듣는 자는 살아나게 됩니다(요 5:25하, 겔 37:1-14).

2) 깨어나서 걷고 활동하기 위해서는 막혔던 돌을 옮겨야 합니다.

무덤에는 큰 돌이 가로막혀 있었습니다.

① 깨어 나오는데 돌이 방해가 됩니다. 방해가 되는 돌을 옮겨야 합니다 (마 13:20).

네 가지 밭에서 돌 위에 뿌려진 씨는 결실할 수가 없습니다. 환난과 핍박이 일어나는 때에는 곧 넘어지게 됩니다. 믿음생활에 방해가 되는 돌을 제거해야 합니다.

② 돌과 같이 굳은 마음을 제거해야 합니다.

혹자들이 말하듯이 사람이 죽으면 그만이라든지, 천국과 지옥이 어디에 있느냐, 어떻게 죽은 자가 다시 살 수 있느냐 하는 것은 모두가 거대한 돌과 같은 존재입니다. 예수님은 이러한 마리아와 마르다에게 믿음을 강조하셨습니다(요 11:40). "내 말이 네가 믿으면 하나님의 영광을 보리라" 하셨습니다. 에덴동산 이후에 죽었던 모든 인간이 사는 길은 예수 그리스도이십니다.

2. 깨우기 위해서 큰 소리로 나사로를 부르시듯이 인생들을 부르십니다.

영원히 죄와 사망의 잠에서 깨어 일으켜 살리기 위해서입니다.

1) 역사적으로 선지자들을 부르셨습니다.

구약에서 하나님은 택한 백성을 구원하시기 위해서 선지자들을 사용하셨습니다.

① 부지런히 보내셨습니다.
이스라엘 백성을 깨우기 위해서였습니다(렘 25:3-4). 소돔성의 롯을 위해서는 천사들을 보내셨습니다(창 19:14). 그러나 이스라엘은 불순종하다 망하였고 롯의 처는 소금기둥이 되고(창 19:26), 롯의 사위들은 농담으로 여기다 죽었습니다. 말세 때에 성도들에게 교훈해 주셨습니다(눅 17:32).

② 하나님은 선지자들을 통해서 경고하시고 심판하셨습니다.
그러므로 깨우러 오신 그 말씀에 순종해야 합니다. 선지자들을 보내시고 일을 하신다고 하셨습니다(암 3:7, 계 10:7). 노아 홍수 때에도 노아를 통해서 방주를 짓게 하시고 심판하셨습니다.

2) 듣고 믿는 귀가 복이 있습니다.
그래서 성경은 여러 곳에서 들어야 한다고 강조하였습니다.

① 복음을 들어야 합니다.
들을 때에 살기 때문입니다(마 13:9, 계 2:7). 복음을 듣는 귀가 복이 있습니다.

② 지금은 복음을 듣고 일어나야 합니다.
의심과 불신앙의 모든 담을 헐어버리고 말씀에 귀를 기울여야 합니다. 예수님은 문 밖에서 두드리시고 계십니다(계 3:20). 영접하게 될 때에 영원한 사망의 잠에서 살아나게 됩니다.

3. 복음으로 깨웠으면 활동하게 해야 합니다.
베로 동여 있습니다. 옛 구습과 불신앙의 옛것이 둘러져 있습니다.

1) 먼저 감싸고 있던 수건을 벗겨야 합니다.
벗길 때에 눈이 떠지고 보게 됩니다.

① 예배드릴 때에도 이것이 벗겨져야 합니다.
예배드리는 것도 큰 축복이요 은혜이지만 옛 인식이 벗겨져야 합니다. 고린도교회는 옛것인 수건이 씌어져 있었습니다(고후 3:14-18). 진리가 자유케 하기 때문에 벗어야 합니다(요 8:31).

② 불신자 때에 행하던 것을 벗을 때에 자유가 옵니다.
예수님은 자유를 주셨습니다(갈 5:1). 구습을 벗어야 합니다(엡 4:22).

2) 새로운 옷으로 갈아 입어야 합니다. 온 몸을 감고 있습니다.
① 성경은 옛 옷을 벗으라고 하십니다(롬 11:13, 계 3:18, 눅 15:16, 창 35:2).
옛것을 과감히 벗을 때에 새로운 자유의 옷이 입혀지기 때문입니다.
② 이 옷은 말과 행동과 생각까지 새롭게 하는 옷입니다.
골로새교회에 분명히 말씀하셨습니다(골 3:8). 믿는 자는 이제 주의 음성을 듣고, 영원한 죄와 사망에서 살게 되었으니 새롭게 영원한 믿음 가운데 살아야 합니다.
우리 교회 성도들 모두가 이 신앙으로 승리하게 되시기를 축원합니다.

결 론: 지금은 주의 음성을 들을 때입니다.

여호와, 예수 이름
출애굽기 3:15, 마태복음 1:21(호 12:5)

　세상에 존재하는 모든 것에는 제각기 이름들이 있기에 그 이름을 부르게 됩니다. 산과 바다 그리고 강들을 비롯해서 나무, 식물, 돌에 이르기까지며, 물고기, 새, 짐승들의 이름이며 곤충들의 이름들도 있습니다. 사람 이름은 그 중에 제일로 귀하기에 사람들은 제각기 좋은 이름을 지으려고 노력들 합니다. 영국이 자랑하는 대영사전인 브리테니카 사전에는 소위 4대 성현을 올리게 되는데 석가, 공자, 마호멧, 소크라테스 등 4명의 이름을 합한 것보다 예수 그리스도의 이름을 더 많은 면을 할애해서 소개했습니다. 예수 이름이 귀한 것은 사전에 많은 면을 할애하였기 때문이 아니라 예수 그리스도 그 이름에 모든 무릎이 꿇게 되어있는 승리의 이름이며(빌 2:11), 예수 이름 없이는 천국에 들어갈 수가 없기 때문입니다(요 14:6, 행 4:12).
　구약성경에는 여호와요, 신약에는 예수 이름인데 그 뜻은 구원자라는 뜻입니다. 이 이름은 여호와 하나님의 기념 칭호이며(호 12:5), 영세에 이르기까지 스스로 계신 분이십니다(출 6:1-9) 사도 요한은 알파와 오메가가 되신 분으로 (계 1:8, 21:6, 22:13) 기록하였습니다.
　성탄을 즈음해서 여호와 예수 이름에 깃들인 뜻을 통해서 은혜를 나누려 합니다.

1. 여호와, 예수 기념 칭호 속에는 뜻이 분명합니다.

　구원자가 되시는 여호와, 예수께서 역사하실 때마다 새로운 용어들이 생기고 그 용어 속에 역사가 나타나게 되었습니다.

1) 여호와 하나님의 역사하시는 곳에서 생생하게 나타내셨습니다.
　사건들 속에서 보겠습니다.
　① (창 22:14) 여호와 이레의 하나님으로 보이셨습니다.
　　100세에 얻은 아들을 바치게 될 때에 "여호와의 산에서 준비되리라"는 뜻으로 이삭 대신 양이 희생제물이 되었던 사건입니다. 여기에서 우리는 아브라함의 예배 모양을 배워야 합니다.

첫째, 일찍 일어나서 끝까지 본연의 신앙을 지켜나가는 모습입니다.

둘째, 예배의 방해요소를 제거하는 일입니다. 그래서 종들은 산 밑에 놓아두고 이삭에게 나뭇짐을 지고 올라가게 했습니다. 예배에 방해되는 요소들이 주변에 많이 있는데 이것이 제거되어야 합니다.

셋째, 하나님께서 명하신 제물입니다. 아브라함은 하나님께서 명하신 제물로 드렸습니다. 신약에 와서 하나님은 우리 몸으로 산제사 드리라 하셨습니다(롬 12:1).

② **여호와 라파 되시는 하나님이십니다(출 15:26).**

"나는 너희를 치료하는 여호와니라" 하셨습니다. 예수 그리스도는 우리를 치료하시는 분이십니다. 여기에는 몇 가지 조건이 있습니다.

첫째로, 말씀에 대한 순종입니다. 하나님의 계명에 순종할 때 치료해 주시겠다고 하셨습니다.

둘째로, 광야와 같은 세상에서 하나님을 믿어야 합니다. 믿을 때에 역사가 나타납니다(말 4:2 참조).

③ **여호와 닛시의 하나님이십니다(출 17:15).**

아말렉과의 싸움에서 이기고 "여호와는 나의 깃발"이라고 외쳤습니다.

싸움에서 영적으로 이겨야 하겠습니다. 예수님은 이기셨습니다(요 16:33, 골 2:15). 여기에는 몇 가지 조건이 있습니다.

첫째로, 모세의 손이 내려오지 않게 해야 합니다. 모세의 손이 내려오지 않을 때에 이기게 되었듯이 언제나 기도의 손이 내려오지 않아야 합니다. 예수님도 기도하셨습니다. (마 4:1, 막 1:35, 마 26:39) 로마의 콘스탄틴 황제(constantine)도 십자가 깃발 아래 승리하고 기독교로 전환했습니다.

둘째로, 모든 싸움은 여호와께서 이김을 주신다고 했습니다(삼상 17:47, 잠 21:31).

④ **여호와 샬롬 되시는 하나님이십니다(삿 6:24).**

기드온에게 주신 말씀입니다. 평강의 역사는 기드온을 통해서 역사해주셨습니다.

첫째, 기드온처럼 온전한 제물이 드려질 때 평강의 은혜가 있습니다. 시간을 비롯해서 온전한 예물들이 드려져야 합니다.

둘째, 여호와 하나님은 예배를 통해서 평강을 약속하셨습니다. 성경을 보시기 바랍니다(렘 29:7,11, 요 14:27).

⑤ 여호와 삼마의 하나님이십니다(겔 48:35).

유다백성이 바벨론에서 귀환했을 때에 다시 회복해주시면서 주신 말씀으로서 "그 날 이후로는 그 성읍의 이름을 여호와 삼마라 하리라" 하셨으니 그 뜻은 '여호와는 거기 계시다' 는 뜻으로서 여호와의 영광이 떠났다는 이가봇(삼상 4:21) 이후에 주신 축복입니다.

이 축복은 첫째, 성전을 사모하며 성전 중심으로 신앙생활 할 때에 주시는 은혜입니다. 그들은 70년 간 타국에서 성전의 소중함을 알게 되었던 것입니다. 오늘날 북한 땅의 무너진 제단을 생각해 보시기 바랍니다

둘째, 언제나 하나님께서 함께 하시기를 사모해야 합니다. 주님 따로 나 따로 식이 아니라 언제나 주님 중심의 생애가 중요합니다.

2) 여호와 예수 이름은 지금도 함께 하십니다.

구약의 여호와는 신약의 예수 이름입니다.

① (사 7:1-14) 유다에게 주신 임마누엘의 배경을 보시기 바랍니다.

그 때에 약속한 임마누엘(Immanuel)이 신약에 와서 마태복음(1:21-23)에 재론되었습니다.

② 여호와- 예수는 구원주가 되시는 하나님이신데 지금도 역사하십니다.

다시 승천하시면서까지 약속해 주셨습니다. (마 28:20)

2. 하나님은 열방의 신과 다릅니다.

여호와, 예수 이름은 다른 열방의 것과 비교가 될 수 없습니다.

1) 세상의 신들은 사람의 수공물입니다(시 115:4).

① 세상에는 신들이 많이 있는데 각 나라마다 신들이 초만원 상태입니다.

② 초과학 시대에 산다고 하지만 세상의 신관(神觀)은 그대로 타락된 상태에 있습니다.

2) 타락된 인간은 살아계신 주를 버리고 영적으로 방황하고 있습니다.

① 엘리야 시대에 우상들 사이에서 방황했던 것과 비교가 됩니다(왕상 18:21).

② 믿는 교회는 타락된 세상에 대하여 예수-여호와를 보여주어야 합니다.
갈멜산의 엘리야와 같이 보여주어야 합니다(왕상 18:36-39).

3. 예수님은 지금도 살아계신 하나님이십니다.

"여호와는 생존하시니"(시 18:46) 했습니다.

1) 구약에도 보여주셨고 신약에도 보여주셨습니다.

① 역사 속에서 보여주셨습니다. 수많은 구약의 선지자들을 통해서 보여주셨습니다.

② 신약에도 사도들을 비롯한 하나님 백성을 통해서 보여주셨습니다.
그 역사는 지금도 계속 됩니다.

2) 우리의 신앙은 언제나 하나님 중심한 현재 신앙이어야 합니다.

① 순간순간 지금도 여호와-예수, 구원자가 되시는 그 분을 생각해야 하겠습니다.

② 예수 이름으로 영원히 천국에 이르도록 승리의 이름이 되십니다.
영원히 승리의 이름인 예수 이름으로 천국까지 주인공 되시기를 축원합니다.

결 론: 예수 이름만이 영원한 생명이 있습니다.

예수님 예수 이름으로 행복한 사람들
마태복음 5:9-12

현대 사회에 접어들어서 사람들의 입에 자주 오르내리는 용어중 하나가 '행복' 이라는 단어입니다. 행복 추구권, 행복지수, 행복의 길 등의 말들을 들으면서 '격세지감' 을 느끼게 됩니다. 춥고 배고파서 배만 채워주면 좋겠다고 하던 때가 불과 몇 십 년 전이었는데, 이렇게 축복받은 나라가 되었다고 생각하니, 이렇게 축복을 주신 것은 모두가 하나님의 은혜요, 세계복음화를 위한 하나님의 섭리에 있다고 믿습니다. 문제는 이제 배고픔은 겨우 면하였지만 행복이 육신적인 부유함에만 있지 않다는 것입니다. 전적으로 하나님의 사랑에 돌아오는 인생이 될 때에 문제 해결의 열쇠가 있습니다. 하나님께서는 우리가 아직 죄인 되었을 때에 예수님을 십자가에서 죽게 하셨습니다(롬 5:8). 이 사랑 안에 있지 않으면 재물이 아무리 많아도 결국은 어리석은 부자에 불과하기 때문에(눅 12:13-21) 행복과는 거리가 멀 수밖에 없습니다.

본문에서 예수님은 산상수훈의 말씀을 통해서 행복한 사람에 대해 가르쳐 주셨습니다. 화평케 하는 자를 비롯해서 의를 위하여 핍박을 받지만 참고 견디는 사람에게 복이 있다고 하시고 하늘의 상급까지 약속하였습니다. 예수님이 말씀하신 본문을 통하여 행복에 관하여 말씀의 은혜를 받게 됩니다.

1. 우리(나)는 하나님의 자녀이기 때문에 행복합니다.

세상에 보이는 가시적이고 유물적인 것에 의한 행복이 아니라 본질적으로 우리는 하나님의 백성이며 성도이기 때문에 행복하게 되는 것입니다. 전에는 죄인이요, 진노의 자녀들이요, 죄의 종이요 하나님께 막혀 있는 자들이었습니다(엡 2:3, 13-14, 롬 8:15-16).

1) 성경에서 분명하게 우리(나)를 하나님의 자녀로 확인해 주셨습니다. 복중에 복이요, 행복 중에 행복한 역사가 아닐 수 없습니다.

① 성경에서 내가 하나님의 자녀인 것을 확인하는 말씀을 보시기 바랍니다. 이는 믿음의 법이요, 말씀의 법입니다(요 1:12-14, 롬 8:14-16). 세상적인 방법이 아니라 하나님의 약속의 말씀의 법으로 된 사실입니다. 누가 뭐

라고 하더라도 하나님께서 인정해 주십니다(사 63:16, 64:8).

② 본문에도 예수님이 말씀으로 약속해 주셨습니다. '화평케 하는 자는 복이 있나니 저희가 하나님의 아들이라 일컬음을 받을 것이요(9절)' 했습니다.

하나님 아버지가 인정하시는 자녀이기 때문에 벅차게 되고 행복합니다. 우찌무라 간조 혹기라는 일본 신학자는 처음 예수 믿기 전에 고베시장이 기생과 관계해서 낳은 사람이었습니다. 어릴 때에 어렵게 자라다가 예수 전도단이 전하는 요한복음 1:12절의 말씀을 듣고 나도 예수 믿으면 하나님의 자녀가 될 수 있느냐는 질문과 함께 예수님께 돌아 왔다고 전합니다. 예수 안에서 주어지는 행복이 확실하기 때문입니다.

2) 신앙 역사 가운데 많은 간증들이 있습니다.

예수 믿는 사람들이 행복한 이유는 그 안에서 평안이 있기 때문입니다(요 14:27).

① 성 프랜시스(St. Francis)의 평화의 노래에는 "주여 나를 평화의 도구로 써 주소서" 라는 노랫말이 있습니다.

성 프랜시스뿐 아니라 믿는 자의 간증이며 노래가 됩니다.

② 예수님 자신이 실천해 보이셨고 따르게 하셨습니다.

예수님 당시에는 분명히 계급사회였지만, 예수님은 상전과 노예를 떠나서 평화를 주셨습니다. 예수님은 평화를 말씀하셨으나, 바리새인들은 문제를 만드는 사람들(trouble maker)이었습니다. 마귀에게서 났기 때문에 (요 8:44) 예수님께로부터 책망을 듣게 되었습니다(마 23장).

성도는 예수 안에서 평화의 사람들이 되어야 합니다.

2. 우리(나)는 영원한 천국이 최후 목적지이기 때문에 행복합니다. 최후에 가는 곳이 천국이요, 목적지가 됩니다.

1) 세상 국가는 어느 나라든 간에 영원할 수 없습니다.

고대 바벨론을 비롯해서 알렉산더의 그리스, 로마의 시대와 현대에 와서 어느 특정한 정권이라도 영원할 수 없습니다.

① 그러나 하나님 나라는 영원합니다.

성경이 우리에게 약속하였습니다(요 14:1-6, 단 2:44, 계 21:1).
- ② 망하지 않고 영존한 나라입니다. 하나님의 왕국이기 때문입니다.
- ③ 새 하늘과 새 땅이며 온갖 보화로 꾸며져 있습니다. 12 진주로 표현되었습니다(계 21: 18-).
- ④ 우는 것이나, 슬픔이나 눈물이 없습니다(계 21:4. 23). 밤의 달도 소용 없고, 햇빛이 쓸데없습니다. 우리가 가는 곳이기에 행복합니다.

2) 이 나라는 아무나 가는 것이 아닙니다.
- ① 오직 예수 믿는 사람만이 자격이 있습니다.
  그래서 우리의 시민권은 하늘에 있다고 했습니다(빌 3:20). 그 나라를 바라보면서 열심히 복음 위해 일해야 합니다(고전 15:58).
- ② 불신자는 갈 수 없습니다(계 21:27, 22:13-14).
  불신자는 가는 곳이 따로 있으니 지옥입니다.

3. 우리(나)는 천국에서 상급을 받을 사람들입니다(고전 15:58).

본문에서 예수님은 천국에서 상이 크다고 약속하셨습니다(12절).

1) 전에 있던 선지자나 믿음의 선진들의 신앙 역사를 보기 바랍니다.
- ① 핍박과 고난의 연속이었습니다(고후 11:23-28, 히 11:33-40).
  핍박과 죽음도 불사하고 지켜온 길입니다.
- ② 이 땅에 초대 교회 역시 핍박이 많았고, 순교자의 피가 흐르는 곳이 한국교회의 뿌리입니다(대동강변의 토마스 목사의 순교).

2) 즐거워하고 행복해하는 이유는 믿음으로만 가능합니다.
- ① 세상에서 얻어지는 잠시 동안의 일 때문이 아닙니다(마 6:19).
- ② 구원은 믿음이요, 상급은 행한 대로의 열매입니다(마 16:27, 살전 2:19, 고전 9:25, 딤후 4:7, 벧전 5:4, 계 2:10, 계 22:12, 단 12:3, 고전 15:58). 영원히 없어지지 않는 상급입니다.

모든 성도들에게 이 행복이 넘치게 되기를 주의 이름으로 축원합니다.

결 론: 예수 믿음을 잘 지키는 자에게 행복이 약속되었습니다.

| 예수님 | # 예수 그리스도의 탄생을 전하라!
마태복음 1:8-25

　예수 그리스도의 탄생을 알리는 성탄절은 천년을 두 번이나 지나오면서 지금까지 국제 명절이 되었습니다. 세상에 어떤 이름도 예수 그리스도의 이름과는 비교할 수 없고 의미로도 견줄만한 이름은 없습니다. 많은 사람들이 지금까지 성탄의 뜻도 모른 체 떠들어 대고 시끌하게 지내오지만 사실 더 중요한 것은 예수님이 나신 이 날을 다시 한 번 새기면서 그 분을 영접해 드리는데 있습니다.
　"아들을 낳으리니 이름을 예수라 하라 이는 저가 저희 죄에서 구원할 자라 하심이라" 하였습니다. 여기에 바로 성도들의 핵심과 중심적 의미가 담겨져 있습니다. 예수 그리스도의 탄생은 한낱 먹고 마시고 즐거워함으로 끝나는 명절이 아니라 영원한 영생의 문제가 달린 일입니다.
　이 시간 다시 한 번 본문을 통해서 은혜의 시간이 되시기 바랍니다.

1. 성탄절을 맞이하여 바른 의미를 생각해 보겠습니다.
　예수께서 육신을 입고 이 땅에 탄생하신 이유가 무엇이겠습니까?
　여기에 우리의 바른 믿음과 바른 신앙의 자세가 모두 함축되어 있습니다.

1) 예수님은 우리(나)를 위해서 이 땅에 성육신하셨음을 믿고 고백해야 합니다.

① 우리와 똑같이 육신을 입고 오셨기 때문입니다.
　그러나 죄는 없으신 육신으로 오셨습니다(히 4:15). 이런 사실을 다음 성경구절에서 여러 번 밝혀 주셨습니다(요 1:1, 빌 2:6, 요 1:14, 히 4:16). 육신으로 예수님이 오셨습니다.

② 영원토록 우리와 함께 계시기 위해서 오셨습니다.
　"보라 처녀가 잉태하여 아들을 낳으리니 그 이름을 임마누엘이라 하셨으니 이를 번역한즉 하나님이 우리와 함께 계심이라 함이라" 하였습니다(마 1:23). 이 말씀의 배경은 위태로운 유다를 향해서 주신 말씀에서

비롯되었습니다(사 7장).
유다 백성뿐만 아니라 이 세대에 모든 하나님의 백성에게 함께 하시기 위해서 보여주시고 오신 날이 성탄절입니다.

③ 우리(나)를 위해서 구원하시기 위해서 오셨습니다.
"아들을 낳으리니 이름을 예수라 하라 이는 자기 백성을 저희 죄에서 구원할 자"라 하셨습니다. 모든 죄와 율법에서 속량하신 분이십니다(갈 4:5, 엡 2:1,4).

④ 예수 그리스도는 만왕의 왕이시요, 만주의 주로 오셨습니다.
이 날이 성탄절이요, 온 세상이 주를 맞이하는 날입니다. 동방박사들은 이 예수께 경배하였습니다(마 2:7-12). 십자가에 못 박히실 때에도 왕의 팻말을 달고 죽으셨던 예수님이십니다(마 27:37).

2) 만왕의 왕이시요, 만주의 주가 되시는 예수님께서 오신 날을 바르게 지켜야 합니다.
어떻게 바르게 지켜야 하겠습니까?

① 예수님에 대해서 올바르게 인식해야 합니다.
그분에 대해서 바르게 알고 대해야 합니다. 예컨대 상대방에 대해서 이름에 흠가는 말을 한다면 큰 오류요, 실수요, 실례가 되듯이 많은 자유주의자들이나 이단자들뿐 아니라 불신세력들이 예수님의 이름에 흠이 되게 지켜나가는 일은 그쳐야 합니다.

② 만주의 주가 되신 구세주는 오직 한 분 밖에 계시지 않습니다.
곧 예수 그리스도요 십자가 위에서 대속적 죽음을 죽으신 분이십니다. 예수 그리스도의 이름에 바르게 신앙고백 하시기를 축원합니다.

2. 성탄절을 맞이하여 어떻게 해야 하겠습니까?
일반인들과 같이 무의미하게 떠드는 것이 아니라 구원받은 성도들로서 분명히 해야 할 일이 있습니다.

1) 그분의 성민으로써 마땅히 지켜야 할 일들이 있습니다.
마땅히 지켜야 할 일들이 무엇인지 살펴보겠습니다

① 경건하고 감사하게 예배하며 경배해야 합니다.
원래 '예배'라는 뜻은(worth worship) '엎드린다'는 뜻입니다. '엎드린다'에 어근을 두는 예배는 겸손히 꿇어 엎드려 예배하는 것을 뜻합니다. 동방박사들이 엎드려 경배하고 보배합을 열어서 예물을 드렸습니다. 많은 사람들이 예수께 경배도 드리지 않습니다.

② 기쁘게 찬양해야 합니다.
"박사들이 별을 보고 가장 기뻐하고 기뻐하더라"(마 2:10) 했습니다. 들에 양을 치던 목자들도 천사들과 함께 찬양 했습니다.
(눅 2:13) 땅에서는 기뻐하심을 입은 사람들 중에 평화로다 했습니다.

③ 정성껏 예물을 드렸듯이 예물이 있어야 합니다(마 2:11).
황금과 유향과 몰약을 예물로 드렸듯이 오늘날 믿음의 성도들은 믿음과 소망과 사랑의 예물이 있어야 합니다. 이 예물이 예수님의 애굽 피난길에 요긴하게 사용되었듯이 하나님께 드리는 헌금은 선교와 봉사와 구제에 귀하게 사용됩니다. 교회의 사명은 선교하고 전도하여 영혼을 건지는 데 있습니다.

④ 이제는 나가서 복음을 전해야 합니다(눅 2:36-38).

2) 우리는 성탄을 어떻게 보내고 있습니까?

① 본래의 뜻대로 올바른 성탄이 되게 해야 합니다.
현대사회의 성탄은 많이 빗나간 점이 있습니다.

② 성탄은 성탄절 되게 해야 합니다.
예수님이 태어나실 빈 방하나 없었듯이 이 시대가 예수님의 뜻과는 너무나 거리가 멀리 가는 때이기 때문입니다.

3. 성탄절에 하나님의 은혜를 생각해야 하겠습니다.

하나님의 은혜를 생각하며 보답하는 마음으로 살아야합니다.

1) 하나님의 은혜를 감사해야 합니다.

① 감사하며 살아야 합니다.
많은 사람이 하나님의 은혜를 모른 채 지내고 있기 때문입니다.

어느 날 여름 더위를 피해서 고목나무 밑에 앉아 땀을 닦던 사람이 나무를 향해서 욕을 합니다. '기둥으로도 쓸 수 없고 화목으로 밖에 사용이 안 되겠군…' 지나가던 현자가 나무랍니다. '당신이 지금 어디에서 쉬며 땀을 닦고 있소?'
우리 주 예수 그리스도의 존재를 바르게 알아야 합니다(롬 9:33, 벧전 2:7).

② 그분에 의해서 구원받아 하나님 백성이 되었거늘 사람들은 은혜를 잊어버리고 살아갑니다.

2) 이제부터 어떻게 살아야 할까요?
살아가는 방식이 달라져야 하겠습니다.

① 그분이 원하시는 뜻이 무엇인지 생각해야 합니다(마 5:13).
　소금과 빛으로의 생활입니다.

② 이제 재림하시게 될 예수님 앞에 설 준비가 필요합니다.
　이제 구세주가 아니라 심판주요, 만왕의 왕으로 오실 것입니다.
이 분에게 인정받는 심령들이 되시기를 축원합니다.

결론: 예수님의 탄생을 이렇게 전해야 하겠습니다.

| 국 가 | ## 하나님의 백성된 시온의 딸아
스가랴 3:14-17

넓은 바다에는 언제나 크고 작은 파도와 물결이 있고, 육지에는 크고 작은 산이나 언덕이 있습니다. 1969년 미국의 우주인 암스트롱과 어윈대령이 성조기를 꽂고 최초로 인간의 발자국을 남기기 전에는 달은 하나의 시적인 구절이 나올만한 존재였지만 그 달도 역시 골짜기가 있고, 높은 산이며, 모래 언덕과 구릉으로 된 하나의 흙덩이에 불과했던 것입니다.

한 나라 역사의 흥망성쇠에는 다 이유가 있습니다. 대한민국이 지금처럼 부유한 때가 과거에는 없었지만 이렇게 부유와 축복을 주신 배경은 교회 때문이요, 교회를 통한 세계 선교의 목적이 있기 때문입니다. 해방 직후에 이 땅에 온 미국 선교사 존 크레인(John Clean-한국명 구레인)은 말하기를 "조선 사람은 하나님께 특별하신 은총을 받은 백성입니다. 왜냐하면 그 이름이 조선(Chosen People)이 아닙니까?" 라고 했다고 전합니다.

모든 일들이 혼돈과 가치관이 왜곡되는 시대에 우리는 다시 한 번 3·1절을 즈음해서 하나님 말씀으로 돌아가서 이 나라와 교회가 나아가야 할 길을 바로 찾아야 할 때입니다. 본문은 유다 백성들이 어려움과 혼란의 위기 때에 스바냐 선지자를 통해서 '시온의 딸' 이라고 지칭하면서 택하신 백성인 '시온의 딸아 노래하라' 고 외쳤던 말씀입니다. 유다 백성 뿐 아니라 이 세대를 살아가는 모든 하나님의 백성들에게 주시는 의미가 크다고 봅니다. 왜 기뻐해야 하고, 즐거워해야 한다고 했을까요? 몇 가지 이유를 보겠습니다.

1. 성도들에게는 죄와 허물에 대한 사하심이 있기 때문입니다.

죄와 허물에 대한 용서와 자유가 주어졌습니다. 아담 이후에 주어진 죄 뿐 아니라 유다인이 바벨론에 포로 되어 가게 된 죄까지도 용서와 사하심이 있습니다.

1) 선민된 이스라엘 백성의 용서와 같이 이 세대의 성도들의 죄를 용서하십니다(15절).

"여호와가 너의 형벌을 제하였고" 했는데, 이는 예수 안에서 용서와 사함을 보여주신 것입니다.
① 택하심 받은 백성의 복입니다. 죄 사함이 곧 복이라고 하였습니다(시 32:1, 롬 4:7, 시 103:2,3)
② 회개하고 자복하게 될 때에 용서하십니다.
무조건 용서가 아니라 회개와 자복을 전제로 하신 말씀입니다. 예수님도 첫 음성이 "회개하라 천국이 가까웠느니라"(마 4:17) 하였습니다.
성경은 회개를 촉구하십니다. 개인에게도, 국가에게도 회개하라 하십니다(마 4:17, 느 8:1-9, 시 51:1-, 요일 1:8-9).

2) 모든 죄를 회개하고 그 죄의 생활에서 돌아서야 합니다.
모든 죄에서 돌아서게 될 때에 개인도, 국가도 살 길이 열리게 됩니다.
① 본문을 주신 배경을 보면 유다왕 요시야가 가장 어린 나이인 8세 때에 왕위에 올라서 우상을 타파하고 온 백성에게 하나님께 회개 운동을 벌일 때에 주어진 말씀입니다.
요시아의 활동에 대해서는 성경에 자세히 기록되었습니다(왕하 22:1-23:1-22, 대하 34:1-35:1-26). 이때에 스바냐 선지자는 "시온의 백성아 시온의 딸아 기뻐하라" 하나님께서 죄를 사하셨기 때문이라고 외쳤습니다.
② 우리는 다시 한 번 3·1절을 즈음해서 모든 교회와 백성들이 회개할 때입니다. 그 길만이 살 길입니다.
불신앙과 반목과 다툼과 사치와 낭비, 그리고 방종과 우상숭배와 사회 구석구석의 죄를 놓고 회개해야 합니다. 여호와께로 돌아가는 길만이 살 길입니다(호 6:1). 유다의 소망이 하나님께 있듯이 이 나라 대한민국의 소망도 하나님께 있습니다. "…오라 여호와께로 돌아가자" 했습니다.

2. 선민된 성도는 하나님께서 지켜주시고 보호해 주십니다.

세상은 환란과 시련이 많은 곳입니다. 바닷가의 파도와도 같이 큰 것 작은 것, 할 것 없이 많습니다.

1) 많은 대적들이 진을 치고 있습니다.

"여호와여 나의 대적이 어찌 그리 많은지요 일어나 나를 치는 자가 많도소이다"(시 3:1)했습니다.
  ① 환란 가운데서도 하나님은 하나님 백성인 시온의 딸을 지켜주십니다 (15절).
  "너의 원수를 쫓아내셨으며 이스라엘 왕 여호와가 너의 중에 있으니 네가 다시는 화를 당할까 두려워하지 아니할 것이라" 했습니다.
  이 나라의 기독교 역사 가운데 위기가 많았지만 하나님은 교회와 성도들을 지켜주셨고, 보호해 주셨습니다.
  ② 하나님은 성도들을 지켜 주실 뿐 아니라 국가도 지켜주십니다(시 17:8).
  "나를 눈동자 같이 지키시고 주의 날개 아래 감추사 나를 압제하는 악인과 나를 에워싼 극한 원수에게서 나를 보호하소서" 했습니다. 사망의 음침한 골짜기와(시 23:4) 눈물골짜기(시 84:4)에서 지켜 주십니다.

 2) 하나님의 지켜 주심을 믿고 안심하고 믿음으로 승리해야 합니다.
  내가 사는 것이 아니고 하나님의 보호와 지켜 주심이 있습니다.
  ① 성경의 약속들을 보시기 바랍니다(사 41:10, 43:1, 마 28:20).
  변함없는 약속의 말씀입니다. 세상의 약속은 무너지나 하나님의 성도와 선민에 대한 약속은 변치 않습니다.
  ② 성도와 선민의 힘은 이 말씀에서 근거가 되어야 합니다.
  하나님을 경외하고 믿는 것이 곧 힘이 됩니다. 우리의 이름이 하나님의 손바닥에 모두 기록되었기 때문입니다(사 49:14-16). 스바냐 선지자는 백성들에게 이 말씀을 붙들고 힘내라고 외쳤습니다.

3. 성도와 시온을 향하신 하나님의 사랑은 변치 않으시기 때문입니다.
  시온이 누구입니까? 택하신 이스라엘이요 신약에 와서는 성도를 가리켜 시온이라고 하였습니다. "…너를 잠잠히 사랑하시며 너로 인하여 즐거이 부르며 기뻐하시리라 하니라"(17절) 했습니다.

 1) 부모가 자녀를 기뻐하듯이 하나님도 그의 백성을 기뻐하십니다.
  ① 타인에 의해서 무슨 소리를 들어도 부모는 자식을 사랑하며 기뻐하듯이 성도 역시 하나님께 사랑스러운 존재입니다.

말씀으로 낳았기 때문입니다(약 1:18)

② 믿음을 선물로 주시고(엡 2:8), 그 믿음으로 자녀 삼으셨습니다(요 1:12).

그가 먼저 우리를 사랑하셨고 택하셨습니다(요일 4:19, 요 15:16). 우리가 의로워서가 아니라 아직 죄인 되었을 때입니다(롬 5:8).

2) 하나님의 사랑은 영원히 견고합니다. 누구도 그리스도의 사랑에서 끊을 자 없습니다(롬 8:35-39).

① 유다 백성에게 강해지라 하듯이 지금 우리나라 대한민국은 하나님의 사랑을 다시 한 번 인식해야 하며 모든 성도들이 확신해야 합니다(출 8:28)

② 성도인 나를 보시기를 기뻐하시게 해야 하고 대한민국이 유다 백성처럼 기뻐하시는 나라가 되게 해야 합니다.

"너로 인하여 즐거이 부르며 기뻐하시리라 하리라" 했습니다. 개인이든 교회든 이 나라 모두가 하나님 앞에 이런 존재가 되시기를 축원합니다.

결 론 : 우리는 영적인 시온의 백성입니다.

| 국 가 | ## 부림절의 유래를 아십니까?
에스더 9:20-28

각 나라마다 지켜나가는 명절이나 국경일이 있습니다. 우리나라의 광복절이나 3·1절 같은 국경일은 일본에 항거하고 일본에서 해방된 날을 기념하는 날입니다. 미국은 7월 4일이 영국으로부터 독립된 날입니다. 구약에는 유월절이 있습니다. 이는 애굽에서 430년 만에 해방된 날입니다.

유월절(passover) 외에 본문에서 보듯이 부림절(days of purim)이 소개되었습니다. 이스라엘 유다가 바벨론에 70년간 포로 생활하던 가운데 바벨론이 바사국에 의해 망하게 되고 아하수에로 왕이 그 지역 일대를 지배하던 때의 이야기입니다. 하만이라는 간신배에 의해서 유다인 모르드개와 온 유다인들이 죽게 된 상황에서 하나님의 섭리 가운데 일이 역전 되었고, 하만은 그 가족과 함께 몰살당하고 반대로 위기에 몰렸던 유다인이 승리했던 날의 기념일이 부림절입니다.

여러 가지 면에서 위기에 놓여있는 조국 대한민국의 현실 앞에서 우리는 부림절의 유래를 통해서 다시 한 번 생각하는 시간이 되기를 원합니다

1. 부림절은 나라와 민족을 사랑하는 사람들의 손길에 의해서 만들어진 절기입니다.

1) 국가와 민족에 대한 사랑은 보통 개념의 사랑을 윗도는 것입니다.

① 국가를 위한 순국열사들이 많이 있습니다.

윤봉길, 유관순 등 일제에 당했던지, 공산당에 의해서 당했던 사람들의 피가 이 나라의 국토를 물들여왔습니다. 3·1운동의 33인중에 16명이 기독교인입니다. 우리 기독교는 사생관이 분명합니다. 국가가 위기에 있을 때 언제나 죽음을 각오하고 싸웠습니다.

② 모든 그리스도인들은 사생관(死生觀)이 분명합니다.

그리스도를 위해서 죽으면 죽으리라는 사생관이요, 또한 국가가 위기 때에는 죽을 각오가 되어있어야 합니다. 이방종교를 숭상하는 사람들도 소

위 자살특공대가 있는데 하물며 그리스도인들은 언제나 순교의 자세가 되어 있어야 합니다. 바울도 그랬고(행 20:21-24), 다니엘과 그 세 친구들이 그랬습니다(단 3:17). 이것이 그리스도인들의 사생관이요 이 뿌리 위에 교회가 건설되었습니다.

2) 본문에서 모르드개의 신앙과 에스더의 믿음의 절개와 민족을 위한 죽음을 불사한 행동은 모든 시대의 모든 그리스도인들에게 귀감이 됩니다.

① 하만에 의해서 유다가 멸망할 위기 때에도 자기들의 목숨만은 구차하게 살릴 수 있었지만 에스더나 모르드개는 그런 사람들이 아니었습니다.
우리 주변에는 이조시대부터 권력만 잡으면 일신상의 영화를 위해서 망국의 길로 가는 사람들이 많이 있었습니다. 모르드개와 에스더는 개인을 넘어서 나라와 민족을 위한 신앙의 모습들입니다.
모세 역시 그런 귀감의 사람으로 소개됩니다(히 11:24). 예레미야 선지자 역시 위대한 선지자였습니다(렘 20:8-9).

② 이 나라 대한민국에 모르드개나 에스더가 필요한 때입니다.
이런 때에 전 교회와 성도들은 일어나서 기도할 때입니다. 위기 때에 기도로 나라를 건진 예들이 있습니다(출 32;32, 삼상 12:23). 이제 대한민국은 한국교회에 달려있다고 봅니다.

2. 모든 기독교인들은 지금 사명을 깨달아야 합니다.

위기 때이기 때문입니다.

1) 에스더나 모르드개는 이런 사실을 깨달았습니다.

이때를 위해서 에스더가 왕궁에 준비되었다는 깨달음이(에 4:13) 우리에게 필요합니다.

① 이들은 사명을 깨닫게 되었습니다.
1,200만명, 이 땅의 참 그리스도인들은 깨달아야 합니다. 깨달았으면 잠잠하지 말고 기도해야 합니다. 1,200만명 모두가 에스더요, 모르드개가 되어야 합니다.

② 에스더의 답변이 중요합니다. 이는 신앙이기 때문입니다.

(4:16) "나도 나의 시녀와 더불어서 이렇게 금식한 후에 규례를 어기고 왕 앞에 나아가리니 죽으면 죽으리이다" 하였습니다. 이것이 사명이요, 우리가 사는 정신입니다. 대한민국에 이 정신이 필요합니다.

2) 이제 대한민국은 교회들이 깨달아 기도하며 사명을 찾아야 소망이 있습니다.

일어나서 빛을 발해야 합니다(사 60:1).

① 이때에 교회들이 잠잠치 말고 일어나서 기도해야 합니다.

정치는 좌경방향으로, 경제는 추락으로, 나라의 위신은 국제적으로 바닥을 치고, 사회는 모든 분야마다 혼돈과 혼란에 있습니다. 우리 모두 회개하며 기도할 때입니다.

② 한국교회는 국가가 위기 때마다 일어났던 과거가 있습니다

일제 때에는 신사참배와 싸우며 독립운동에 힘썼기 때문에 국가를 건지게 되었습니다. 6·25 때에는 부산만 남은 낙동강 전선에서 이승만 대통령이 모든 그리스도인을 부산 해운대 백사장에 모이게 하고, 비가 오는데도 구국 기도회가 열어 전세를 역전시키는 계기를 만들었습니다. 지금 모든 교회가 그때와 같은 신앙을 찾아야 합니다.

3. 위기가 변해서 호기가 되게 한 역사적 사건이 부림절입니다.

하만에 의해서 몰락하기 직전에 하나님은 살려주셨습니다.

1) 위기를 호기로 바뀌게 하시는 하나님의 섭리입니다.

① 하만의 꾀를 무력화 시키셨습니다.

결국 모르드개를 달려고 했던 장대에 자기가 달리게 되었습니다. 6·25 때에 유엔 결의 때에 소련 대사가 회견장에 도착하지 못해서 이 땅에 유엔군 파병이 가능케 됐던 일도 있습니다.

② 하나님은 지금도 역사해 주시는 '우리 하나님' 이십니다.

12월 13일은 유다가 다시 산 날이요, 부림절입니다. 왕하 18장-20장, 이사야 38:1-에서 기록되었는데, 이것은 위대하신 하나님께서 건져주신 기록입니다.

2) 위대하신 하나님의 손길이 부림절이 있게 하셨듯이 우리에게 제2의 부림절이 필요합니다.

① 죽게 되었던 유다인이 되살아날 때에 다른 나라 사람들도 유다인처럼 행세하려는 사람들이 생겨났습니다.

이렇듯이 우리 대한민국에 대해서 다른 나라가 선호하는 국가로 만들어야 하겠습니다.

② 우리는 이때에 위대하신 하나님의 손길만 바라봅니다.

이 나라가 다시 굳게 세워질 것입니다. 하나님의 손길을 믿습니다(시 127:1). 이 땅에 이 축복이 있기를 축원합니다.

결 론: 우리에게 부림절이 오게 하소서.

축복 | 이사하는 곳마다 복을 받은 사람
창세기 26:12-14, 23-25

지구의 기후 변화 때문에 바다에도 이상이 생기기 시작해서 물고기들의 서식이 변화하게 되고 지상의 생태계 역시 이상이 생기고 있습니다. 동식물의 변화만 아니라 현대인들은 자기가 편리하고 살기 좋은 곳에서 살게 됨을 보게 됩니다. 에릭 프롬(Erich Fromm)이란 사람은 인간을 정의해서 말할 때에 '희망을 가지고 사는 사람들'이라고 말했습니다. 현대에는 어렵고 힘든 생활 중에 있는 사람도 장차 좋은 일이 있을 것이라는 막연한 꿈을 안고 살아갑니다.

옛날에는 취락구조가 마을 단위로 되어있기 때문에 어느 마을에 정착하게 되면 그 동네에서 몇 대를 대물림하면서 살아갔습니다. 그러나 지금은 모두가 도시화되어서 사실상 고향이 없어졌고 사는 곳이 고향인 셈입니다. 따라서 여기에는 이사하는 일이 많아지고 거기에 따른 병폐도 많이 생기게 되었습니다.

그런데 성도들은 언제나 이사하고 잘되는 사람도 있지만 이사하고 잘못된 사람도 있습니다. 베들레헴에 살던 엘리멜렉(나오미) 가정이 이사 한 번 잘못해서 화를 당하게 되었고(룻 1:1-5), 본문에서 아브라함부터 시작해서 이삭, 야곱, 소위 말해서 족장 3대가 이사해서 복을 받은 사람들로 기록되었습니다. 바야흐로 이사철이 되었는데 우리는 다시 한 번 이사에 대한 말씀에서 은혜를 나누어 봅시다.

1. 이삭은 여호와의 이름을 부르고 이사한 곳에서 단을 쌓았습니다.

"이삭이 그곳에서 단을 쌓아 여호와의 이름을 부르고"(25절) 했습니다.

1) 여호와의 이름이 없는 사람들도 잠시 동안은 부유할 수 있습니다.

이것이 세상입니다. 문제는 성도는 어디에 있든지 여호와의 이름, 즉 예수 이름에서 살아가야 한다는 말씀입니다.

① 여호와의 이름을 부르지 않는 이방인들도 부자가 많이 있습니다.

그러나 하나님께서 축복해 주시는 부자는 개념 자체가 다릅니다. 이삭은 하나님께서 부유하게 축복해 주셨습니다(26:12). 요한 칼빈은 '하나님 없는 부자는 돼지 코에 곶감과 같다'고 하였습니다.

② 이삭에게도 언제나 성공만 있는 것이 아니라 실패 아닌 실패의 쓴 잔이 있었습니다.

중동지역에서 우물은 생명줄과 같은데 블레셋 사람들이 우물을 파면 메워서 못 쓰게 만들었습니다. 그러나 주위에서는 그렇게 어렵게 했어도 결국 이삭은 가는 곳마다 물이 나왔고 하나님이 함께 하시는 현장을 살게 되었습니다. 예배생활이 이삭에게는 제일 큰 관건이었습니다. 현대인들은 이사하는 목적이 직장, 학교, 등 다른 이유에 있습니다. 그러나 예배 중심, 교회 중심에서 이사하는 사람이 얼마나 되겠습니까? 따라서 환경 때문에 이사하는 현실에서는 신앙생활이 결실할리 없고, 신앙이 부실하기 마련입니다.

2) 성도는 우선적으로 부요함이 그 목적이 아니라 여호와의 이름을 부르는 것이 이사하는 목적이 되어야 합니다.

예수님도 "너희는 먼저 그의 나라와 그의 의를 구하라"(마 6:33)고 하셨습니다.

① 현대 성도들 가운데는 주객이 바뀐 채 사는 사람이 많이 있습니다.

누구나 이사할 수 있습니다. 그러나 문제는 어떤 목적에 따라 이사하느냐가 중요합니다. 미국의 주류를 이루는 청교도들은 신앙을 따라서 미국까지 건너가게 되었고 세계적 국가가 되었지만, 금을 따라서 이주해온 사람들은 아르헨티나까지 가서 빈국이 되었습니다.

② 구약에서 성막을 이동할 때마다 이스라엘 백성들은 성막을 중심해서 천막을 치고 광야생활을 하게 되었습니다.

현대에 와서 너무 편리 위주요, 인본주의로 이사하는 시대에 하나님 말씀에서 교훈을 얻고 교회 중심, 신앙 중심에서 이사를 해야 합니다.

2. 이삭은 이사하는 곳(브엘세바)에서 장막을 쳤습니다.

1) 텐트를 쳤다는 말은 여러 가지 의미가 있습니다.

요즘은 가정생활의 중요성을 의미하기도 합니다.

① 성도의 생활 중에는 텐트생활 즉 가정생활이 중요합니다.

예배생활은 하나님과의 관계요, 텐트생활은 가정생활입니다. 다양화된 세상이지만 가정은 반드시 지켜져야 합니다.
② 성경은 언제나 여호와 안에서의 가정의 축복을 말씀했습니다.
(시 128:1) "여호와을 경외하며 그 도에 행하는 자마다 복이 있도다" 했습니다. 초대교회사에서 고넬료는 가정의 축복을 받았습니다(행 10:1-).

2) 교회와 더불어서 가정을 중요시하는 것은 성경적인 사상입니다.
① 성경은 언제나 교회와 더불어서 예배중심이었고 가정과 국가를 중요시 여겼습니다.
② 이 세대에 잘못하면 교회생활, 가정생활이 약해지기 쉬운 때를 맞이했지만 이삭의 신앙과 더불어서 우리는 바르게 깨달아서 하나님께 예배생활의 교회와 가정관을 바르게 사수해야 합니다.

3. 이삭은 이사해서 또 우물을 팠습니다.

'우물을 팠더라' 했습니다. 그리고 장소에 관계없이 물이 나왔습니다.

1) 우물을 파는 것은 생업이요, 사업입니다. 여기에 축복을 받았습니다.
① 하나님께서 축복을 해주셨기 때문입니다.
우물이 나올 수밖에 없고 축복을 받을 수밖에 없습니다. 존 워너메이커(John Warnermaker)는 '주일성수와 주일학교 교사를 못한다면 장관직을 수락할 수 없습니다' 했습니다.
② 한국교회를 진단해 봅니다.
신앙생활을 잘 하다가도 지위가 높아가면서 신앙생활에서 교회와 금이 가는 문제입니다. 예수 믿는 것이 성도의 본업이 되어야 합니다.

2) 우리 성도들에게 이사하는 곳마다 우물이 풍성해지기 원합니다.
① 하나님께 인정받고 교회에서 인정받으시기 바랍니다.
② 결국 자타가 인정하는 축복을 받게 되었으니 비골이 다시 와서 사과하면서 인정했습니다.
이삭의 이와 같은 축복이 임하기를 축원합니다.

결 론: 이사하고 복 받으세요

 # 복된 귀를 가진 사람
마태복음 13:9

하나님께서 창조하신 모든 동물들의 신체 기능 가운데 각 지체가 기능별로 중요하지 않은 지체가 없이 모두 중요하겠지만 그 가운데 무엇보다 중요한 지체는 귀라고 할 것입니다. 특히 맹수들에게 언제 잡힐지 모르는 아프리카 초원의 초식동물들은 귀의 역할이 뛰는 발만큼이나 중요하게 발달했습니다.

하나님께서 우리 인간의 귀를 제일 마지막까지 작동하게 하시고 제일 늦게 죽는 것은 최후까지 복음을 듣게 하시기 위한 섭리라고 봅니다. 왜냐하면 믿음은 들음에서 나기 때문입니다(롬 10:10). 옛날 어른들이 아이들의 귀를 보고 "그놈 귀 한 번 잘 생겼다"라고 평하는 소리를 들었습니다. 문제는 외형적 귀가 아니라 영적이고 신령한 면에서의 귀가 중요합니다.

본문에서 예수님은 천국 비유 가운데 "귀 있는 자는 들을 찌어다" 하셨습니다. 이 말씀은 마태복음 11:15절이나 또는 계시록 2-3장에서 계속해서 강조하셨습니다. 왜냐하면 인생은 하나님 말씀을 들어야 하기 때문입니다. 본문을 통해서 몇 가지 은혜의 시간이 되기 원합니다.

1. 복된 귀를 가진 사람은 하나님 말씀을 듣는 귀입니다.

아무리 좋은 소식이라도 듣게 될 때에 좋은 소식이 되기 때문입니다.

1) 구원 받을 사람은 하나님 말씀을 듣는 귀를 가진 사람입니다.

① 예수님은 마태복음 13장에서 천국은 어떠한 곳이라고 비유를 들어서 말씀하셨습니다.

듣기 쉽게 하기 위해서입니다. 그리고 '귀 있는 자는 들으라' 고 하셨습니다. 야고보 사도 역시 "내 사랑하는 형제들아 너희가 알거니와 듣기는 속히 하고"(약 1:19) 하였습니다. 학생은 선생님 말씀을 들을 때에 우수 학생이 되듯이 인생은 하나님 말씀을 들을 때에 생명이 주어지게 됩니다.

② 영혼이 사는 길은 진리의 말씀을 듣는 길 밖에 없습니다.

영혼이 잘되는 들음이 있거니와 영혼이 더욱 망하는 들음도 있습니다.

그래서 분별력 있는 들음이 중요합니다. 마귀의 소리를 듣게 되면 망하게 됩니다. 아담과 하와가 그랬습니다. 또한 "말세 때에 많은 사람이 진리에서 돌이켜 허탄한 이야기를 좇으리라"(딤후 4:3-4) 하였습니다.

그러나 하나님 말씀을 듣게 될 때에는 다시 살게 됩니다. 주의 말씀을 듣게 될 때에 살게 된 일들을 보시기 바랍니다(요 5:25하반절, 요 11:43, 눅 8:54, 겔 37:1-14). 왜냐하면 "하나님 말씀은 능력이 있기" 때문입니다(히 4:12).

2) 진리를 듣고 분별하는 귀입니다. 분별하는 귀가 복이 있습니다.

왜냐하면 마귀가 주는 소리도 있기 때문입니다.

① 아담과 하와는 마귀의 소리에 속았습니다.

그래서 뱀과는 대화하지 말아야 합니다. (뱀과는 대화하지 말라, 허광재 저, 1983) 마귀의 소리를 듣게 되면 영혼이 멸망당하게 됩니다.

② 예수님은 마귀의 소리를 물리치셨고 이기셨습니다.

마귀는 예수님께 까지 와서 속삭였습니다(마 4:1-11). 그 마귀는 지금도 두루 다니며(욥 1:7) 삼킬 자를 찾습니다. 그러므로 저의 말을 듣지 말고 배격해야 합니다(벧전 5:8-9).

우리 인생이 들어야 할 복음은 오직 하나님 말씀입니다. 여기에 영원히 사는 길이 있기 때문입니다.

2. 복된 귀를 가진 사람은 듣고 깨달아야 합니다.

마태복음 13장에서 예수님은 이 사실을 네 가지 밭에 관한 비유를 통해서 가르치셨습니다.

1) 들었으면 이해하고 깨달아야 합니다. 깨달았을 때에 효과가 있습니다.

① 깨닫지 못할 때에는 마귀(원수)가 와서 먹어버리기 때문에 싹이 나올 수 없고 결실은 없습니다(마 13:18-19).

② 깨닫게 될 때에 영적으로 열매가 풍성해지게 됩니다.

옥토 밭(Good soil)이 됩니다. 여기에서 "30배, 60배, 100배의 열매가 맺게" 됩니다(마 13:23). 우리는 잘 듣고 깨달아서 열매가 풍성한 사람들이 되어야 하겠습니다.

2) 성령 안에서 들어야 합니다.
듣고 깨닫는 것은 내가 머리가 좋거나 영리해서가 아니라 성령이 깨닫게 하시기 때문입니다.

① 성령의 도우심을 요청해야 합니다.

성령은 우리를 도우시는 분이시며 기도하시는 분이시요(롬 8:26), 진리의 영이시기 때문에 진리를 깨닫게 하시고 생각나게 하시는 분이십니다(요 14:26).

② 또한 말씀을 사랑하고 깨달아 보려고 힘써야 합니다.

말씀을 사모하게 되고, 말씀을 가까이 하려고 힘써야 합니다. 사모하는 영혼을 만족케 해 주십니다(시 107:9). 목마른 사슴이 시냇물 찾듯이 사모해야 합니다(시 42:1-). 말세 때에 성도는 더욱 말씀에 충만해야 합니다(계 1:3).

유대인들은 그렇게 많은 말씀을 받았어도 등한히 할 때에 말라기 선지자 이후로 세례 요한까지 계시가 멈추는 400년의 영적인 암흑기가 왔습니다. 불행 중에 불행입니다.

3. 복된 귀를 가진 사람은 들은바 말씀을 행동으로 옮기는 신앙인입니다.

1) 말씀을 잘 들었는가는 행동에서 나타납니다.
그래서 성경은 행동하는 신앙을 강조했습니다.

① 바울과 야고보의 복음에서 우리가 알아야 할 일이 있습니다.

바울은 듣고 믿음으로 구원 받는 복이라면 야고보서는 그것을 행함으로 증명해 보이는 복음입니다. 한국교회는 다른 복음은 모두가 충만한데 야고보서가 빈약합니다. 깨달아야 합니다. 우리 교회는 행하는 신앙으로 무장합시다.

② 바울과 야고보는 똑같이 아브라함을 예로 들었습니다.

아브라함은 믿음으로 구원 받았고(바울의 로마서), 행동으로 그 믿음이 증명되었다는 말씀입니다(약 2:23). 행함이 없으면 죽은 것에 불과합니다(약 2:26).

2) 지금까지 많이 들었고 읽었습니다. 하나님은 이 시간 행동하는 신앙을 찾고 계십니다.

① 들었으면 판단해서 깨닫고 행동해야 합니다.

예수님은 행한 대로 갚으시겠다고 약속하셨습니다(마 16:27). 자기의 행한 대로 상급이 있다고 하셨습니다(고전 3:8).

②'귀 있는 자는 들으라'고 마태나 요한을 통해서 전한 이 말씀이 지금도 우리 모두에게 유효한 말씀입니다.

그러므로 들었으면 깨달아서 행동으로 옮기는 귀가 복된 줄 알고 열매가 풍성한 그리스도인들이 모두 되시기를 축원합니다.

결론: 복된 귀가 되어야 하겠습니다.

 # 가이오가 받은 복
요한3서 1-6

일반적인 역사에서도 그렇지만 교회사에서나 성경 안에서 볼 때에 수많은 인물들이 등장하고, 그 인물들 가운데는 모범적이고 본받을 만한 인물이 있는가하면 그 반대인 경우들도 많이 있습니다. 또한 유명한 인물로써 그 명성이 계속 이어지는 사람이 있는가하면 단 한 차례만 기록된 사람도 있습니다. 교회 안에서도 마찬가지 입니다. 본문에서 사도 요한은 가이오에 대해서 칭찬과 더불어서 그가 받은 축복과 그의 신앙에 대해서 아낌없이 찬사를 보냈습니다.

본문에 나오는 가이오는 당시에 흔한 이름이기 때문에 어디에 사는 어떤 가이오인지에 대해서는 수수께끼이지만(고전 1:14 가이오?), 그러나 그 가이오는 우리가 본받아야 하고 그가 받은 신앙생활과 축복 역시 이어받아야 할 일이기 때문에 새해에 다시 한 번 이렇게 은혜를 나누는 시간이 되고자 합니다. 새해에 성도들이 이 축복 속에 승리하시기 바랍니다.

1. 하나님께 사랑받는 성도들이 되시기 바랍니다.

본문에서(1절) "장로는(사도 요한) 사랑하는 가이오 곧 나의 참으로 사랑하는 자에게 편지하노라" 했습니다.

1) 가이오는 사랑받는 축복을 받았습니다.

세상에 사랑이라는 단어는 매우 중요한 단어입니다. 부모의 사랑, 부부의 사랑, 형제의 사랑, 친구나 선생님의 사랑도 중요하지만 그보다 더 중요한건 하나님의 사랑입니다.

① 가이오는 하나님의 사랑을 받는 사람입니다.

성경에서 하나님은 사랑이시라고 하셨습니다(요일 4:8,16). 죄인을 위해서 예수님까지 주신 사랑입니다(롬 5:8). 하나님의 사랑을 받는다는 것은 중요한 일입니다. 에서와 야곱은 같은 형제일지라도 에서는 미워하심을 받게 되고 야곱은 사랑을 받게 되었습니다(말 1:2-3).

② 하나님의 사랑은 지금도 계속 되지만 아무나 이 사랑을 수용하거나 받

는 것은 아닙니다.
교만하지 말고 겸손하게 마음을 비우고 하나님의 사랑을 받아야 합니다. 60-70년대 연예인 곽규석은 유명한 사람입니다. 그런데 사업에 실패하고 일본에 가서 자살하려다가 예수 복음을 듣고서 믿고 새사람이 되었습니다. 후에 신학을 공부하고 목사님이 되었고 방송국에서 간증도 했습니다. 처음에 한 얘기가 마태복음 11:28의 말씀이 평상시에는 서울역에 앉아있던 지게꾼이나 골목의 불우한 사람들에게만 해당이 되는 줄로 알았지만 깨닫고 보니 자기 자신에게 주시는 말씀이었다고 간증했습니다.

2) 지금도 하나님의 사랑을 받는 사람이 있거니와 배척하는 사람이 있습니다. 하나님의 사랑을 수용하시기 바랍니다.

① 나를 버리고 하나님의 사랑을 수용하시기 바랍니다.
하나님의 사랑을 수용하게 될 때에 더 큰 축복이 예약되었습니다. 바리새인들은 이 사랑을 수용치 않게 될 때에 책망을 받았습니다(눅 11:42). 하나님의 사랑엔 영생이 있고(요 3:16), 누구도 그 사랑에서 끊을 수 없게 됩니다(롬 8:35).

② 하나님의 사랑을 수용하기 위해서는 자기 마음을 비워야 합니다.
자기 마음을 비워야 됩니다. 그래야 하나님의 사랑을 수용합니다. 물리학에서 한 공간에 동시적으로 두 물체는 같은 공간에 있을 수 없다는 이론이 있습니다. 그래서 목욕탕에 들어가면 사람의 부피만큼 물이 넘치게 됩니다. 우리의 마음을 비울 때에 사랑의 복을 받게 됩니다. 새해에 하나님의 이 사랑을 받아야 하겠습니다.

2. 하나님께서 사랑하시는 사람들에게 주시기로 되어있는 축복의 약속이 있습니다.

1) 가이오가 받은 축복의 내용을 보겠습니다.
(2절) '사랑하는 자여 네 영혼이 잘 됨같이 네가 범사에 잘되고 강건하기를 내가 간구하노라' 했습니다.

① '네 영혼이 잘됨같이' 하였습니다.
잘됨은 영어의 웰(well)로 표시하였습니다.

우리 영혼이 하나님 앞에 잘되는 것이 복입니다. 가이오가 받은 축복입니다. 우리 영혼은 하나님의 사랑과 깊은 관계가 있습니다.

② 범사가 잘되는 것입니다.

'범사가 잘되고' 하였습니다. 하나님의 사랑을 받는 사람은 범사에 장소나 상황이 문제가 아닙니다. 잘됩니다. 예컨대 (창 39:23) 요셉은 옥중에서 형통케 되었습니다. 옥에 가는 것이 요셉이 축복받는 지름길이었습니다.

③ 강건한 축복을 받았습니다.

하나님의 사랑을 받는 자입니다. 요즈음에 많이 사용하는 단어가 건강문제입니다. 여호와를 경외하며 악에서 떠날 때에 골수를 윤택하게 하시는 축복이 약속되었습니다(잠 3:7-8).

2) 사도 요한은 가이오에게 축복 기도했습니다.

사도 요한에게 기도 받는 자체가 축복이었습니다.

① 여기에 '간구하노라' 는 기도입니다.

축복을 하면 이루어지게 됩니다. 한나는 엘리 제사장에게서 기도 받았고 (삼상 1:17), 하나님은 모세에게 백성을 위해 기도하라고 하셨습니다(민 6:22-27).

② 반대로 저주가 나가는 경우도 있습니다.

이삭이 야곱에게는 축복이 나가게 되었지만 에서에게는 저주의 말이 나오게 됩니다(창 27:29). 이것은 하나님께로부터 말미암은 것입니다. 그리고 그 축복과 저주는 에서와 야곱의 후대에 그대로 성취되었음을 성경에서 읽게 됩니다.

3. 하나님께서 주시는 축복받은 꿈이 있습니다.

가이오는 축복을 받은 사람입니다. 어떻게 할 때에 이와 같은 축복을 받게 될까요?

1) 가이오는 진리 위에 서있게 되었고 진리 안에서 행하였습니다.

'네가 진리 안에서 행한다하니' 라고 하였습니다.

① 축복받을 꿈이 있는 사람은 진리 위에 서있어야 합니다.

성경에서 사울과 다윗을 비교해보면 명백히 그 사실이 드러나게 됩니다 (행 13:22). 사울은 망하였고 다윗은 복을 받았습니다.

② 진리에서 행하여야 합니다.
진리에서 행할 때에 축복이 약속되었습니다(잠 3:3-6).

2) 가이오의 이런 신앙은 소문이 나있었습니다. '형제들이 와서 네게 있는 진리를 증거하되…' 하였습니다.

① 우리는 다른 사람들의 입에 아름답게 오르내리는 간증의 신앙으로 살아야 하겠습니다.
교회 안에서도 다른 사람들이 보고 간증되는 대상이 신앙입니다.

② 우리교회 성도들이 소문난 신앙생활들로 축복받기 바랍니다.
자기 자신은 물론이지만 교회 안에서 뿐 아니라 많은 사람들에게 유익을 끼치는 신앙입니다. 이 시대에 가이오가 되시기를 축원합니다.

결론: 지금도 교회마다 가이오가 있습니다.

하나님의 백성이 받는 복
시편 144:12-15

'하나님의 백성'이라는 단어만큼 귀한 복은 세상에 없습니다. 그런데 우리는 이제 예수 그리스도 안에서 믿음으로 하나님의 백성이 되었습니다. 이것이 성도가 세상에서 받게 되는 제일 큰 복입니다(요 1:12). 이는 마치 애굽의 종 되었던 곳에서 430년 만에 출애굽하게 되고 가나안의 약속을 받음과 같은 말씀입니다. 이 말씀은 우리교회 성도들에게도 함께 하시겠다는 동일한 말씀입니다.

정치, 경제, 문화 등 세계적 흐름이 불안정하고 예수님께서 재림하시겠다는 약속의 날이 임박한 때에 우리는 다시 한 번 성경의 약속된 축복을 받아야 하겠습니다. 그리고 세계 역사 속에서 이루던 복음 사역에 힘쓸 때에 복음 때문에 받을 수밖에 없었던 그 축복이 우리 성도들에게 임하기 바랍니다.

가까운 이웃에서부터 시작해서 지구촌 구석구석에 이르기까지 품고 기도하기 위해서는 반드시 하나님의 축복이 필요합니다. 본문은 다윗이 베들레헴 촌에서 시작해서 후대에 까지 받았던 축복을 우리에게 간증해 주었습니다. 하나님 백성이 되었기 때문에 이 축복 역시 받아야 하겠습니다.

다윗이 받은 축복을 몇 가지로 요약합니다.

1. 다윗은 자손이 잘되는 축복을 받았습니다.

우리말로 말하면 자식 농사가 잘되는 축복을 받아야 하겠습니다. (12절) '우리 아들들은 어리다가 장성한 나무 같으며 우리 딸들은 궁전의 식양대로 아름답게 다듬은 모퉁이 돌과 같으며' 했습니다.

1) 사람 농사 가운데는 자식 농사가 최우선적인 축복입니다.

'생육하고 번성하라' (창 1:28)고 하셨습니다. 창조 때에 이미 선포된 말씀입니다.

① 하나님께서 주신 자녀의 복을 받아야 합니다.

왜냐하면 자식은 여호와의 주신 기업이기 때문입니다(시 127:3). 그래서 그 자손이 땅에서 강성해야 합니다(시 112:2). 한 가정의 최고의 기쁨은 하나님 안에서 자식이 됩니다.

② 자식이 잘 되었을 때에 다윗이 기뻐하였습니다.

이것이 다윗이 받은 축복입니다. 여러 아들보다 특히 솔로몬을 통해서 왕위가 이어지게 되고, 숙원사업이었던 성전건축의 꿈이 아들을 통해서 완성되었을 때에 믿음으로 바라보고 기뻐하였습니다. 딸들 역시 궁전 짓기에 잘 다듬어진 돌과 같다고 하였습니다.

2) 반대로 자식 때문에 가문만 아니라 국가적, 사회적으로 큰 반역이 되는 경우들도 있습니다.

부친 때에 일구어 놓은 업적들이 자식 때에 망가지는 경우입니다.

① 성경에서 예를 보겠습니다.

사무엘 시대에까지는 신정정치가 이루어졌으나 그 후에 왕정시대로 바뀌게 되는데 사무엘의 아들들 때문이었습니다(삼상 8장). 엘리 제사장도 무능했지만 그 아들들 때문에 법궤까지 빼앗기고 엘리 제사장과 아들들이 죽고 자부까지도 해산하다가 아들을 낳고 산모가 죽게 되었는데 아들 이름을 이가봇(하나님의 영광이 떠남)이라고 짓게 됩니다(삼상 2:16).

유다왕 히스기야는 으뜸 되는 왕이었지만 그 아들 때문에 유다가 바벨론에 70년간 포로 되어가는 직접적 원인이 되었습니다(왕하 18-20장, 렘 15:4).

② 우리 자녀와 우리 교회에서 성장하는 자녀들이 모두가 빛나는 교회와 국가적 일꾼이 되게 하기 위해서 해야 할 일이 있습니다.

한나의 기도(삼상 1장), 하갈의 기도(창 21:14), 유니게나 로이스의 신앙 교육(딤후 1:4-)이 필요하다고 예수님은 강력히 말씀하셨습니다. "너와 너의 자녀를 위해서 기도하라"고 경고해주셨습니다(눅 23:28).

자녀들이 잘되는 기원년이 되기를 축원합니다.

2. 다윗은 재물에 대한 축복을 받았습니다.

다윗은 본래 부자가 아니었습니다. 오히려 베들레헴 촌에서 가난한 편에 속하는 집에서 태어난 사람이었습니다.

(삼상 17:28) 싸움에 면회 갔던 다윗에게 형들이 꾸짖는 장면에서 "가로되

네가 어찌하여 여기에 내려왔느냐 들에 있는 몇 양은 뉘게 맡겼느냐" 했습니다. 들에 있는 몇 양에 불과했던 어린 시절이었습니다.

1) 후에 다윗은 재물에 대한 축복을 받게 되었습니다.
왕이였기에 그랬었지만 다윗에게 재물에 대한 축복이 있었습니다.

① 들에 있는 몇 양이 변해서 '들에는 천천만만으로' 라고 하였고 '수소는 무겁게 실었고 곳간에는 백곡이 가득하며' 라고 했습니다.
후에 솔로몬이 성전을 건축할 때에 다윗이 많은 부분을 준비한 상태에서 솔로몬은 성전을 짓게 됩니다. (시 112:1) '여호와를 경외하며 그 계명을 크게 즐거워하는 자는 복을 받는다' 고 하였습니다.

② 성경에서 복을 받는 사람들을 소개해 봅니다
(창 26:12)이삭이 받은 복이 있습니다. (창 28:10, 31:1)야곱이 받은 복이 소개되었습니다. (대상 4:9-10)야베스가 받은 축복이 있습니다. 이 시대에 우리 교회 성도들이 받은 복이 충만케 되기를 바랍니다.

2) 역사상으로 볼 때 부모의 신앙 교육으로 복을 받은 자녀들이 많습니다.

① 부모님이 자녀의 신앙을 육성해야 합니다.
미국의 부호들을 보십시오. 워너메이커(Wanermaker), 콜게이트(Colgate), 록펠러(Rockefeller) 등 수없이 많습니다.

② 부모가 심은 결과로 축복과 저주가 놓여져 있다고 하였습니다.
(욥 21:19)부모의 죄악과 저주가 있습니다.
(출 20:5-6)저주는 3-4대까지 축복은 천대까지 이르게 됩니다.
(창 22:1)자손에게 축복이 약속되었습니다(갈 3:9).
예수님이 가난해지시므로 믿는 자에게 축복이 왔습니다(고후 8:9).

3. 다윗은 평화에 대한 축복을 받았습니다.
(14절)"또 우리를 침노하는 일이나 우리가 나아가 막는 일이 없으며 우리 거리에는 슬피 부르짖음이 없을진대" 했습니다.
평화의 축복입니다. 이 시대에 우리가 받아야 할 축복입니다.

1) 진정한 평안은 하나님께서 주십니다.

① 바울은 서신 서두마다 은혜와 평강을 외쳤습니다.
은혜와 평강이 넘치는 교회에서 은혜와 평강이 넘치는 성도들이 되시기 바랍니다.

② 예수님은 평안을 선포하셨습니다.
부활하신 후 첫 번째 제자들과의 만남에서 '성령 받으라' 와 평강이 있을 찌어다' 라고 선포해 주셨으니 예수 안에 있는 성도는 평안이 있습니다. 예수안에 있을 때 평안의 복이 있습니다(사 54:10).

2) 예수님은 이 세상에 진정한 평안을 주시려고 오셨습니다.

① 태어나실 때부터 평화의 주님이십니다.
"땅에서는 기뻐하심을 입은 모든 사람들 중에 평화로다"(눅 2:14) 하였습니다.

② 평화와 성령 충만은 깊은 관계속에 역사합니다.
우리 성도들에게 성령 충만과 평화가 있기를 축원합니다.

결 론: 다윗의 복이 있기를 원합니다.

| 교 회 | # 더 좋은 미래를 향하여 부흥하는 교회
빌립보서 3:12-14

이 땅에 태어난 날을 기념하여 생일이라고 합니다. 그래서 개인의 생일을 기념하며 축하해 주기도 합니다. 국가가 선포한 날을 국경일로 정해서 모든 국민이 함께 즐거워합니다. 학교가 개교된 날은 개교기념일로 해서 쉬기도 하며 온 학생들이 즐거워합니다. 회사에서는 회사가 시작된 날에 보너스도 주며 즐거워합니다.

우리 교회가 26년 전인 1980년 3월 13일(목)에 처음으로 예배를 드리게 되었고, 16일 날에 첫 주일로 예배를 드렸습니다. 안양 7동 140번지 3층 30평에서부터 시작되었습니다. 결혼 3년 만에 전세방 모두 투자해서 예배당 시작하는데 투자하게 되고, 결혼 때 해준 금반지, 모두 팔아서 장판이며 칸막이 공사 했습니다. 요즈음과 같은 의자도 없었습니다. 맨 바닥에 장판 깔고 구석에 방 하나 만들어 부엌과 함께 사택이 되었고, 강대상이 없어서 다른 교회에서 쓰다 버린 것 가져다가 새롭게 니스 칠해서 사용했습니다. 지나온 과거를 어찌 다 필설로 모두 표현이 되겠습니까마는 하나님의 교회가 오늘 26년 즈음해서 천여 명의 성도를 바라보며 세계선교와 함께 굴지의 교회로 성장하게 되었습니다. 모두가 하나님의 은혜와 축복입니다. 미래를 바라보면서 오늘 본문에서 은혜 나누어봅니다.

사도 바울은 본문에서 중요한 말씀을 전달해 주었습니다. 현실에서 안주하거나 자랑하거나 만족하는 것은 금물입니다.

1. 우리 교회는 과거에 만족하지 않아야 합니다.

대부분의 사람들은 과거의 화려했던 일들을 회상하거나 생각하면서, 과거형으로 집착해 있는 개인이나 교회들이 있음을 보게 됩니다. 이라크나 이란이 과거 바벨론 시대를 회상하거나 이탈리아가 로마시대를 회상하며, 영국이 해가 지지 않는 때를 회상해도 소용이 없습니다. 지금은 한 국가일 뿐이기 때문입니다(13절). "오직 한 일 즉 뒤에 있는 것은 잊어버리고 앞에 있는 것을 잡으려고" 했습니다.

1) 우리는 언제나 오직 한 가지만 따라가야 합니다. 본문에서 이 사실을 말씀해 주시고 있습니다.
① 바울은 오직 한 가지 일에만 몰두해 나갔다고 했습니다.
옆도, 뒤도 돌아보지도 않고 육상 선수가 달리듯 달려가는 것을 뜻합니다. 우리 교회와 우리 모두의 개인적인 신앙이 그러해야 합니다.
② 바울은 과거의 화려했던 일들이 많이 있었습니다.
그러나 화려한 모습뿐이었습니다. 어렵고 힘든 상황 속에서 기억하고 싶지 않은 것도 있습니다. 하늘에 신비스럽고 비밀한 체험도 했습니다.(고후 12:1-) 육체를 따라 자랑할 것이 빈약한 형제들(고전 1:26)에 비하면 화려한 이력서와 가문의 내력도 있었습니다.(빌 3:4-6) 당시에 돈을 주고 로마 시민권을 산 사람도 있었으나(행 22:28), 바울은 나면서부터 시민권자였습니다. 그러나 그런 화려한 것을 의지하거나 과거에 집착하지 않았습니다.

2) 과거에 집착하면 앞으로 나아가는 일에 방해가 됩니다. 과거사에 좋은 일도, 나쁜 일도 모두 배설물로 여겼기 때문입니다(빌 3:8).
① 방해가 되는 것은 잊어 버려야 합니다.
미국의 독립 선언서의 기초 작업을 하였던 토마스 제퍼슨(Thomas Jefferson)은 "나는 과거의 역사보다 미래의 꿈을 더 좋아한다."라고 했습니다. 예수님은 "손에 쟁기를 잡고 뒤를 돌아보는 자는 하나님의 나라에 합당치 아니하니라 하시니라"(눅 9:62) 하셨습니다.
② 교회적으로도 그러하지만 개인적으로도 과거의 모든 일들을 잊어버리고, 배격할 정도로 이제는 미래를 향해 달려야 할 것입니다.
광야생활 중인 광야교회의 성도들인 이스라엘 백성들은 과거를 돌아보고 애굽 생활을 회상하다가 화가 임했습니다(행 7:38 - 민 11장). "롯의 처를 생각하라" 했습니다(눅 17:32, 창 19:26).

2. 발전적인 신앙을 가진 우리 교회는 현실에 안주하지 않아야 합니다.

대개가 어느 정도 계단까지 성장하고 올라가면 성공했다 하면서 현실에 안주해서 나태해지기 쉽습니다.

"내가 이미 얻었다 함도 아니요 온전히 이루었다 함도 아니라… 형제들아 나는 아직 내가 잡은 줄로 여기지 아니하고…(12-13절)" 했습니다.

1) 현실에 안주하려는 것은 교만한 것으로 위험한 일입니다.

① 바울은 본문에서 교만치 않고 겸손의 미덕을 역설했습니다.
당시에 바울이 처한 영적인 일들이며 옷들이 무척 화려했지만 겸손의 모범을 보여주고 있습니다.

② 우리의 신앙이나 교회는 언제나 부족을 느끼면서 전진해야 합니다.

2) 신앙생활에는 완성이 없습니다. 계속 발전하고 성장해 나가는 것입니다.

① 개인 신앙은 계속 성장하고 발전해야 합니다.
주위에서 보면, 직분에 임할 때까지는 잘하다가 그 직분 받은 후에 떨어지는 경우들을 보게 됩니다.

② 바울을 통해 보여 주시는 것은 지금까지도 잘 했으나, 앞으로 더욱 잘 해야 함을 교훈해 주십니다.
바울은 날마다 죽노라(고전 15:31) 했습니다. 그래야 태산 같은 일들을 계속해 나갈 수가 있기 때문입니다.

3. 발전적인 신앙을 가진 우리 교회는 미래의 푯대를 향해서 전진해야 합니다. 푯대는 예수 그리스도이십니다(14절).

1) 예수를 만나게 될 때부터 순교의 제물에 이르기까지 달려갔습니다.

① 변화이후에 한 번도 예수를 배반하거나 변절하지 않았습니다.
개인적인 신앙이든 교회 전체로 보았을 때에 이렇게 되어야 합니다. 전진, 부흥 성장으로 나가야 합니다.

② 예수 그리스도가 목표입니다(엡 4:13 -).
예수 외에 다른 것이 보이면 곤란합니다. 그러기 위해서는 좋은 옥토 밭이 되어야 합니다(마 13:23).

2) 중도에 멈추면 곤란합니다. 신앙이나 교회 성장에 멈춤이나 주저함은 없습니다.

① 우리 교회는 미래의 꿈이 있는 교회입니다.

요셉의 미래의 꿈과 같습니다(창 37장). 선교적 미래의 꿈입니다. 영혼 구원의 꿈입니다.

② 우리의 목표는 천국입니다.

개인 신앙은 천국이요, 교회의 종착역도 미래의 천국입니다. 천국에서 웃는 사람이 참 성공자입니다. 영원한 천국에서 웃을 수 있는 성도들이 모두가 되시기를 주의 이름으로 축원합니다.

결론 : 과거를 바라보지 말고 미래를 향해 달려야 합니다.

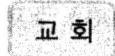 # 소문난 교회 소문난 신앙
데살로니가전서 1:7-10

과거에 비해서 현대사회구조는 자기선전시대(PR)라고 합니다. 그래서 어떻게 해서든지 자기를 알리고 선전해서 인지도를 높이는 시대입니다. 정치인은 정치에서, 상업인은 상업에서 이 원리가 적용됩니다. 국가와 국가 사이에서도 선전하고 알리는 마케팅시대이기 때문에, 국가 원수도 자기 나라 상품을 판매하는 세일즈 외교시대에 살고 있습니다. 세일즈 외교가 잘되면 외교에 승리한 것이지만 세일즈 외교에 뒤지면 국가적 손실이 크기 때문입니다.

데살로니가교회는 극심한 핍박 속에서 세워지게 된 교회입니다. 지역주민들 뿐 아니라 예루살렘에 있던 유대인들이 그곳까지 원정해 와서 교회를 세우지 못하게 하였고 전도에 방해를 하였던 곳이지만 교회가 세워지게 됩니다(행 17:1-14). 그 때 이후로 데살로니가교회는 생각보다 훨씬 성장하는 교회요, 모범적인 교회로 소문난 교회가 되었습니다.

본문에서 나타난 데살로니가교회의 소문난 장점을 본받아서 이 시대에 우리교회가 데살로니가교회처럼 되기를 소망합니다.

1. 데살로니가교회는 소문이 잘 나있는 교회였습니다.

그만큼 부흥된 교회요, 모범적인 교회였습니다.

1) 데살로니가교회가 소문난 내막을 살펴보겠습니다.

교회가 세워지고 복음을 전할 때에 매우 힘든 상황이었지만 결국 모범적인 교회가 되었습니다.

① 믿음의 역사가 있는 교회로 소문이 났습니다.

신앙생활에는 반드시 믿음이 따라야 하는데 영적인 일이기 때문입니다. 따라서 실행치 않는 믿음은 죽은 것입니다(약 2:26).

신앙생활에 있어서 믿음은 심장과 같고 자동차의 엔진과 같기 때문에 대단히 중요합니다. 믿음으로 구원이요(요 1:12, 3:16, 롬 1:17), 하나님을 기쁘시게 해드리며(히 11:6), 기적과 능력의 배후에는 믿음이요(마 15:28, 막 10:52, 행 6:5), 중직을 세울 때에도 믿음입니다(행 6;5). 믿음은 신앙의 핵심입니다.

② 데살로니가교회는 사랑의 수고가 있습니다.

믿음에는 역사이지만, 사랑에는 수고가 따라야 합니다. 교회는 언제나 사랑이 뒷받침되어야 합니다. 사랑에는 십자가 희생이 따르기 때문에 예수님이 대속적 죽음을 죽으셨습니다. 하나님과의 수직적 사랑과 사람과의 수평적 관계가 있는 사랑이 교회에 충만해야 합니다. 예수님은 네가 나를 사랑하면 내 양을 먹이라고 하셨습니다(요 21:15).

③ 데살로니가교회는 소망의 인내가 있었습니다.

소망은 현재의 것이 아니라 미래를 향한 기다림이기 때문에 언제나 인내가 중요합니다. 욥이 인내로 승리하였고 (약 5:10-11), 말세 때의 성도들에게 인내하라고 강조하셨습니다(마 24:13, 계 14:12). 말세 때는 인내가 부족해지는 때입니다(딤후 3:1-5).

④ 말씀을 들을 때에 하나님의 말씀으로 받았습니다.

하나님의 말씀은 살았고 운동력이 있기 때문에(히 4:12), 듣고 믿을 때에 역사가 나타나게 됩니다(살전 2:13).

현대인들은 마음이 교만해서 하나님 말씀을 들으려 하지 않습니다. 다윗이 훌륭했던 점은 선지자에게 말씀을 듣고 회개했기 때문입니다(삼하 12:7) 하나님 말씀은 능력이 있습니다(마 4:4, 엡 6:17, 렘 23:29, 시 119:105, 시 119:9,11). 말씀에 귀를 기울여야 하겠습니다.

2) 데살로니가교회의 모습을 보면서 우리의 신앙의 자세를 봐야 합니다.

① 성경은 언제나 긍정적 부분과 부정적 부분으로 교훈해 줍니다.

긍정적인 모습을 내 것으로 받아서 신앙생활에 힘써야 합니다.

② 주신 말씀은 언제나 귀 기울여 들어야 합니다(마 13:9, 계 2:7).

데살로니가교회와 같이 모범적 신앙, 모범적 교회로 세워져 나가야 하겠습니다.

2. 데살로니가교회는 모든 믿는 자의 본이 된 교회입니다(7절).

'그러므로 마게도니아와 아가야 모든 믿는 자의 본이 되었는지라' 하였습니다.

1) 세상에는 모델이 있습니다.
아파트도 짓기 전에 모델 하우스를 먼저 짓고 구경하게 합니다. 영적 문제에도 모델신앙이 있습니다.
① 데살로니가교회가 모델 신앙이요, 모델 교회입니다.
   우리교회가 이 세대에 모델 교회, 모델신앙이 되어야 합니다.
② 우리교회는 우리교회 성도들이 모델이 되어야 합니다.
   교회는 그 성도들이 모델이기 때문입니다.

2) 어떤 면에서 우리교회는 모델이 될까요?
신앙생활에 여러 가지 측면에서 모델이 요구됩니다.
① 영적인 면에서 모델이 되어야 합니다.
   사랑, 믿음, 소망, 말씀, 열심, 전도, 선교, 접대, 데살로니가교회의 모습이 우리의 모습이 되어야 합니다.
② 신앙생활에서 나타난 모습이 모델이 되고 소문이 나야 합니다.
   성도들이 축복을 받고 잘되게 될 때에 소문이 잘납니다(요일 1-4절). 가이오 역시 소문난 신앙이었습니다(요일 1-4절).

3. 우리교회는 이런 점에서 소문이 나고 모델이 되어야 합니다.
어떤 면에서 소문이 나야 하겠습니까?

1) 성경적인 교회요, 살아있는 신앙(Living Faith)으로 소문이 나야 합니다.
① 비성경적이요 비 진리로 소문난 곳도 많이 있습니다.
② 성령 충만한 교회로 소문이 나야 합니다. 교회는 성령이 역사하시는 곳입니다.
③ 영혼을 깊이 사랑하는 교회로 소문이 나야 합니다.
④ 선교하고 전도하며 부흥하는 교회요, 대접을 잘하는 교회로 소문이 나야 합니다.

2) 실제 소문은 우리 자신의 신앙생활에서 나타나야 합니다.
누가 소문을 내겠습니까?

① 우리 자신이 교회에 대한 소문이요, 그리스도의 냄새가 되어야 합니다
 (고후 2:14).
 그래서 꼭 한 번 와보고 싶은 교회로 소문이 나야 합니다.
② 소문보다 더 좋은 곳이 되게 해야 합니다(왕상 10:1-7).
 스바 여왕이 솔로몬에 대해 들은 소문이 그랬습니다.
 우리 교회는 지상에 있는 동안에 모범적으로 소문난 교회가 되기를 주의 이름으로 축원합니다.

결론: 우리 교회가 이렇게 될 줄 믿습니다.

| 교회 |

성전 기둥의 요건
요한계시록 3:7-13

요즘은 자격증이 매우 필요한 시대입니다. 대학에 입학하거나 회사에 입사할 때에도 자격 요건이 제시됩니다. 세상에서의 자격은 그 기준이 매우 까다롭고 어려운 것이 사실입니다. 그러나 우리가 천국에 들어가기 위해서는 세상적인 자격증이 필요 없습니다. 천국에 들어가기 위한 자격증은 내가 하나님 앞에 죄인임을 깨닫고, 하나님의 아들 예수 그리스도가 나 때문에 십자가에 못 박혀 죽으심과 나를 의롭다 하심을 얻게 하기위해서 다시 부활하신 사실을 믿기만 하면 구원을 얻게 됩니다(요 1:12, 3:16, 롬 4:22-25). 하나님의 교회 역시 세상에 존재하기 때문에 세상에서 세워지기 위해서는 조직이 필요하고 일꾼이 필요합니다. 일꾼은 다른 말로는 기둥이라고 표현하게 됩니다.

본문에서 소아시아 일곱 교회 가운데 여섯 번째 교회인 빌라델비아교회는 칭찬 받은 교회로서 "내 하나님 성전에 기둥이 되게 하리니"(3:12)라고 칭찬들은 교회입니다. 형제사랑이란 이름의 뜻을 가진 빌라델비아교회를 통해서 우리에게 주시는 교훈이 크다고 하겠습니다. 성전 기둥의 요건은 어떤 것인가를 배우게 됩니다.

1. 성전 기둥은 우선적으로 굵어야 합니다.

고풍이 찬란한 고궁을 한 번 가보시기 바랍니다. 창경궁이나 비원 등을 가보면 건물을 버티고 있는 기둥들이 크고 굵어서 몇 백년이 지난 지금까지도 잘 버티고 있음을 보게 됩니다.

1) 교회의 기둥이 되는 중직은 그 믿음이 굵직해야 합니다(3:18).

"네가 적은 능력을 가지고도 내 말을 지키며" 했습니다. 여기에서 빌라델비아교회 성도들의 믿음을 엿보게 되는데 그들은 믿음이 굵직했습니다.

① 믿음은 굵어야 합니다. 굵은 믿음이 교회의 기둥으로서 사용됩니다.
국가에는 굵직한 정치인이 있어야 하고, 기업에는 굵직한 경영진이 필요합니다. 미국은 역사는 짧지만 와싱턴 대통령, 토마스 제퍼슨, 에브라함

링컨 등 빛나는 정치인들이 미국 정치를 뒷받침해 왔기에 세계적 국가가 되었습니다.

② 교회 안에는 믿음이 굵은 사람이 많아야 합니다.

그런 교회는 세상에 존재할 동안에 크게 될 것이며 교회로써의 책무를 다하게 될 것입니다.

교회사의 기둥들이 있습니다. 중세 때의 개혁자들과 요한 칼빈이나 마틴 루터와 같은 기둥들이 이 세대에도 필요합니다. 한국 교회에도 이런 굵직한 기둥들이 필요합니다.

2) 우리교회의 굵은 기둥이 누구입니까?

우리는 말씀 안에서 생각해야 할 때입니다.

① 바울은 갈라디아교회에 기둥같이 여기는 두 기둥을 소개하였습니다 (갈 2:9).

야고보, 게바(베드로), 요한은 초대교회의 기둥이었습니다. 굵은 기둥이라야 큰 집을 버티게 되고 집을 유지할 수 있기 때문에 중요합니다. 우리 교회는 믿음이 굵은 기둥이 많아야 합니다.

② 교회사는 구약과 신약에서 굵은 기둥들에 의해서 역사해왔습니다.

(렘 1:18)예레미야는 쇠기둥 놋성벽이라고 하였습니다. (왕상 7:21-22)솔로몬성전에는 야긴과 보아스라는 기둥을 세우고 상징적으로 교회에 필요한 기둥에 대해서 강조해 주셨습니다. 빌라델비아교회에 강조하신 굵직한 기둥이 이 세대에 우리 교회에도 많기를 원합니다.

2. 성전기둥은 언제나 자로 잰 듯이 반듯하며 곧아야 합니다.

굵은 것도 중요하지만 또 중요한 것이 반듯하며 곧아야 한다는 요건입니다. (8절)"내 이름을 배반치 아니하였도다" 했습니다.

1) 성전 기둥과 같은 일꾼의 모습을 보여주시는 말씀입니다.

믿음이 있노라 하면서도 가끔씩 변하는 것은 곤란한 일입니다.

① 신앙절개를 끝까지 잘 지켜나가는 신앙이라야 기둥입니다.

믿음이 있노라 하면서도 이따금씩 변질되고 문제를 일으키는 사람은 기둥으로써의 믿음이 아직 아닙니다.

② 초대교회 이후부터 지금까지 교회사는 이와 같은 변하지 않는 믿음의 사람에 의해서 세워져 왔습니다.

(엡 6:24) "우리 주 예수 그리스도를 변함없이 사랑하는 모든 자에게 은혜가 있을 찌어다" 하였습니다.

가룟유다와 같이 변절된 사람은 기둥이 될 수 없으며, 데마와 같이 세상을 사랑하여 데살로니가로 가는 사람도 교회에 진정한 기둥이 될 수 없습니다(딤후 4:10, 행 1:18-19).

2) 주님의 교회에 진정한 기둥은 비뚤어지지 않은 기둥입니다.

빌라델비아교회는 후대 교회들에게 이런 모습을 보여주고 있습니다.

① 교회사에서 이런 인물들을 주목해야 합니다.

장작더미에서 산채로 순교한 폴리캅이나, 죽으면 죽으리라 일사각오의 일제시대 때 믿음의 굵은 기둥 주기철 목사님 같은 분들입니다. 한국교회에 이런 분이 교회사의 정신적 지주요, 기둥이 되었습니다.

② 말세 때에는 믿음이 약해지는 때(눅 18:8)이지만 우리 교회 성도들이 이 세대에 교회의 기둥은 물론이고 교회사의 기둥이 되어야 합니다.

믿음의 현장에서 바른 믿음을 수호하고 바른 일꾼으로써의 면모도 갖추어 이 세대를 이끌어가는 교회가 되어야 합니다.

3. 성전 기둥은 언제나 그 속이 꽉 차서 견고하고 단단해야 합니다.

굵고, 반듯하며 세 번째 중요성은 속이 꽉 차서 단단해야 기둥이 되는 자질이 되는 것입니다. 대나무나 오동나무는 기둥으로서는 부적격입니다. 왜냐하면 속이 비어있기 때문입니다.

(10절) "네가 나의 인내의 말씀을 지켰은즉" 했습니다.

1) 기둥은 속이 꽉 차 있어야 합니다.

여기에서 인내라는 말은 헬라어에서 후포모네로써 견고성을 뜻합니다.

① 성도는 신앙생활에 있어서 그 속이 꽉 차게 될 때에 기둥으로서 아름답게 세워지게 되고 사용됩니다.

속으로 들어갈수록 오직 예수, 오직 믿음, 오직 충성하는 견고성이 있어야 합니다.

② 우리교회 성도들은 속이 가득 찬 기둥들이 되어야 합니다.
믿음으로 교회를 사랑하고 주님을 사랑하며, 천국의 소망을 가지고 함께 헌신과 봉사의 생활을 계속 해야 합니다.

2) 기둥은 더디지만 속이 단단해야 합니다.

① 솔로몬 성전의 유명한 백향목은 속이 단단한 나무입니다.
더디게 자라게 되고 속성수가 아닙니다. 오늘날 교회에는 너무 속성수가 많이 있습니다. 성경에서 하나님의 교회 기둥을 백향목으로 사용한 점을 참고해야 합니다(시 92:12).

② 이 세대에 누가 하나님 성전의 기둥이 되겠습니까?(사 6:7-8)
나무에는 화목으로서 쓰이는 장작도 있습니다. 그러나 기둥의 역할이 아름다운 모습입니다.

성도들이여, 모두가 하나님의 교회에서 기둥들로써 사용되기를 원합니다. 빌라델비아 교회와 같이 이 축복 받기를 주의 이름으로 축원합니다.

결론: 지금은 교회적으로나 교계적으로 기둥이 필요한 때입니다.

| 교회 | **주일성수의 권세와 축복**
이사야 58:13-14

　세상이 창조될 때부터 시간은 흘러왔으며 이 시간 역시 하나님께서 창조하셨습니다. 시, 날, 주, 달, 년 모두가 하나님께서 지으신 개념들입니다. 사람들은 어떤 특정한 날을 만들어서 이 날을 국가 공휴일로 지켜나갑니다. 명절이니, 독립기념일이니 하는 날들입니다.
　유대인들은 전통적으로 유월절이 명절이었고 특히 안식일을 생명과 같이 여기며 지켜왔습니다. 모든 제도들은 사람이 만든 것이지만 안식일(주일)은 사람이 제정한 것이 아니요, 하나님께서 인간을 위해서 만들어 놓으신 날입니다. 모든 제도들이 그렇지만 처음에는 잘 지켜나가다가 후에 그 정신마저 약화되는 현상을 보게 되는데 구약시대의 안식일(주일)도 그랬습니다. 그래서 이사야 선지자를 통해서 본문에 안식일 문제를 강화시켜 주었습니다. 안식일은 유대인이 아브라함의 자손인 표가 되었듯이 오늘날 주일성수 문제는 하나님 백성 된 표요, 아무나 지키는 날이 아닙니다. 부활주일을 지난 첫 주에 우리는 다시 한 번 주일 개념을 확인하는 시간이 되어야 하겠습니다. 주일 개념이 약화되는 시대이지만 우리는 성경적으로 돌아가야 합니다.

1. 주일성수는 부활의 소망을 가진 사람들이 지켜나가는 날입니다.

　주일은 분명히 영생의 소망과 부활의 기쁨을 얻은 사람들에 의해서 지켜져 왔습니다. 또한 하나님이 법령입니다. 구약에서부터 주일의 유래와 역사적 배경을 보겠습니다.

1) 구약시대에는 안식일이었습니다.
　구약시대의 안식일 제도에 대해서는 성경이 우리에게 설명합니다.
① 모든 창조를 마치시고 쉬시고 안식한 날이요, 복을 약속하신 날입니다.
　이 날을 거룩하게 지키라고 명하셨습니다(창 2:1-3), (창 2:3) "하나님이 일곱째 날을 복 주사 거룩하게 하셨으니" 무신론자였던 구소련의 스탈린은 주일에도 계속 일해서 능률을 높이고 생산성을 높이려 하였으나 오히려 더 생산성이 낮아지자 결국 일요일을 원래대로 쉬게 하였다고 하니

다. 주일은 쉬면서 안식하는 날입니다.

② (출20:8-11) 시내산에서 모세를 통하여 십계명을 주실 때에 계명 속에 명시해 주셨습니다. "안식일을 기억하여 거룩히 지키라" 하셨습니다.
그래서 유대인들은 대대로 이 날을 지켜왔습니다. 이날을 거룩하게 지키는 자에게 복을 약속하신 날입니다.

③ (겔 20:12,20) 안식일은 하나님 백성이 되었다는 표징이라고 했습니다.
(12절) "또 나는 그들을 거룩하게 하는 여호와인줄 알게 하려하여 내가 내 안식일을 주어 그들과 나 사이의 표징을 삼았었노라" 했습니다. 결국 주일 성수는 하나님 백성이 된 표이기도 합니다.

2) 구약시대의 안식일은 신약시대에 와서 주일(주의 날)로 용어가 바뀌었습니다.

히브리서에는 예수 그리스도의 십자가 죽으심과 부활이 구약의 모든 것의 예표요 그림자로서 보여주신 대로 되었는데 특히 구약의 모든 것을 개혁할 때까지만 맡겨두었다고 했습니다(히 9:10).

예수님께서 이 땅에 오셔서 안식일의 주인이 되셨습니다. 따라서 안식일이 주일이 되었습니다. (마 12:8) "인자는 안식일의 주인이니라 하시니라" 하셨습니다.

① 구약의 안식일 제도 하에서는 예수님이 십자가에 대속적 죽음을 죽으시고 무덤 속에 계신 시간입니다.
그 때가 금요일입니다. 금요일 해질 때부터 토요일 해질 때까지의 24시간입니다. 그래서 예수님의 시체가 안식일 전에 무덤에 묻히게 하려고 서둘러서 장례를 했습니다.

② 예수님은 안식 후 첫날 즉 주일날에 부활하셨습니다.
안식일이 주일로 바뀌게 된 것은 예수님의 부활이 역사적으로 말해줍니다. 안식 후 첫 날(마 28:1)에 제자들을 비롯해서 모였던 무리가 교회의 시작입니다. 바울도(행 20:7), 사도 요한도(계 11:10) 주일을 말했습니다. 따라서 주일성수는 예수 그리스도 피로 죄 씻음 받고 부활의 소망을 가진 사람들이 지켜져 왔고 구원과 부활의 약속의 날입니다. 그러므로 구원과 부활의 소망이 있다면 주일 성수를 잘하시기 바랍니다.

2. 주일성수는 복의 근원되시는 하나님께로부터 오는 복을 받는 사람들이 지켜나가는 날입니다.

하나님께 복을 받기 원하십니까? 그렇다면 주일성수 잘하며 예배생활에 충실하시기 바랍니다.

1) 주일성수 문제가 나올 때마다 하나님께서는 복을 약속하셨습니다. 이 날은 복을 약속하신 날입니다.

① 하나님 백성의 표가 곧 주일성수의 날입니다(겔 20:12,20).
　주일성수 문제는 곧 내가 하나님 백성이 된 표징입니다. 주일성수는 하나님께 예배하며 기뻐하는 날입니다.

② 성도들이 받는 축복을 약속하셨습니다.
　성경에서 주일성수 문제가 나올 때마다 약속하신 언약입니다(창 2:3, 출 20:8). 미국인의 조상들인 청교도들(Puritanism)은 주일성수 중심에서 축복받은 사람들입니다.

2) 본문에서도 '야곱의 업으로 키우리라'고 야곱의 축복을 약속하셨습니다. 하나님의 약속은 변치 않으십니다.

① 야곱은 축복의 사람이 되었습니다.
　차자였지만 장자가 되었고 빈손으로 나가게 되었지만 거부가 되었습니다(창 31:1).

② 야곱은 하나님의 사랑을 받았습니다.
　장자로 태어난 에서는 미워하셨고 차자로 태어난 야곱은 하나님의 사랑을 받게 되었습니다(말 1:2, 롬 9:13). 주일성수를 할 때에 하나님의 사랑을 받는 자가 됩니다. '야곱의 업으로 키우리라' 하였습니다.

3. 주일성수는 영원한 천국 안식의 연습입니다.

영원한 천국에서의 생활을 주일 예배에서 예표로 보여주고 있습니다.

1) 구약의 제도가 신약의 예표요 그림자이듯이 신약의 주일은 영원한 천국 안식을 누리는 성도의 예배적 사건으로 비유됩니다.

① 율법은 그림자요, 예표였습니다(히 10:1, 4:8).
안식일에 관해서 자세하게 말씀했습니다.
② 세상에서 제아무리 호화롭게 살았어도 지옥가면 아무 소용없습니다 (눅 16:19-).
주일성수는 십자가 대속적 죽으심과 생명의 부활의 축복의 날입니다.

4. 이 귀한 주일을 어떻게 지켜야 하겠습니까?

요즈음 주5일 근무제로 인해서 시끄럽습니다. 분명한 것은 주일은 변하지 않는다는 사실입니다.

1) 주일성수는 인본주의식이 있고 신본주의식이 있습니다. 우리는 신본주의식입니다.

① 자기 욕심대로 살지 마십시오(딤후 4:3).
성도는 주일이 최고의 날이 되어야 합니다.
② 즐거운 주일이 되게 해야 합니다. 억지의 날이 아닙니다.
더욱이 우리교회는 저녁예배를 고집합니다(왕상 18:36, 출 29:39-41, 시 141:2-3). 시대의 조류에 떠내려가지 않기 위해서입니다.

주일성수 잘해서 영원한 천국에까지 주인공들이 되시기를 주의 이름으로 축원합니다.

결 론: 주일은 축복의 날입니다.

> 교 회

아브람이 쌓았던 가나안의 제단들
창세기 12:5-9

이 땅에 교회가 들어와서 복음이 전파되어 제단들을 쌓아 온지도 벌써 120년이 되었습니다. 교파를 초월해서 6만여 제단이 성장해가면서 하나님께서는 한국의 교회들을 통해서 영광을 받으시기를 원하시고 계속해서 역사하십니다. 꽃 한 송이, 새 한 마리도 하나님의 섭리 중에 있는데(마 10:29) 교회가 크게 되는 일은 절대적인 하나님의 뜻입니다.

그런데 교회가 하는 일 가운데 최고는 '예배' 입니다. 그래서 하나님께서 아벨의 믿음의 예배를 받으셨고(창 4:4, 히 11:4) 먼 훗날에 믿음의 조상 아브라함의 예배를 받으시게 되는데 본문에는 아브라함이 되기 전에 아브람이 거쳐서 드리던 제단들이 소개되어 있습니다. 하나님께서 원하시는 제단은 신령과 진정으로 드려지는 예배인 바(요 4:23-24, 롬 12:1) 믿음의 조상 아브라함이 거쳐 간 제단을 살피고 그 뜻을 통해서 은혜의 시간이 되고 예배의 회복이 있어야 하겠습니다.

1. 아브람이 거쳐 간 제단들에 큰 뜻이 있습니다.

아브라함이 거쳐 간 제단들은 이 시대에 우리에게 주시는 영적이고 신령한 뜻이 크다고 할 것입니다.

1) 이것은 믿음의 조상 아브람이 아브라함이 되면서 거쳐 간 영적 발자취이기도 합니다.

첫 번째 도착한 곳이 세겜인데 거기서 하나님을 만나고 그 만난 하나님께 제단을 쌓았더라(8-9) 했습니다.

① 첫 제단은 세겜 제단입니다.

세겜(Shechem)이란 뜻은 '어깨' 란 뜻인데 어깨는 힘을 상징합니다. 자기 고향 친척을 떠나서 낯선 곳에서 어렵고 외로운 때에 일입니다. 그리고 마침내 '가나안에 들어갔더라' (5절하) 했습니다. 그리고 그 곳에서 제단을 쌓게 되는데 그곳이 세겜입니다. 지금과 같이 힘들고 어려운 때에 세겜의 제단이 필요합니다.

② 14대 후손인 다윗은 시편에서 이렇게 기도하고 찬송했습니다.
(시 18:1-) "나의 힘이 되신 여호와여 내가 주를 사랑하나이다" 사울을 비롯한 대적들이 많고 어렵게 될 때에 하나님을 최고의 힘이 되시는 분으로 생각하고 있었습니다.

2) 오늘 우리에게 세겜의 제단이 필요합니다.

① 지금과 같이 어렵고 힘들 때에 이웃은 많지만 힘이 되어 줄 수 없고 홍수처럼 사람이 많지만 외롭고 고독한 때에 세겜이 요구됩니다.
세겜의 하나님은 지금도 어렵고 힘든 사람들을 만나주시기를 원하십니다(마 11:28-29).

② 다윗이나 아브라함은 끝까지 이 관계를 유지했습니다.
옛날 60년대에 많은 사람들이 고향을 버리고 상경할 때 대체적으로 일찍 서울에 왔던 우리 집이 거점이 되었는데 문제는 나중에 본인들이 잘 되어질 때에 배반한 사람을 보았습니다. 이것은 미국 이민 사회에서도 마찬가지였는데 지금도 미국을 가는 사람들이 처음에는 교회를 의지하지만 후에는 배반하는 경우도 많이 있습니다. 다윗이나 아브라함을 어려운 때에 만나주시고 힘이 되신 하나님을 끝까지 믿음으로 섬기는 사람들이 되었습니다.

③ 믿음의 영적 의리를 잊지 말아야 합니다.
어려울 때에 하나님을 찾다가 일이 잘되고 나면 배반하는 경우들이 있습니다. 처음 만난 하나님을 잊지 말아야 합니다(사 26:3, 엡 6:24). 이것이 세겜 제단입니다.

2. 아브람이 거쳐 간 두 번째 제단은 벧엘입니다.

벧엘에서 하나님께 예배 했습니다. "서는 벧엘이요 동은 아이라"(8절)

1) 그 중간에서 제단을 쌓고 벧엘이라고 부르게 됩니다.

이 제단에서 오는 뜻이 있고 의미가 있습니다.

① 벧엘에 대해서 보겠습니다.
창세기 28:12에서 보면 훗날에 손자인 야곱이 꿈속에 하나님을 만나는 곳입니다. 그 벧엘의 본래의 이름은 '루스(Luz)로서 황당하다는 뜻입니

다. 황당한 곳이 예배하게 될 때에 벧엘로써 하나님의 집이 되었습니다. 황당한 세상에서 예배생활을 바르게 할 때에 하나님의 집이 됩니다.

② 아이에 대해서 보겠습니다.

아이(Ai)란 뜻은 무더기란 뜻입니다. 나중에 여호수아가 두 번째 성인 아이 공략에 쓴 잔을 마시고 후에 아간 일족을 잡아 죽인 후에 쌓아놓은 돌무더기가 있는 곳입니다. 탐심과 죄악의 아간이 죽은 무덤, 돌무더기가 있어야 합니다. 내 속에 있는 옛것 내가 죽어야 합니다. 그곳이 하나님께서 보실 때에 산 예배가 됩니다.

2) 지금 아브람은 벧엘과 아이의 중간 지점에서 제단을 쌓습니다.

① 하나님의 교회는 언제나 이 두 가지가 병행되어야 합니다.

아브라함의 하나님은 지금도 우리를 만나주시기를 원하십니다.

② 우리에게는 '무더기'가 있어야 합니다.

탐심과 죄악의 무덤을 쌓고 새롭게 예배해야 합니다. 성도는 언제나 벧엘과 아이가 있어야 합니다.

3. 아브라함이 최고봉으로써 드렸던 헤브론 제단이 있습니다.

롯과 헤어진 아브람은(창 13:13-), 롯은 소돔지역으로 가지만 후에 소돔이 불 심판을 받게 되고 아브람은 골짜기인 헤브론으로 올라가게 되는데, 그곳에서 제단을 쌓게 되고 그곳이 성지가 됩니다.

1) 헤브론은 최고의 축복의 제단입니다.

이곳은 세겜-아이-벧엘을 거쳐서 온 제단입니다.

① 헤브론(Hebron)이란 뜻은 교통이란 뜻입니다.

최고의 예배의 축복은 하나님과의 교통(communication)에 있습니다. 이 모든 것을 거친 자에게 영적인 교통이 있습니다. 예배는 하나님과의 교통입니다.

② 육이 앞서게 되면 하나님과는 막히게 됩니다.

롯은 후에 불 심판에서 겨우 구원 받게 됩니다(창 19:29).

하나님과 막히지 말게 해야 합니다. 이것이 성도의 축복입니다.

2) 우리교회가 헤브론 제단이 되어야 합니다.

하나님과 교통이 원활하게 이루어지는 제단입니다. 그 비결이 있습니다.

① 아브라함과 같이 하나님께 절대 순종해야 합니다.

자기 독자 아들까지 드리게 되는 순종입니다(창 22장). 이것이 믿음입니다(갈 3:9).

② 우리의 예배는 언제나 헤브론식 예배입니다.

성도의 특권은 예배에 있습니다. 우리 교회 성도들이 모두 다 헤브론식 예배 속에 살기를 축원합니다.

결론: 우리의 예배는 지금 어디에 서있습니까?

| 교회 | **평안하여 든든히 서가는 교회**
사도행전 9:31

이 땅에 존재하는 모든 일들 가운데는 그 이름이 있습니다. 여기에는 교회 이름도 있습니다. 그리고 그 이름에 해당되는 뜻과 의미가 있습니다.

지역 이름을 따라서 지은 교회 이름도 있고 영적인 뜻을 따라서 지어진 이름들도 있습니다. 우리 교회는 지역 이름을 따라서 지어진 이름이 아니라 성경에서 그 뜻을 찾아서 '은평'이라고 지어지게 되었는데(Peace and Grace) 그 뜻은 은혜와 평강입니다. 예수 안에 있을 때에 은혜와 평강이 있습니다. 국가의 이름, 회사의 이름을 비롯해서 개인 이름이 중요하듯이 우리교회의 이름의 뜻은 예수 그리스도 안에서 은혜과 평강입니다.

스데반의 순교와 사울이 변한 바울의 등장과 더불어서 기라성 같은 초대교회의 인물들 중에 바나바라든지 수많은 일꾼이 있습니다. 완벽해지기는 어렵지만 모범적인 교회로써 세워지기를 원합니다.

1. 진정한 은혜와 평강은 하나님을 경외함에서 오게 됩니다.

교회가 은혜와 평강이 넘치게 하기 위해서는 하나님을 올바로 경외해야 합니다. 본문에서 '교회가 평안하여 든든히 서가고 주를 경외함과' 했습니다.

1) 하나님의 교회는 하나님을 경외해야 합니다.

교회라는 간판은 있는데 내면적으로는 하나님을 경외치 않는 인간 집단으로 보는 것이 나은 '교회'라는 이름을 가진 곳도 있습니다.

① 은혜와 평강이 넘치는 교회는 진정으로 하나님을 경외하는 교회입니다.

'경외'라는 말은 영어에서 'fear'인데 두려워하다, 경건하다는 뜻으로써 두렵고 떨림으로 경외하는 것을 뜻합니다(빌 4:12).

② 그리고 예배해야 합니다.

'예배'라는 말은 영어에서 'worth'로 '가치'라는 뜻으로써 최고의 가치를 하나님께 드리는 것입니다. 하나님의 권위와 영적인 면에서 최고의 가치를 하나님께 드리는 것이 예배인데 오늘날 예배의 기능이 인위적으로 떨어져버리고 형식화된 시대에 살기 때문에 그곳에는 진정한 평강이 상실되었습니다. 지금은 시대적으로 인위적인 제 2의 르네상스 시대라고 볼 수 있습니다. 하나님을 중심한 신앙이 약화되고 인위적인 시대입니다.

2) 우리 교회는 시대를 본받지 말고 하나님을 올바르게 경외하는 교회가 되어야 합니다.

① 하나님께서 지금도 이와 같은 믿음을 가진 사람을 찾고 계십니다.
세상 사람이 찾는 기준과 하나님이 찾으시는 기준과는 다릅니다. 하나님께서 찾으시는 기준을 성경에서 읽어보시기 바랍니다(시 101:6, 욥 11:11, 31:4, 잠 15:3, 요 4:24).
든든히 평안하게 세워져가는 교회는 하나님을 경외하는 예배생활이 바르게 정립되는 교회입니다.

② 우리는 언제나 하나님 앞에 있다는 사실을 인식하며 살아야 합니다.
신앙생활은 연습이 아니며 하나님께서 주신 각종의 직분 역시 하나님 앞에서 바르게 행하여야 합니다. 모든 일에 대하여 결산할 때가 있기 때문입니다.

2. 사랑으로 서로 하나 되는 교회입니다.

풍파 많은 세상에서 은혜와 평강이 넘치는 교회는 사랑으로 감싸며 하나 되는 교회입니다.

1) 교회는 구원받은 천국 백성이 모인 곳이지만 아직은 세상에 존재합니다.

① 교회 안에서 서로가 하나 되어야 합니다(갈 5:14-15).
현대 사회가 모든 면에 발전되었지만 사실상 강퍅하고 완악한 세상으로 변해가고 있습니다. 사랑이 식어지는 말세입니다(마 24:12).

② 말세 때의 교회가 풀어야 할 제일 큰 숙제는 사랑과 평화인데, 우리교회는 사랑과 평화로 가득해야 하겠습니다.
교회의 사명은 예수 그리스도 복음을 통해서 영혼 구원과 함께 예수 그리스도 안에서 은혜와 평강과 사랑을 전하는 일입니다.

2) 우리교회는 지상 명령인 전도와 더불어서 사랑과 평안을 주는 교회가 되어야 하겠습니다.

① 천사의 말이나 예언의 능력이 없어도 사랑과 평화의 교회로서 우뚝 세워져야 합니다.
 기도, 충성, 봉사 등 많은 단어들이 수식어로 놓여있지 아니해도 사랑과 평화의 교회가 되어야 합니다.
② 고린도전서 13장의 사랑의 정의는 우리에게 교훈하고 깨닫게 하시는 말씀입니다.
 우리 모두가 개인마다 교회의 벽돌 한 장처럼 교회를 세워가는 기초들이 됩시다.

3. 개인마다 주어진 사명에 충실한 사람이 많은 교회가 되어야 하겠습니다. 이것이 은혜와 평강이 넘치는 교회입니다.

자동차는 그 기능별로 2만 가지 이상의 부품들이 조립되어서 차로써의 기능을 다하게 된다고 합니다. 각자의 역할이 중요합니다.

1) 교회는 교회로써의 역할과 사명이 있습니다.

① 각자에게 주어진 사명이 있습니다(마 25:14-).
 기관에서, 구역에서, 부서에서 해야하는 임무가 있습니다. 바울도 이와 같이 전했습니다(고후 11:22-29)
② 대외적으로는 복음 전파의 사명이 있습니다(마 28:19-20, 행 1:8).
 교회의 사명입니다. 이 사명에 충실한 교회가 복됩니다.

2) 우리교회가 모범적으로 세워지기 위해서는 외적인 사명이 있습니다.

① 구제, 전도, 선교, 봉사 등 사회적인 사명입니다.
 힘이 있는데 까지 이 일에 힘써야 합니다.
② 초대교회는 성령의 역사로써 이렇게 크게 부흥되어 갔습니다.
 우리교회가 초대교회의 모습을 본받아서 이렇게 세워져 가게 되기를 축원합니다.

결 론: 우리교회는 든든히 세워져가는 교회입니다.

| 교 회 |

성공적인 예배자들
요한복음 4:21-26

생명체에 있어서 제일 중요한 요소가 호흡(Breath)이듯이 성도의 영적 생명에 있어서 제일 중요한 영적 요소는 예배 생활입니다. 그래서 미국인들의 조상인 청교도들은 미국 땅에 건너가서 첫 번째 지은 건물이 하나님께 예배드리기 위한 예배당이었습니다. 지금도 프리모스 항구에 가보면 메이플라워호가 정박해있고 그때 지은 예배당이 서있습니다. 하나님께서 아브라함과 이삭과 야곱에게 축복하실 때 그들의 예배를 통해서 축복해주셨습니다.

미국 풀러 신학교 교수인 랄프 마틴 박사(Ralph Martin)박사가 쓴 초대교회 예배(Worship in the Early Church)에서 '예배는 앵글로 색슨족들이 어떤 대상자에게 최고의 가치를 드리는 것이 예배라는 말' 이라고 했습니다. 시편에는 이와 같은 사실을 뒷받침해줍니다(시 96:8, 4, 99:9). 요즈음 젊은이들에게 유행처럼 번지는 소위 열린 예배는 성경적인 예배가 될 수 없습니다. 왜냐하면 예배는 자기감정에 도취되어서 행해지는 열린 음악회가 아니기 때문입니다. 예배는 열린 음악회와는 거리가 멀다는 사실을 알아야 합니다.

1. 우리를 부르시고 구원하신 목적은 하나님께 대한 예배입니다.

본문은 수가성 여인과의 대화 속에서 예수님께서 예배에 대한 정의를 내려주신 것입니다.

1) 하나님께 부르심을 입은 모든 이들의 목적은 예배에 있습니다.
예배는 하나님께 드려지고 위로부터 은혜와 축복이 내려지는 시간입니다.
① 이스라엘을 애굽에서 이끌어내실 때에도 예배가 그 목적임을 분명하게 밝히셨습니다(출 5:1, 7:6).
"히브리 사람의 하나님 여호와께서 나를 왕에게 보내어 이르시되 내 백성을 보내라 그들이 광야에서 나를 섬길 것이니라" 했습니다. 우리가 애굽과 같은 세상에서 구원받은 것은 하나님께 예배하기 위해서입니다.
② 애굽과 같은 세상에서 구원받은 백성이 성도들입니다.

구원의 확신이 있는 사람이라면 예배가 분명해야 합니다. 시편에는 분명히 이 사실을 밝혀주었습니다(시 50:1-5). 구원받았으면 예배의 성공자들이 되어야 합니다.

2) 애굽과 같은 학정에서 구원받았듯이 영원한 마귀의 결박에서 구원받은 성도들이 할 일은 예배생활입니다.

① 왜 로마서에서 가르쳐주셨습니까?
(롬 12:1) 구원받아 하나님 백성이 되었으니 산 예배생활이 중요합니다. 이것이 '영적예배' 이기 때문입니다.

② 예배생활을 등한히 여기는 사람은 하나님과의 관계가 원만할 수 없습니다.
예배 속에는 찬송, 말씀, 기도, 헌신 등 모든 요소들이 포함됩니다. 따라서 예배가 무너지면 전체 신앙이 무너지는 결과가 되기 때문에 예배 생활에 충실해야 합니다.

2. 성도들은 구약과 신약, 교회사 속에서도 예배 속에 살아왔습니다.

1) 구약의 예배생활을 보겠습니다.
구약의 예배는 오늘날보다 오히려 더 행동적이었습니다.

① 흠 없는 짐승들이 제물이었습니다(레 1-4장).
이것은 오실 메시야에 대한 예표요 그림자였습니다.

② 곡물이 제물이 되었습니다(레 6:21).
곡물이 곱게 빻아지고 기름으로 번철에 익히며 향이 배합되었습니다(출 30:31, 레 7:12-14, 호 7:8).

③ 어떤 제물이든지 흠이 없어야 합니다(레 1-4장, 사 1:11-14, 말 1:10).
그러나 그들이 변질되었을 때에 책망 받게 되었고 그래도 고쳐지지 않아 말라기 이후로 400년간 계시가 단절되었습니다.

2) 신약시대와 교회사를 보겠습니다.
구약이 그림자요 예표였다면 신약시대는 예수님이 실체가 되시고 교회사는 예수님이 가르쳐주신 것을 실천해 왔습니다.

① 예수님이 제물이 되셨습니다(요 1:29, 요 19:30).
구약과 달리 예수님이 한꺼번에 제물이 되셨습니다(히 9장)
② 예수님 이후에 모든 예배자들은 예수님의 이름으로 하나님께 드리는 것이 하나님께 상달되게 됩니다(요 14:13).
분명한 것은 예수 그리스도의 이름이 중요합니다. 그의 피 흘리심과 부활을 믿음으로 드려지는 예배입니다. 따라서 예수님의 피 흘리심과 부활이 없으면 헛것입니다.

3. 하나님께서 요구하시는 예배는 성령으로 드려지는 예배입니다.

하나님께서는 지금도 이와 같은 예배를 찾고 계십니다.

1) 신령과 진정으로 예배를 드려야 합니다.

① 거듭나서 죄 사함을 받은 성도의 예배인가 하는 문제입니다.
거듭나지 아니하면 하나님과 통할 수도 없습니다(고전 2:10-14).
분명한 것은 성령으로 드려지는 예배입니다.
② 내 안에 성령께서 임재해 계시면서 드리는 예배인가 하는 문제입니다.
성령의 사람이 그리스도인입니다(롬 8:9).

2) 성령으로 예배해야 합니다.

성령으로 십자가의 부활을 증거합니다.

① 예배하는 일은 영적인 일 중에 영적인 일이 됩니다.
육에 속한 사람은 성령의 일을 받지 않습니다(롬 8:8-10)
② 신령한 예배는 지금도 성령으로 말미암아 하나님께 드려지고 있습니다.
아벨의 예배가 여기에 속합니다(창 4:1-4, 히 11:4). 여기에는 회개와 자복과 통회와 용서와 자유와 감격과 기쁨이 충만합니다. 수가성 여인의 치유의 현장과 같은 영적 예배가 우리 가운데 충만케 되기를 축원합니다.

결론: 예배의 성공자가 신앙생활의 성공자들이 됩니다.

| 교회 | ## 겨자씨 비유와 교회 운동
마가복음 4:30-32, 마태복음 13:31-32

　이 땅에는 수많은 단체나 기관들이 나름대로의 뜻을 가지고 존재하고 있습니다. 거대하고 막대한 힘과 권력을 손에 쥐고서 운영해 나가는 국가 조직들을 비롯해서 소규모의 사적 집단까지 수없이 많이 있는데, 그 가운데 교회는 세상적인 운동을 하거나 세상 유익을 위해 존재하는 집단이 아니라 영적이고 생명을 살리는 운동, 천국을 목표로 하는 운동입니다. 사도 바울 역시 고백하기를 우리의 시민권은 하늘에 있다고 전했습니다(빌 3:20).
　예수님은 이 땅에 교회를 세우려고 오셔서 교회를 시작하셨고 반석 위에 세운 교회는 천국 열쇠가 주어지며 음부의 권세가 이기지 못한다고 선포하였습니다(마 16:16-18). 이 지상에 있는 교회는 피 값으로 세우신 교회요(행 20:28), 진리의 기둥과 터가 된다고 했습니다(딤전 3:15). 태중에 태아가 탯줄을 통해서 호흡과 영양을 모두 공급 받으며 살듯이 천국 백성은 교회를 통해서 생명이 주어지게 됩니다. 본문에서 예수님이 말씀하신 겨자씨는 매우 작은 씨입니다. 아마 씨 중에 제일 작을 것입니다. 겨자씨를 '씨나피' 라고 합니다. 그러나 적지 않은 큰 나무가 되듯이 교회 역시 그러합니다.

1. 겨자씨에서 배우는 교회는 작지만 생명력이 있는 교회입니다.

　교회는 영적 생명력이 무엇보다 중요한 문제입니다. 말세 때에 교회가 영적 생명력을 잃지 않도록 구해야 합니다.

1) 영적 생명력이 있어서 복음의 능력이 나타나게 되고 이 운동을 통해서 죽은 영혼을 살리는 일을 하는 것이 교회의 목적입니다.

① 겨자씨는 매우 작은 '씨' (seed)중에 하나입니다.
　그러하듯이 교회는 매우 적게 시작하였고 예수님 역시 크고 호화롭게 시작하신 분이 아니셨습니다. 연한 순 같고(사 53:3), 마구간에서 태어나셨으며(마 2장), 사람들이 업수이 여겼습니다(요 1:46). 거처할 곳이 없으셨고(눅 9:58), 죄인과 같이 산다고 수군거렸습니다(눅 19:7). 마지막에는 십자가 형틀에 비참하게 죽으셨습니다.

② 겨자씨 속에는 생명력이 있기에 그 속에서 나무가 나오게 됩니다.
보잘것없이 시작하였으나 예수 그리스도 안에는 영원한 생명이 있습니다. 이 생명 안에 있는 자는 영원히 죽지 않습니다. 그래서 부활이요, 생명이 되십니다(요 11:25). 오직 예수님을 통해서만이 영생이 보장 됩니다(요 14:6).

2) 세상에 존재하는 교회는 필수적으로 생명이 근본입니다.
예수님이 그 근본에 계시며 중심이 되십니다.

① 사도 요한도 분명히 증거했습니다(요 1:1-3).
태초에 계신 말씀은 분명히 생명이셨다고 했습니다. 그 생명의 주님이 그의 양들에게 생명을 주십니다(요 10:10). 또한 그 생명의 말씀이 가는 곳에 죽은 자가 소생합니다(겔 37:1-14).

② 하나님의 교회는 생명이 풍성해야 합니다.
교회는 겉모양이 문제가 아니라 생명력이 있는 속사람이 중요합니다. 겉은 교회인데 실제적으로는 죽은 교회들이 있고 생명을 상실한 교회가 있습니다(계 3:1-2, 14:20). '외화내허병'에 걸린 현대인들과 같이 교회들도 그러하다면 문제가 될 수밖에 없습니다. 죽은 교회 되지 말고 산 교회가 되어야 합니다.

2. 생명력 있는 교회는 겨자씨와 같이 땅에 떨어져 희생하므로 성장하는 교회입니다.
교회 성장의 배경에는 희생이 있습니다.

1) 희생이 없이는 성장할 수도 없습니다.
개인적인 신앙도 헌신과 봉사와 희생이 있을 때 성장합니다.

① 씨앗의 원리에서 배우게 됩니다.
'씨'는 땅에 떨어져 죽는 희생이 있을 때에 싹이 나고 풍성해지게 됩니다. 예수님은 비유로 말씀했습니다(요 12:24). "내가 진실로 진실로 너희에게 이르노니 한 알의 밀알이 땅에 떨어져 죽지 아니하면 한 알 그대로 있고 죽으면 많은 열매를 맺느니라" 하셨습니다. 많은 열매는 씨에서부터 시작합니다.

② 예수님이 생명의 씨로써 희생하셨습니다.
여기에서 생명들이 구원 받아 교회를 이루어 왔습니다. 희생이 없으면 생명이 성장할 수 없습니다.

2) 하나님의 교회와 성도들은 희생 속에서 생명이 성장합니다.
① 개인적 신앙도 희생과 봉사가 이루어질 때에 성장합니다.
이것이 성장 원리입니다.
② 교회 성장은 세상을 위해 복음적으로 희생해야 합니다.
전도, 선교, 사회봉사, 모두가 희생이 따르게 됩니다. 본문에 "심기운 후에"라고 했습니다. 의미가 깊습니다.

3. 성장하는 신앙과 교회가 세상을 정복해 나가게 됩니다.
영적으로 정복해야 하는 분야가 세상에는 많이 있습니다.

1) 교회는 영적 싸움이요 정복의 역사를 가지고 있습니다.
그래서 30배, 60배, 100배의 결실을 맺어 왔습니다.
① 열매가 정복의 증거로 남았습니다.
② 교회 운동은 영적 생명운동입니다(32절).
작지만 결과는 새들이 깃들이는 나무가 되었습니다. 이것이 교회입니다.

2) 우리 교회는 보잘것없이 시작되었으나 여기까지 성장해 왔고 계속 성장해 나가서 영혼구원에 힘쓸 것입니다.
① 교회성장은 하나님께 있습니다(고전 3:6).
심는 이나 물주는 이보다 성장케 하시는 분은 하나님이십니다.
주님이 재림하실 때까지 우리 교회가 크게 역사하는 교회로 부흥케 되기를 주의 이름으로 축원합니다.

결 론: 겨자씨는 적지만 생명이 있듯이 교회 역시 그러합니다.

| 가 정 |

자녀가 축복받고 잘되는 길
에베소서 6:1-3

6·25 때 일어난 사건입니다. 어느 어머니가 아들을 군대에 보내면서 '얘야, 너를 위하여 새벽기도를 할테니 너도 새벽에 깰 때에는 기도하라' 고 일러주었습니다. 아들이 군대에 입대해서 전방고지에서 근무하는데 마침 그 시간이 새벽기도 시간이었습니다. 어머니가 군에 올 때에 일러준 말도 있고 해서 무릎을 꿇고 기도하는데 그 순간 총탄이 귓전을 지나갔습니다. 기도하기 위해서 무릎을 꿇은 덕분에 이 아들은 총탄을 맞지 않고 살 수 있었던 것입니다.

자녀가 잘되는 것은 어느 부모나 바라는 바요, 생의 목표가 될 것입니다. 비단 인간만이 아니라 미물들이나 동물들도 나름대로 자녀 사랑이 대단히 큰 것을 봅니다. 그런데 사람들은 자녀가 어떻게 해야 잘되고, 복 받고 사는 길임을 모를 때가 있습니다.

자녀가 잘되는 길은 부모공경에 있다고 성경이 우리에게 분명히 가르쳐 주고 있습니다. 십계명과 여러 성경에서, 또 오늘 우리가 읽은 본문에서도 보면 분명히 자녀가 잘되는 길은 부모공경이라고 했습니다. 그렇다면 부모로써 자녀가 잘되기 위해서 무엇을 하여야 할까요? 오늘 어버이주일에 다시 한 번 본문에서 은혜를 나누게 됩니다.

1. 부모는 자녀에게 효도하는 마음으로 순종하는 길을 가르쳐야 합니다.

더욱이 현대사회에 와서는 부모의 가르치는 모습이 중요합니다.

1) 성경으로 돌아가서 살펴보겠습니다.
성경은 분명히 부모는 자녀에게 효하는 모습을 가르치라고 하였습니다.

① 성경의 가르치는 현장을 보겠습니다.

(1절) "자녀들아 너희 부모를 주 안에서 순종하라 이것이 옳으니라" 하였습니다. 성경은 부모공경의 중요성에 대해서 하나님 다음으로 부모를 공경하라고 말씀했습니다. 그래서 많은 신학자들은 부모를, 이 땅에서 자녀에게 있어서는 주 안에서 하나님의 대리자로 주셨다고 설명하고 있습니다.

② 어릴 때에는 매를 사용해서라도 바르게 교육해야 하는 것이 부모의 도리입니다.
시대적으로 맞지는 않겠지만 성경은 분명히 그렇게 가르칩니다.
(잠 29:15) "채찍과 꾸지람이 지혜를 주거늘 임의로 하게 버려두면 그 자식은 어미를 욕되게 하느니라" 하였습니다(잠 29:17, 13:24참조).
효도는 어느 시대에나 하나님께서 주신 명령입니다. 그리고 자녀가 잘되는 비결입니다.

2) 순종을 배워서 효도하게 할 때에 자녀가 잘되는 길입니다.
불효의 길은 분명히 망하게 되는 길이기 때문입니다.
① 효도하는 가정에서 자녀가 계속 잘 됩니다.
성경에서 몇 사람을 보겠습니다(창 47:1-). 요셉은 가나안지역 흉년 때에 야곱과 온 집안을 잘 공양해서 그 집안이 계속 잘 됐습니다(대상 5:1-2).
(룻 2:16-17)예수님이 십자가에 죽으실 때에 예수님은 마리아를 요한에게 부탁하셨고 요한은 끝까지 마리아를 공양했습니다. 결국 다른 사도들은 일찍 순교하게 되지만 요한은 순교적 신앙을 지키면서 장수했습니다.
② 반대로 부모에게 잘못했을 때에는 저주의 피가 교훈을 얻게 됩니다.
(창 9:27) 노아의 아들 가운데 함의 모습에서 교훈을 얻게 됩니다.
(잠 30:17) "아비를 조롱하며 어미 순종하기를 싫어하는 자의 눈은 골짜기의 까마귀에게 쪼이고 독수리 새끼에게 먹히리라" 했습니다. 그러므로 부모는 자녀에게 효하는 모습을 가르쳐야 합니다.

2. 부모는 자녀에게 주안에서 공경하는 것을 배우게 해야 합니다.

(2절) "네 아버지와 어머니를 공경하라 이것이 약속있는 첫 계명이니 이는 네가 잘되고 땅에서 장수하리라" 했습니다.
① 순종과 공경의 의미가 차이가 있습니다.
순종이 겉으로, 표면상으로 나타나는 행위라면 공경은 마음에 나오는 자세에 속합니다. 초상집에 가서 보면 위선적으로 부모를 공경하는 사람들이 많이 있습니다. 가식적인 효는 그리스도인의 것이 아닙니다.
② 예수 믿는 성도는 겉치레의 효도가 아니라 속에서부터의 진실된 효도

를 해야 합니다.

하나님은 중심을 보시기 때문입니다. (렘 20:21) "의인을 시험하사 그 폐부와 심장을 보시는 만군의 여호와여…" 라고 하였습니다(렘 11:20).

2) 겉치레는 변하지만 중심에서 공경하는 것은 변하지 않습니다.

① 겉치레는 상황과 환경에 따라서 변하게 됩니다.

특히 일반인들 중에서 부모의 재산 때문에 공경하는 것은 나중에 변질됩니다. 그리스도인의 효는 그것이 아닙니다.

② 공경은 상황 따라서 하는 것이 아니요, 마음에서 나오기 때문에 변하지 않습니다.

하나님께서 그리스도인들에게 요구하시는 것은 이런 효도이며, 여기에 축복이 약속되었습니다. 모든 자녀들은 이 점을 유의해야 합니다.

3. 부모는 자녀에게 말씀과 신앙 안에서 보이고 가르쳐야 합니다.

효도 문제는 마치 신앙과 같아서 실제로 보여 주는 것이 중요합니다.

1) "너희 부모를 순종하라"하셨습니다.

마치 우리가 보이지 않지만 말씀 안에서 하나님을 섬기듯이, 말씀 안에서 부모를 공경해야 합니다.

① 말씀 안에서입니다(in Logos).

하나님 말씀을 행하는 사람에게 복이 있습니다(계 1:3).

② 말씀 따라서 살 때에 축복이 또한 약속되었습니다.

미국 초대 대통령인 죠지 워싱턴(J. Washington)은 그 어머니가 어릴 때부터 하나님 말씀에 순종하는 것을 가르치고, 배우게 하였는데 그 후에 대통령이 되었다고 합니다. 미국의 부호인 록펠러(Rockefeller)는 어머니가 그에게 십계명을 일러주었고 그대로 살아갔을 때에 큰 부자가 되었습니다.

2) 부모님이 바르게 신앙생활하며 효도하게 될 때에 그 집에서 효자가 나오게 되고 복을 받게 됩니다.

① 부모가 평생 지은 농사는 자식입니다.

자식이 잘되는 비결은 주의 훈계를 양육하는 것입니다(4절). 주의 훈계로 양육하게 될 때에 자녀는 크게 축복 받습니다.

② **최대의 효는 주 안에서 하는 것입니다.**

하나님 말씀 안에서 효를 하게 될 때에 잘되고 복을 받습니다. 불신 부모님이 계시면 전도하는 것 역시 최대의 효에 속합니다.

우리 교회 성도들 가정들이 모두가 이렇게 축복받게 되기를 주의 이름으로 축원합니다.

결 론: 효를 보여주며 자녀에게 가르쳐야 합니다.

가 정   **아브라함을 통해 보여주신 자녀교육**
창세기 22:1-14

　동서고금을 막론하고 부모가 자녀를 사랑하는 것은 불변의 진리에 속합니다. 자녀를 사랑하기 때문에 부모는 자식을 위해서 모든 것을 희생하며 헌신합니다. 동물들도 자기 새끼만큼은 사랑하는데, 아무리 포악한 육식동물이라도 자기 새끼는 끔찍하게 여기는 것을 봅니다(잠 30:15). "거머리도 두 딸이 있어 다고다고 하느니라" 하였습니다. 맹모삼천지교를 들었거니와 한국사회에서 부모가 자식 사랑하는 열정은 어디에다 내놓아도 떨어지지 않습니다. 그런데 문제는 열정이 있고 교육에 뜨거운 관심을 기울인다고 해도 그것이 그릇된 방법이라면 오히려 역효과가 나타나게 됩니다.
　성경에서나 교회사에서 보면 부모의 신앙교육이 후대의 역사에까지 빛이 나게 됨을 보게 되는데, 모세의 어머니 요게벳이나 디모데의 어머니 유니게를 말할 수 있습니다.
　우리 자녀들의 미래에 가정사는 물론이고 이 나라의 교회사와 한국사가 달려있습니다. 유대인의 교육은 대단히 소질이 있습니다. 1896년 노벨상이 제정된 이후에 30%가 유대인들이 차지했음을 보아서도 알 수 있습니다. 그러나 유대인들 중에도 역사에 큰 악역이 태어나게 되었으니 칼 막스(Karl Marx)와 프로이드(Freud) 같은 사람이 태어나서 역사에 큰 오점을 남겼습니다.
　요즈음 우리나라 교육이 제일 문제라고 합니다. 너무나 지나친 사랑이 오히려 잘못된 방향으로 흘러가기 때문입니다. 초등학교에 다니면서도 자기 옷도 제대로 입을 수 없고, 양말은 물론 신발까지 신겨주어야 하는 그릇된 방향으로 흘러가는 시대입니다.
　"자식은 여호와의 주신 기업이요, 태의 열매는 그의 상급이로다"(시 127:3) 하셨는데 이스라엘 백성의 자녀교육의 현장에는 그 조상 아브라함이 있습니다. 아브라함의 교육 현장에서 이 세대의 우리 자녀들의 교육을 엿볼 수 있기 바랍니다.

1. 하나님께서는 자녀를 놓고 아브라함을 시험(Test)하셨습니다.

아브라함은 자식인 이삭 문제를 놓고 하나님 앞에서 시험을 치루었습니다.

1) 아브라함은 자식에 대한 하나님의 시험에 어떻게 되었습니까?
시험에 합격하였습니다.

① 아브라함이라고 해서 자식 사랑이 없었겠습니까?

더욱이 100세에 낳은 아들입니다. 남보다 더 뜨거운 사랑이 있었을 것입니다. 차라리 다른 방법들이었다면 훨씬 쉬웠을지 모릅니다. 그러나 자식 문제였습니다. 자식 문제라면 교회도, 하나님도, 믿음도 버리는 현대 사회에 큰 교훈이 아닐 수 없습니다.

② 우리는 자녀들의 학교 성적만 보지 말고 영적인 하나님 앞에서의 성적을 보아야 합니다.

100세에 낳은 아들이라도 과감하게 드림은 자식보다 하나님을 더욱 사랑하기 때문에 순종하는 것입니다. 이것이 1계명입니다. 하나님은 이것을 시험하십니다.

2) 아브라함의 신앙 성적표는 최고 우등이었습니다.

하나님께서 말씀하실 때에 아무 말 없이 실천하였습니다. 이때에 두 번째 하나님의 사자가 아브라함을 부르면서 아브라함에게 합격을 알리며 다시 축복을 재 선언하게 됩니다(22:15).

① 여기에 몇 가지 중요한 부분이 있습니다.

"네가 이같이 행하여 네 아들 독자라도 아끼지 아니하였은즉… 네가 나의 말을 준행하였음이라" 이것이 아브라함의 시험 성적표입니다. 예수님은 우리에게 자식과 부모의 담을 뛰어넘어야 함을 말씀했습니다(마 10:37).

② 우리는 여기에서 아브라함의 신앙 성적표를 본받아야 합니다.

여기에서 후대에까지 축복이 옵니다(갈 3:9, 마 6:33). 자녀를 진정으로 축복된 사람으로 성장시켜야 할 책임이 부모에게 있음을 알아야 합니다.

2. 자식을 주신 이는 하나님이십니다.

세상에 누가 이 자녀를 여러분에게 주셨습니까? 하나님이십니다.

1) 생명이 이 땅에 태어나는 일은 하나님의 주권입니다.
그래서 '자식은 여호와의 주신 기업이요' 했습니다.

① 생명의 주권자는 하나님이십니다.
욥은 고백하기를 "주신 이도 여호와시요 취하신 자도 여호와시라"고 했습니다(욥 1:21). 유산시키는 것은 하나님 앞에 죄입니다. 인위적 방법으로 유산 시키지 말아야 합니다.

② 내 자식이지만 주신 자녀를 하나님의 방법대로 성장시켜야 합니다.
내가 키울 때에는 흠이 많이 생기지만 하나님께서 키워주실 때에는 더욱 훌륭하게 키워주십니다. 여러분! 내가 키우는 것이 낫겠습니까? 하나님께서 키우시는 것이 낫겠습니까? 하나님께 맡기고 키워야 합니다.

2) 자녀교육에 실패해서 패가망신한 사람도 있습니다.
성경에서 그 교훈을 보게 됩니다.

① 엘리 제사장입니다(삼상 2:17, 3:13-14)
'저주를 자청하되 금하지 아니하였느니라' (3:13) 하였습니다. 사무엘의 자식 때문에 왕정시대가 돌입하게 되었습니다(삼상 8:1-8). 히스기야의 아들 므낫세의 죄가 결정적으로 바벨론에 70년간 유다 백성이 팔리는 계기가 되었습니다(렘 15:4).

② 자식 교육은 개인과 가정사는 물론이고 한 국가의 장래를 좌우합니다.
그래서 매로 다스려야 한다고 했습니다(신 6:2, 잠 23:13). 하나님은 질투하는 하나님이십니다(신 6:15). 수년 전에 경동시장 한약재 사장이 아들에 의해서 불태움을 당하는 사건이 있었습니다. 자녀 교육은 하나님 앞에서 해야 합니다.

3. 아브라함의 모리아산은 이삭에게 하나님 섬기는 법을 가르치는 교육현장이기도 합니다.

1) 이때 이후에 이스라엘의 모든 교육제도는 아이들이 하나님 경외하는 법을 배우게 하는 학교가 되었습니다.

① 참 지식의 근본이 무엇이겠습니까?(잠 1:7)
이스라엘의 교육은 율법과 구약성경이 배경인데 쉐마 교육, 즉 듣는 일

부터 교육하였습니다. 출애굽기 20:2-20을 크게 읽고 듣게 하는 것이 학교교육입니다.

② 유대인은 지식보다도 인성교육, 신앙교육을 앞세우게 됩니다.
여호와를 경외하는 것이 지식의 근본이기 때문입니다(잠 9:10).

2) 이제 우리 가정교육이나 교육현장을 뒤돌아볼 때입니다.

① 현대에 와서 교육현장에는 신본주의가 아니고 인본주의 천지입니다.
교회는 모리아산으로 다시 되돌아가서 배워야 합니다.

② 여기에서 천하 만민이 복을 얻는 이삭의 축복의 현장이 되었습니다.
창 12:1에서 약속하신 축복이 더욱 확실시 되는 현장이 되었습니다.

③ 부모의 신앙이 자녀를 교회 일꾼이 되게 합니다.
아브라함이 이삭을 낳았고 이삭이 야곱을 낳습니다. 성막을 지은 사람은 훌의 손자 오홀리압입니다(출 31:6). 이때, 이 훌은 모세를 도운 사람입니다(출 17:12). 이런 교육과 축복이 가정과 교회에 있게 되기를 축원합니다.

결론: 우리 자녀교육은 모리아산으로 끌어올려야 합니다.

| 가 정 | # 아버지를 기쁘게 한 탕자의 모습
누가복음 15:11-32(엡 6:1-3)

가정의 근간을 이루는 뿌리는 곧 부모님들이라는 사실은 말하지 않아도 쉽게 알 수 있는 일입니다. 그러나 세상이 변해서 부모님들이 설 자리를 잃고 방황하는 모습은 안타깝습니다. 심지어 선거 때에 어느 정당대표가 노인들은 선거에 나오지 않아도 된다는 말까지 하는 세대가 되었습니다. 세태가 변해도 자녀들에 대한 경로 사상은 분명히 가르치고 배우게 해야 합니다. 이것이 성경의 기록이고 축복이 되기 때문입니다.

탕자가 돌아오는 것에서 아버지 하나님의 마음을 읽는 동시에 부모님의 자식에 대한 사랑을 봅니다. 따라서 사도 바울은 에베소교회에 부모님 공경을 명했습니다. 다시 한 번 우리는 성경에서 부모님 공경에 대한 말씀을 배우고 축복의 길을 자녀들에게 가르쳐야 합니다.

1. 내가 존재한다는 것은 부모님의 뜨거운 사랑에 의해서 된 일입니다.

부모님의 사랑과 은혜가 아니면 내가 여기까지 존재할 수 없었습니다.

1) 자식의 배후에는 언제나 부모님이 계십니다.

이것이 자식과 부모님과의 관계입니다.

① 내가 여기까지 온 것은 진자리, 마른자리 마다하지 않으시고 모두 희생하며 키워주신 부모님 때문입니다.

성경은 분명히 부모 공경을 명령했습니다(출 20:12). "네 부모를 공경하라 그리하면 너의 하나님 나 여호와가 네게 준 땅에서 네 생명이 길리라" 했습니다. 이것이 율법에서 인간에 대한 첫 계명이었습니다.

② 성경에서 잘 되었던 사람들의 당시 상황은 부모님에게 효를 했던 사람들이었습니다.

사무엘상 9장에 보면 사울의 초창기는 아버지의 암나귀를 찾아 헤매는 효성으로 시작합니다. 그리고 초대 왕이 되었습니다. 룻기서의 룻은 홀시어머니 나오미를 공경했고 결국 보아스를 만나게 되었습니다. 신약에 와서 대표적으로 사도 요한은 예수님 말씀대로 마리아를 잘 모셨을 때에 장수하며 사도의 길을 걸었습니다(요 19:26).
③ 부모의 은공을 잊은 채 흠만 보았던 그릇된 조상을 보십시오(창 9:25).
노아의 세 아들 가운데 함은 저주를 받아 그의 후손이 현재의 흑인들의 세계가 되었는데 아프리카 남아공에서 뿐 아니라 아프리카 지역에서 흑인들이 겪는 일들을 보았습니다. 성도 여러분이여, 부모에 대한 효는 지금도 유효하며 살아 있습니다.

2) 부모님은 자식을 위한 길이라면 최선을 다해서 희생합니다.
옛날 고려장 제도가 현대판으로 돌아온 사건들이 일어나고 있습니다. 안타까운 현장을 보면서 성경을 통해서 깨달아야 하겠습니다.
① 부모는 자식을 위해서 최후까지 희생합니다.
새 가운데 펠리컨(Pelican)이라는 새는 겨울에 부화해서 자식에게 자신의 살을 먹여서 살린다고 하는데 이것이 부모의 심정입니다. 그래서 성 제롬(St. Jerome)은 이 새를 그리스도와 비교해서 말하기도 했습니다.
② 부모님의 사랑은 하나님의 사랑에 비교해서 설명됩니다.
본문에서 아버지는 돌아온 아들을 위해서 잔치를 벌이게 되는데 맏아들은 그 잔치에 대해서 못마땅한 표현을 하는 것을 보게 됩니다. 이것이 부모와 자식간의 간격이기도 하다고 할 수 있을 것입니다.

2. 모든 자녀들은 부모님의 사랑에 진실된 효성을 보여야 합니다.
이것이 자녀의 바른 도리입니다. 성경적인 길이요, 축복받는 길입니다.

1) 효에는 축복과 형통이 따른다고 약속되어 있습니다.
하나님께서 인간의 타락된 본질을 아시기 때문에 축복을 걸어놓으시고 효를 말씀하셨습니다.
① 효하게 될 때에 축복을 약속하셨습니다.
효는 축복받는 지름길입니다(출 20:12, 엡 6:1-3, 신 30:15).
② 하나님께서는 하나님 백성이 축복받고 살기를 원하십니다.
또한 하나님의 백성은 마땅히 복을 받아야 됩니다.

2) 주 안에서 부모님을 기쁘시게 하는 것이 효입니다.
먼저 주 안에 서야 하겠고, 부모님을 웃으시게 해야 합니다.
① 부모님의 의중이 무엇인지 알아야 하겠습니다.
   탕자가 돌아올 때에(17-19) 그것은 부모님의 최대 기쁨이었습니다.
② 반대로 불효자에게는 축복이 없습니다.
   불효자는 반드시 죽이라고 했습니다(출 21:15, 레 20:9, 신 21:20-27, 잠 30:17). 축복인 동시에 무서운 말씀이기도 합니다.

3. 부모님께 대한 효는 하나님 백성이기에 더욱 지켜야 합니다.
이것은 일반적인 법에 의해서가 아니라 하나님의 법에 의해서 더욱 지켜야 합니다.

1) 하나님을 섬기는 사람은 부모님 공경을 더욱 잘해야 합니다.
하나님의 법이기 때문입니다.
① 보이는 부모님을 섬기지 못하면서 보이지 않는 하나님을 올바로 섬길 수가 없습니다(요일 2:7-11에서 예를 보십시오).
② 따라서 부모님은 자녀에게 효를 배우게 하고 가르쳐야 합니다.
   이것이 자녀가 잘되고 축복받게 하는 일이기 때문입니다. 그래서 효자의 가정에서 효자와 축복의 사람이 나타나게 됩니다.

2) 최고 최대의 효는 불신 부모님이 예수께로 돌아오게 하는 일입니다.
육적 효도 중요하지만 불신 부모님이 예수께로 돌아와 천국 가시게 해야 합니다.
① 우리 인생의 목표는 천국이요, 영원한 나라입니다.
   불신 부모님께 하나님을 믿도록 하는 효는 영원히 빛이 납니다.
② 우리 가정들이 작은 교회요, 작은 천국이 되게 해야 합니다.
   이것은 본인과 부모님, 모두가 예수 안에 살아가는 일입니다. 여기에서 효와 축복을 나타나게 됩니다. 우리 교회 모든 이들이 이 축복 안에 있게 되기를 축원합니다.

결론: 효는 만고 불변의 법칙이요, 축복의 길입니다.

가정 | 말씀에 뿌리 내리게 하는 자녀교육
신명기 11:18-21

　본 설교자 역시 어린 시절이 있었고 어린 시절에 교회 교육 속에 성장해왔기 때문에 매년 어린이 주일이 오면 느낌이 새롭게 다가옵니다. 유치부 때부터 신앙생활 해서 초등학교 4학년 때 거듭나고 방언 은사를 체험하면서 자라서 목사가 되었습니다. 한 나라의 경제지표를 말할 때에 경제 전문가들에 의해서 계산이 나오듯이 한 나라의 미래는 교육이지만 영적이고 신앙적인 입장에서는 더욱 강조하지 않을 수 없게 됩니다.

　1300년 기독교 역사를 자랑했던 터키는 신약의 대부분의 배경을 기록한 곳이요, 사도 바울, 사도 요한을 비롯한 소아시아 일곱 교회(계 2-3장)의 배경을 가지고 있고, 이방 선교지의 최고 교두보로서 유명한 안디옥이 있는 곳입니다. 일반 역사에서 말하는 비잔틴 (현재 이스탄불) 문명이 사라센 문명(이슬람)에 의해서 망하게 되었고 지금은 교회가 하나도 없는 영적 폐허의 나라가 되었습니다. 많은 사람들이 그 원인을 영적 교육부재에서 찾고 있습니다. 본문에서 하나님께서는 모세에게 마지막으로 신명기를 전하시면서 자녀 교육에 대한 중요성을 다시 한 번 강조하셨습니다.

　(잠 22:6) "마땅히 행할 길을 아이에게 가르치라 그리하면 늙어도 그것을 떠나지 아니하리라" 했습니다. 유대인들은 주후 70년 망한 다음에 1948년 다시 독립할 때까지 그들이 어느 나라 어느 민족에 묻혀서 살든지 그들의 언어 중심 풍습을 잃지 않고 있다가 다시 독립했습니다. 우리의 현실은 미국에 이민 간 사람들의 예를 들어 보면 영어만 배우게 하기 위하여 한글을 못하게 해서 결국은 부모와도 언어가 단절된 경우들이 많습니다. 문제는 언어를 잃은 것도 크겠지만 신앙을 잃어버리면 천국과 지옥으로 갈라지기 때문에 영원한 문제가 되는 것입니다. 본문에서 교훈을 얻습니다.

1. 부모님 자신이 먼저 성경적인 신앙에 바르게 서야 하겠습니다.

　속담에 "부전자전" 이라고 하였듯이 아이들은 부모님을 닮아가게 되어 있습니다.

1) 자녀는 부모가 있기에 존재합니다.

(18절) "이러므로 너희는 나의 이 말을 너희 마음과 뜻에 두고" 했습니다. 따라서 자녀는 부모가 생활하는 것에 큰 영향을 받게 됩니다.

① 먼저 부모님이 신앙생활을 하나님 말씀대로 해야 하겠다는 결심이 중요합니다.

세상적으로 많은 재산을 물려주는 것보다 신앙적 유산을 물려주는 것이 중요합니다. 1300년간 긴 역사도 무너지게 되었는데 한국교회 120년밖에 되지 않는 현 시점에서 아이들 교육을 신앙으로 무장시키지 않으면 미래를 보장할 수 없는 한국교회의 불행이 올 수도 있습니다. (18절) "이러므로 너희는 나의 이 말을 너희 마음과 뜻에 두고" 했습니다.

② 생활 속에서 신앙이 이어지게 해야 합니다.

예배당 안에서만 신앙이 아니라 밖에서 신앙이 중요합니다. (18절)"또 그것으로 너희 손목에 매어 기호를 삼고 너희 미간에 붙여 표를 삼으며" 했습니다. 손은 나타내는 증표요 미간은 눈썹과 눈썹 사이로써 사람에게 제일 잘 나타내 보이는 곳입니다. 표를(symbols) 삼으라고 했습니다. 부모님의 솔선수범적 신앙이 아이들에게 중요합니다.

2) 자녀들을 성경적으로 성장하게 해야 합니다.

성경에서 볼 때에는 구약에는 모세의 경우와 신약에서는 디모데의 경우에서 좋은 예를 볼 수 있습니다.

① 어릴 때부터 성경을 배우고 익혀서 그 말씀 속에서 성장했습니다.

머리로만 배우는 지적 교육이 아니라 마음으로 익혀야 합니다. "또 네가 어려서부터 성경을 알았나니"(딤후 3:15상) 유대인들은 5세 때까지 가정에서 율법을 배우고 6세 때부터는 회당에 가서 랍비에게 교육을 받게 합니다. 알 에이 토레이(R. A. Torrey)박사는 '이 세상에서 큰 영향을 끼친 사람들은 성경의 영향을 받은 사람들이다' 고 했습니다.

② 자녀가 성공적으로 성장해서 성경대로 바르게 살게 하기 위해서는 성경 안에서 생활하도록 교육해야 합니다.

역사적으로 성경대로 순종해서 망했다거나 지옥에 간 사람이 없습니다.

2. 가정에서 철저한 신앙적 분위기 가운데서 키워야 합니다.

가정에서 제일 중요한 것이 무엇이겠습니까? '가정의 교회화와 천국화'가 이루어져야 합니다.(20절) "또 네 집 문설주와 바깥문에 기록하라" 했습니다.

1) 가정에서 신앙적 분위기가 중요합니다.

세상의 잡것이 바깥문(gates)이나 문설주(door-frames)에 들어오지 못하게 해야 합니다.

① 출애굽할 때에 유월절 절기를 통해서 양의 피가 발라져 있는 집에는 죽음의 천사가 지나가고 넘어갔습니다.

② 옛날에는 대문과 문설주에 발랐지만 이 세대에는 마음의 문설주에 말씀이 심겨 있어야 합니다(시 119:11).

요즈음에는 집집마다 TV나 컴퓨터가 안방을 차지하고 예배나 말씀은 먼지 속에 묻혀 버리기 쉽습니다. 그래서 아이들이 병들어 갑니다.

2) 죄와 사망의 악한 바람에서 자녀를 지키는 일은 하나님 말씀밖에 없습니다.

① 세상 악한 바람이 집집마다에 쳐들어오는 시대입니다.

봄바람에 중국 황사바람이 몰려오듯이 몰려옵니다.

② 성경만이 자녀를 온갖 죄악에서 자녀들을 살리는 힘입니다.

정신 차리고 자녀들을 바르게 성장시켜야 합니다.

3. 말씀대로 살 때에 땅에서 잘되고 축복이 옵니다.

(21절) "그리하면…" 결국 축복입니다.

1) 아브라함의 복이 임합니다(갈 3:9, 사 58:13~14).

"너희 열조에게 주리라고" 아브라함과 이삭과 야곱의 복입니다.

① 이미 아브라함에게 약속하셨습니다(창 12:1).

구약은 신약에서 열매를 맺게 되었으니 영적인 아브라함의 자손인 우리는 동일한 축복입니다.

② 이 믿음으로 말씀을 대하고 자녀들이 성장해 가도록 힘써야 합니다.

2) 신약 시대에 사는 우리 자녀들이 이 복을 받게 해야 합니다.

①아브라함의 자손에게 가나안 땅이 있듯이 우리의 최후의 축복은 하늘나라입니다(빌 3:20).

②우리에게 자녀를 주신 것은 하나님께서 잠시 맡기신 것입니다.

결국 하나님 앞에 섰을때 하나님은 주신 자녀에 대해 질문하실 것입니다. '어떻게 키웠느냐?' 고 물으실 때에 칭찬듣게 되기를 주의 이름으로 축원합니다.

결론: 자녀를 말씀 안에서 키워야 하겠습니다.

| 가 정 | # 하나님께서 행복을 주신 가정
시편 128:1~6 (엡 5:22~6:4)

매년 오월은 가정의 달로써 국가단체나 방송매체를 통해서도 떠들썩하게 행사들이 많이 열리지만 세상은 더욱 악해만 가고 이혼율이 세계 1위로 급부상해 버리는 일이 50% 가까이 진행되는 이유는 어디에 있겠습니까? 한 가정의 불행지수는 한 가정으로 끝나는 것이 아니고 전체 국가에 그 영향을 미치게 된다는 의미에서 심각한 일이 아닐 수 없습니다.

중세기의 신학자 어거스틴(Augustine)은 그의 신국론(City of God)에서 말하기를 '가정은 국가의 기초이다' 라고 하였고, 스위스의 유명한 페스탈로치(Pestalozzi)는 '가정은 도덕상의 학교이다' 라고 말한 바 있고, 중국 속담에도 '무너진 둥지에는 온전한 달걀이 있을 수 없다' 고 말했습니다. 교육과 세상 시설은 점점 높아가지만 반대로 가정들이 몰락해 가는 시대에 우리는 다시 한 번 성경에 귀를 기울이고 무너지는 가정들을 성경적으로 회복해야 하겠습니다. 그리고 하나님께서 주신 행복의 가정이 되어야 하겠기에 성경에서 몇 가지를 배우게 됩니다.

1. 하나님께서 주신 행복한 가정의 모습은 여호와 하나님을 경외하는 가정입니다.(예수 잘 믿는 가정입니다.)

구약은 여호와만이, 신약은 예수만이 구원이 있습니다.

1) 구원주가 되시는 예수 안에서 참된 인생의 행복이 있습니다.

그러므로 행복한 가정은 예수 안에 말씀 따라 갈 때에 오게 됩니다.

① 구원주 되시는 여호와께서 율법을 주시면서 지켜 나가라 함도 우리의 행복을 위해서 주셨습니다(신 10:12~13).

그러나 하나님 말씀을 불순종하게 되고 저버리게 될 때에 불행이 찾아온 것이 구약의 역사였습니다.

② 여호와의 도에 행하는 자가 되어야 합니다.

(1절) "여호와를 경외하며 그 도에 행하는 자마다 복이 있도다" 했습니

다. 그래서 말세 성도들은 하나님 말씀에 귀를 기울여야 합니다(계 1:3). 힘을 다하여 지켜 나갈 때에 복이 됩니다(신 6:5~6).

2) 이와 같은 가정에 축복이 따르고 행복이 옵니다.
어떤 축복이 오게 된다고 하였나요?

① 내가 심은대로 거두게 되는 것이 축복이 됩니다(신 28:33,38).
세상에는 내가 농사를 지었는데 다른 사람이 그 열매를 추수해 버리는 경우들도 많이 있습니다.

② 노동의 축복을 받아야 합니다.
세상에는 일자리가 없어서 세월만 보내는 사람들이 많이 있기 때문입니다. 그러나 하나님의 축복을 받게 되면 환경이나 배경이 문제될 수 없습니다(신 28:3-). 야곱의 경우도 성경에서 보게 됩니다(창 30-35장). 사방에 두려운 조건들이 오히려 축복으로 바뀌게 되었습니다.

2.하나님께서 주신 행복한 가정의 모습은 부부가 화합하여 서로 존경하고 사랑하며 복종하는데 있습니다.

1) 부부가 가정에서 하나님을 중심한 가정으로 만들어야 합니다.
가정의 기본 단위가 부부이기 때문입니다.

① 부부가 서로를 위해서 좋은 분위기로, 만들어야 합니다.
성경은 부부 모두에게 강조하였습니다(엡 5:22~26, 잠 31:10). 그리스도를 경외하므로 피차 복종하라 했습니다. 부부는 서로 존경하고 복종해야 합니다.

② 남편에게 서로 복종하고 부인에게 서로 사랑하라는 이유가 여기에 있습니다.
남편은 그리스도가 교회의 머리됨과 같이, 머리는 곧 그리스도께 복종하듯이 서로 복종하는 것이 중요합니다(23절, 벧전 3:7절 참조).

2) 그리스도 안에서는 분명히 존중해야 합니다.
그리스도 안에서 떨어진 인격체이기 때문입니다. 교회는 각 가정에서 시작해야 합니다. 그래서 가정은 작은 교회입니다.

① 가정에서부터 교회가 시작되어야 합니다.
  가정에서 교회가 연장될 때에 본 교회가 아름다운 모습으로 부흥됩니다.
② 성도들이여! 내가 곧 교회의 근간이요 뿌리라는 것을 잊지 말고 가정 교회의 사명을 다해야 합니다.
  행복의 지수가 돈이나, 세상 것에 있지 않습니다. 작은 교회로써 행복한 가정들이 되시기를 바랍니다.

3. 하나님께서 주신 행복한 가정의 모습은 부모와 자식 간에 바로 서 가는 가정입니다(시 127:3).

1) 가정의 꽃이 되는 축복을 받아야 합니다.
여기에 자녀교육의 중요성도 강조되어 있습니다.
① 하나님 말씀 안에서만 가능한 일입니다.
  그래서 말씀과 기도로 교육해야만 합니다(잠 22:6). 수년전에 미국 유학 길에서 실패하고 돌아온 아들이 아버지를 죽이고 불살라 버린 패륜적 기사를 보았습니다.
② 믿음의 가정에서 참된 자식이 나와야 정상입니다.
  세상적 방법으로 키울 것이 아니라 철저히 하나님 안에서만 성장해야 합니다.

2) 기독교의 가정은 자녀와 부모가 매우 중요한 관계입니다.
① 부모는 "자녀를 노엽게 하지 말라" 하였습니다(엡 6:4).
  하나님을 대신해서 키우라고 맡기신 부모입니다.
② 자녀는 부모를 공경해야 합니다(출 20:1~17).
  십계명에서도 강조했습니다.
  우리교회 성도들의 가정들 모두가 천국이 되시기를 축원합니다.

결론: 가정이 곧 교회요 작은 천국이 되어야 합니다.

| 시 험 | # 넘어지지 않도록 조심하라
고린도전서 10:1-12

60년대 초에 우리나라에 큰 태풍이 지나간 적이 있습니다. 초등학교 시절의 기억에 큰 둑들이 무너지고 농작물이 잠기고, 더욱 잊지 못할 일은 이조시대부터 내려왔을 것으로 생각되는 산에 큰 소나무들이 모두 넘어지고 벌목된 사건이 있었는데 나중에 알게 되었지만 그것이 '사라호' 태풍이었습니다.

그런데 그런 태풍 중에도 쓰러지지 아니하고 굳게 버티고 서있는 이조시대부터 내려오는 거송(巨松)들이 고향산천에 지금까지 위풍 당당히 서 있습니다. 로마 같은 국가가 무너지게 된 데에는 외침에 의해서라기보다는 내부적인 타락 때문이었다고 평가합니다. 영적이고 신령한 세계에서도 같은 원리에 의해서 무너지는 경우가 많이 있습니다.

본문에서 사도 바울은 고린도교회에 전하는 복음에서 과거에 이스라엘 백성들의 문제들을 교훈하면서 넘어질까 조심하라고 지금까지 우리에게 전하였습니다. "그런즉 선줄로 생각하는 자는 넘어질까 조심하라"고 하신 말씀에서 교훈을 얻게 됩니다.

1. 먼저 넘어지게 하는 요건들을 보겠습니다.

넘어지게 하는 요건들에 대해서 조심해야 합니다. 전쟁터에는 언제나 지뢰나 뷰비추렙이 있듯이 영적인 신앙생활에도 언제나 넘어지게 하는 일들이 있기 때문입니다.

첫 사람 아담과 하와에게 왔던(창 3:1). 마귀는 예수님에게 까지 왔으나 예수님은 이기셨습니다(마 4:1). 예수님에게 패한 마귀는 그가 남기신 교회와 성도들에게 찾아와서 넘어지게 하고 시험에 들게 하기 때문에 조심해야 합니다.

1) 신앙생활에는 언제나 넘어지게 하는 요건들이 있습니다.

여호수아와 갈렙은 본보기로서 가나안의 주인공이 되었지만 다른 사람들은 광야에서 모두 죽었습니다. 무엇 때문이겠습니까? 성경을 보시기 바랍니다.

① 의심입니다.
　의심하다가 모두 광야에서 죽게 되었습니다. 최초의 사람 아담과 하와는 하나님 말씀을 믿지 아니하였고 불순종하게 되었으며 이스라엘 백성들은 의심하다가 죽었습니다(시 78:40).
　의심은 신앙의 적입니다(막 11:23, 약 1:6, 마 14:22-24, 요 20:28-29). 그리고 결실할 수가 없습니다(마 13:5). 그러나 믿음의 결국은 영생이요, 영혼 구원입니다(벧전 1:9).

② 불평과 원망이 넘어지게 하는 요인이 됩니다.
　이스라엘 백성만큼 하나님의 사랑과 은혜와 축복을 받은 민족이 지상에 또 어디에 있겠습니까? 그러나 그들은 은혜에 감사치 아니하고 원망과 불평 속에서 망했습니다.
　이것은 예수님 당시에 고라신과 벳새다가 예수님을 믿지 않음과 비교됩니다(마11:21-24). 원망치 말아야 심판을 면한다고(약 5:9) 말씀했습니다. 욥은 끝까지 악조건 가운데서도 원망치 않고 승리했습니다(욥 1:21).

③ 간음하다가 멸망했습니다.
　발람이 발락의 말을 따르다가 모압 여인과의 관계에서 문제가 생겼고 그 때에 많은 사람이 죽게 됩니다(민 22-25장).
　야고보서에서 간음하는 여자들이라고 경고했습니다(약 4:4).

④ 교만하게 될 때에 넘어지게 됩니다.
　성경에서 교만은 넘어짐의 앞잡이요, 멸망의 선봉이라고 했습니다.
　하나님은 교만한 자를 물리치시고 대적하십니다(약 4:6, 벧전 5:5, 잠 3:34, 시 18:26) .교만하게 되면 망합니다(잠 16:18).

2) 모든 것을 믿음 위에서 존재할 때에 넘어지지 않습니다.
성도의 생활은 믿음입니다.

① 믿지 못한 결과 이스라엘 백성들은 광야에서 모두 망하게 되었다고 기록해 주시고 있습니다(히 3:16-4:2).

② 우리가 사는 세상 역시 광야와 같은 세상인바 믿음 위에 굳게 서 있어야 합니다.
　"인자의 때에 세상에서 믿음을 보겠느냐"고 하셨습니다(눅 18:8).

2. 넘어지게 하는 시험은 정신만 차리면 이길 수 있습니다.

어떻게 이길 수 있습니까?

1) 언제나 자기 자신의 약점이 무엇인가를 생각해야 합니다.
화산이 분출할 때에 지표면의 약한 부분으로 나오듯이 시험도 그러합니다.

① 누구나 약점이 있는데 그 곳을 조심해야 합니다.
  당신은 어느 부분이 약합니까? 그곳을 언제나 조심해야 합니다.
② 하나님 말씀만 항상 의지해야 합니다.
  말씀을 의지하여 기도하십시오. 기도하지 않는 것도 교만에 속할 수 있습니다.

2) 시험과 환난을 이길 수 있습니다.
시험 받을 즈음에 피할 길도 주십니다(고전 10:13).

① 시험과 문제는 헤쳐 나갈 수 있습니다.
  모든 것은 십자가에 못 박았기 때문입니다(갈 5:24).
② 마귀가 아무리 강하게 나와도 이미 실패한 적에 불과합니다.
  마귀의 속삭임에 더 이상 속지 말아야 합니다.
  천로역정에 주인공 기독교가 사자가 있는 곳을 담대히 통과하는 장면이 나옵니다. 우리도 그처럼 대담해야 합니다(수 1:14-9). 그리고 바른 교회관과 성경 위에서 기도해야 합니다.

3. 이기는 자만이 천국(가나안)의 주인공이 됩니다.

실패자는 광야에서 모두 엎드러졌지만, 여호수아와 갈렙은 가나안 정복의 주인공이 되었습니다.

1) 여호수아와 갈렙과 같이 천국의 주인공이 되어야 합니다.

① 가나안의 주인공의 믿음이 있어야 됩니다.
② 이기게 될 때에 가나안 주인공이듯이 천국과 상급의 주인공이 됩니다 (계 2:7 이기는 자).

2) 우리는 걸려 넘어지는 자가 아니요, 예수 믿고 굳게 설 자들입니다.

① 성도들이여! 걸려 넘어지는 자가 되지 말고 어떤 시련을 당하든지 승리자가 되시기 바랍니다.

② 이 말씀을 주신 목적은 걸려 넘어지게 하기 위해서가 아니요, 거울삼아서 승리하라는 신호탄인 줄 믿고 바르게 승리의 길로 가시기 바랍니다.

성도들이여! 말세 때에 최후의 승리자로 천국에 입성하게 되시기를 축원합니다.

결론 : 마귀를 대적해야 합니다(벧전 5:8, 계12:12)

[시험]

아간을 잡아라
여호수아 7:16-26

어떤 일이 잘 되는 배후에는 잘 될 수밖에 없는 배경이 있고, 실패할 때에는 실패할 수밖에 없는 배경이 있습니다. 그래서 전염병이나 식중독 같은 문제가 발생할 때에는 반드시 역학조사를 통하여 원인을 밝히게 됩니다. 빠를수록 좋은 결과가 나옵니다. 몇 년 전에 중국에서 '사스'가 발생하여 사람이 죽어 가는데도 사회주의 특성상 감추려하다가 뒤늦게 국제 망신만 당했던 적이 있습니다. 문제가 발생하면 처음부터 해결하는 것이 큰 피해를 줄이게 됩니다. 작은 쥐구멍이 큰 둑을 무너지게 하는 수도 있습니다.

지금은 일산 신도시가 되었지만 80년대에 가을에 홍수가 나서 한강 둑이 무너져서 홍수로 인한 피해가 컸던 때가 있었는데, 발표에 의하면 쥐구멍이 그 원인이었다고 했습니다. 성경은 우리에게 누룩을 조심하라고 했습니다(눅 12:1, 13:21, 갈 5:9). 본문은 가나안을 점령해 나갈 때에 일어났던 사건입니다.

첫 성인 여리고성은 점령되었지만 아이 성은 작은 성임에도 실패하게 되었던 사건입니다. 결과적으로 아간 때문이었습니다. 36명쯤 전사당하고 실패하게 된 이유가 아간 때문이었습니다. 오늘날 우리의 신앙생활에서 아간이 잡혀야 합니다.

1. 약속한 땅이라도 아간이 있으면 정복할 수 없습니다.

첫 번째 여리고는 크고 견고한 성이었지만 무너지게 되었습니다. 그러나 둘째성인 아이성은 작은 성이었으나 전투에서 실패하고 36명이나 전사자가 생기게 되었고 이스라엘이 크게 낙심하게 됩니다.

1) 왜 이런 실패가 오게 되었습니까?
이때에 여호수아는 다른 작전을 세운 것이 아니라 기도하게 됩니다.
기도하게 될 때에 실패의 원인을 알려주셨으니 아간 때문이었습니다.
① '백성들은 마음이 녹아서 물같이 된지라' (5절) 했습니다.
　이때에 여호수아는 장로들과 합심하여 기도하게 되었습니다.

② 이스라엘의 실패가 본래의 하나님의 뜻이 아니었습니다.
이스라엘을 여기까지 오게 해서 멸망시키시기 위해서 40년을 걸려서 광야를 통과시키게 하신 것이 아닙니다. 인생의 고생이 하나님의 본심이 아닙니다(렘 3:33, 욥 11:11, 31:4).

2) 여호수아는 실패의 늪에서 하나님께 엎드렸습니다.
기도만이 문제 해결의 열쇠입니다.

① 문제가 있다는 것은 기도하라는 암시입니다.
예레미야도 시위대 뜰에 갇혀있을 때에 기도하라고 하셨습니다. 기도하게 될 때에 응답해 주시겠다고 약속해 주셨습니다. 생활 속에 생각지 않은 복병이 있을 때에 엎드려 기도하시기 바랍니다. 모세도 아말렉 앞에서 기도 했습니다(출 17:8-16). 예수님도 공생애를 기도로 시작했습니다(마 4:1-).

② 기도하게 될 때에 하나님께서 실패의 원인을 깨닫게 해주셨습니다.
실패의 원인은 아간 때문이었습니다(10절, 수 6:18 참조). 하나님의 말씀을 배반한 아간이 있었습니다. 그래서 형통한 날과 곤고한 날이 있습니다(전 7:13-14) 깨닫게 하기 위해서입니다.

2. 내 안에 아간을 잡아야 합니다.
언제나 실패와 문제의 배후에는 아간이 있습니다. 그 아간 때문에 신앙생활에 큰 손해가 옵니다.

1) 아간의 존재를 보겠습니다(17절).
유다 족속이요, 세라 족속이요, 삽디의 가족이요, 삽디의 손자요, 갈미의 아들인 아간입니다.

① 이스라엘 정통지파에 속합니다.
광야에서 문제를 일으켰던 섞여 사는 무리(출 12:38)가 아닙니다. 이스라엘 정통지파요, 이스라엘인 중에 이스라엘 사람입니다.

② 여기에서 주시는 교훈이 있습니다.
하나님의 교회에 때때로 문제가 일어나게 될 때, 교회에 처음 나오는 신자가 아니라 교회 중직이나 중요한 인물 중에서 문제가 되고, 교회에서

신앙생활을 오래한 사람들이 문제가 되는 경우가 있습니다. 해당되지 않도록 힘써 조심해야 합니다.

2) 그러므로 내 안에서 아간을 잡아야 합니다.
아간은 자신 뿐아니라 교회에도 큰 방해가 됩니다.

① 불신앙의 아간입니다.
  믿지 못하기 때문에 욕심에 끌려서 범죄하게 되고 불순종이 따라와서 이스라엘에 큰 낭패가 오게 하였습니다.

② 불순종의 아간입니다.
  순종이 제사보다 낫고 불순종은 사신우상에게 절하는 죄와 동일합니다(삼상 15:22-23). 반대로 순종할 때에 기적이 일어납니다(눅 5:5, 요 5:9).

③ 탐욕의 아간입니다(21절).
  금덩어리 하나와 은 200세겔, 시날산 외투가 욕심이 났습니다. 성경에서 탐욕에 대해서 교훈해 주십니다(눅 12:15, 골 2:5). '탐심은 곧 우상숭배니라' (골 2:5) 하였습니다.

④ 그밖에 교만과 세속적인 모든 아간을 잡아야 합니다(롬 12:3).

3. 아간이 해결될 때에 새로운 길이 열리게 되었습니다.
아간을 뽑아서 제거해 버릴 때에 새 길이 열립니다.

1) 하나님께서 새로운 제 3의 길을 열어주셨습니다.

① 새로운 작전 계획이 하달되었습니다.
  사람의 방법이 아니라 하나님께서 주신 방법입니다. 하나님의 생각은 사람의 생각과 다릅니다(사 55:8).

② 깨달아야 하겠습니다.
  실패와 낙심의 일이 생겼을 때 빨리 깨닫는 것이 은혜요, 축복이 됩니다. 내 속에 아간이 있거든 잡아야 합니다.

2) 하나님께서는 아간을 처치해서라도 약속대로 가나안을 주십니다.
아간 때문에 아브라함과 이삭과 야곱에게 약속하신 땅을 주시지 않은 것이 아닙니다. 좀 늦게 되고 손해가 왔을 뿐입니다. 아간 때문에 약속이 늦어지지 않게 해야 하겠습니다.

① 하나님의 약속은 지금도 유효합니다.
어려움이 있어도 불변의 약속을 믿고 천국을 향해 달려가야 합니다.

② 하나님은 결과적으로 하나님의 백성에게 평안을 주시기 위해서 모든 일을 하십니다(렘 29:11). 너희를 향하신 나의 생각은 재앙이 아니라 평안이라고 하셨습니다.

아간을 죽이고 약속의 축복을 누리는 성도들이 되시기를 주의 이름으로 축원합니다.

결 론 : 아간의 존재는 지금도 개인과 교회 속에 도사리고 있습니다.

| 시 험 |

실패에서 얻은 영적교훈
마태복음 26:31-35

사람들이 살아가는 일들 가운데서 모든 일이 언제나 성공적으로 살아가는 것은 아닙니다. 때때로 실패로 인해서 아픔을 겪어야 하고 쓴 잔의 고배를 마셔야 할 때가 있습니다. 어떤 제품이 완제품이 나올 때까지는 실패의 연속 끝에 성공이라는 제품이 나옵니다. 라이트 형제가 처음에 새처럼 날고자하는 욕망으로 시작한 비행기 발명은 실패의 연속 끝에 일구어냈던 결과입니다. 발명왕 에디슨의 전기, 전화 등 수많은 발명품이 나오게 된 것입니다. 우리 신앙생활 역시 단숨에 완전성화가 아니라 점진적인 성화의 과정 중에 있기에 실패와 넘어짐의 연장선상에 있다고 보아야 할 것입니다.

사도 바울 역시 복음을 전하는 사역현장에서 언제나 대성공이 아니라 때로는 아픔의 현장도 있었음을 보게 됩니다(행 17장 아테네 선교현장에서). 이 사건 이후에 바울은 진정한 사도로서 성숙한 면을 보이는데 십자가 복음만을 전하는 모습이었습니다.

오늘 본문에서 베드로는 예수님이 십자가를 지시기 전에 이미 예수님을 부인할 것에 대한 경고를 듣고서도, 실패하고 넘어지는 것을 보게 됩니다. 부활하신 후 오순절 성령 받은 이후에 완전히 달라지고 변화된 그들을 보면서 승리하기 위해서는 넘어졌던 원인과 이유를 발견하게 됩니다. 왜 실패하고 넘어지나요? 제자들을 통해서 배웁시다.

1. 제자들은 예수님의 뜻에 대하여 알지 못하였던 것이 패인입니다.

예수님의 제자라고 하지만 예수님의 뜻을 몰랐습니다.

1) 제자들과 같이 주님을 따른다고 하면서 진정한 주님의 뜻을 모르고 신앙생활을 할 때가 많이 있습니다.

① 오히려 예수님의 뜻을 모른 채 예루살렘에 올라가면 한 자리 할 생각밖에 없었던 제자들이었고, 그래서 누가 크냐고 다투었습니다.

이것이 제자들의 현주소였습니다(마 20:20, 26-28). 우리는 '지금 이 모습은 우리들의 신앙이 아닌가' 하고 말씀의 거울에 비춰 보아야 합니다.

② 예수님은 3년씩이나 제자들에게 십자가 사건을 말씀하셨고 그 한 가지 목적만을 향해서 행하셨으며 즉흥적인 십자가 사건이 아니었음에도 불구하고 제자들은 예수님의 말씀을 등한히 여기고 멀리하게 될 때에 잊어버렸고 넘어지게 되었습니다.
이미 성경에 수차례 예언되었습니다(슥 13:7). 오늘날 우리의 신앙생활 역시 때만 되면 들려지는 하나님 말씀에 대하여 등한히 하지는 않는지 살펴보아야 합니다.

2) 제자들은 주님의 말씀에 귀를 기울여야 했습니다.
말씀에 대하여 등한히 여기면 실패가 찾아옵니다.

① 하나님 말씀을 마음 판에 새겨야 합니다.
이미 이스라엘 백성들에게 수차례 말씀하셨습니다(신 6:6). "오늘날 내가 네게 명하는 이 말씀을 너는 마음 판에 새기고" 했습니다. 실제생활 속에서 말씀에 따라서 행하는 것이 중요합니다.

② 여기에 신앙성장과 승리라는 축복이 예약되었습니다.
(신 6:18) "여호와 보시기에 정직하고 선량한 일을 행하라 그리하면 네가 복을 얻고 여호와께서 네 열조에게 맹세하사 네 대적을 몰수히 네 앞에서 쫓아내리라 하신 아름다운 땅에 들어가서 얻으리니 여호와의 말씀과 같으리라" 하셨습니다(신 28:1-14참조). 이것을 이 세대에는 우리 자신들에게 하시는 하나님 말씀으로 받아서 지켜야 합니다. 여기에 승리와 복이 예비 되어있습니다.

2. 제자들은 주님의 말씀을 무시하고 교만에 빠져 있었습니다.

사고 현장은 언제나 사고가 날 위험이 있는 곳이기 때문에 조심해야 합니다. 신앙생활 역시 그러합니다.

1) 교만하면 망하게 됩니다.
교만이나 자만에 빠지면 망하게 됩니다(잠 16:18, 약 4:6, 벧전 5:7).

① 교만하거나 자만하면 병이 되고 넘어지게 됩니다.
베드로의 경우는 자만에 빠지게 되었고 주님의 말씀에 귀를 기울이지 못했던 것이 패인이 됩니다.

② 예수님의 경고에 대해서 베드로는 믿지 못했습니다.
그러면서 '다 주를 부인할지라도 나는…' 운운 하면서 등한히 여겼기 때문에 그것이 패인이 된 것입니다. 이 세대에 우리가 귀담아 들어야 할 말세 때의 경종입니다. 신앙생활 하면서 언제나 조심하며 정신 차려야 할 대목입니다.

2) 이 세대에 우리 자신의 거울이 됩니다.
베드로의 사건은 우리의 거울이 됩니다. 이스라엘 백성의 사건 역시 그러합니다(고전 10:6, 11).
① 개인적인 면에서도 거울이요, 교훈입니다.
언제나 신앙은 개인입니다. 집단이 아닙니다. 그래서 내가 언제나 거기에 비추어져야 합니다.
② 우리(We)라고 하는 교회의 거울이요, 교훈입니다.
이 세대에서 우리 교회는 어떠하며 한국교회 또한 어떻습니까? 옛날 일본인들이 동남아시아나 다른 나라에서 돈 자랑하며 추태를 부리는 모습을 우리가 보고 비웃었습니다. 그런데 지금에 와서 한국인들이 그 꼴을 하다가 국제 망신을 당하는 일들이 종종 있음을 뉴스에서 봅니다.

3. 제자들은 예수님의 본질에 대해서 몰랐기 때문에 담대하지 못하였고 약하였습니다.
마태복음 16장에서의 베드로의 고백은 어디로 가고 없습니다.

1) 예수님이 누구신가요?
예수님이 곧 창조주시오, 하나님이십니다(요 1:1, 빌 2:6).
① 창조주이시며 살리기도 하시고 죽이기도 하십니다(삼상 2:7-26).
여기에 따른 믿음과 신뢰가 중요합니다. 그런데 이 믿음에 대해서 믿지를 못했습니다.
② 하나님을 믿게 되면 담대해야 합니다.
(수 1:4-9) 여호수아에게만 하신 말씀이 아닙니다. 우리 자신들에게 주시는 말씀입니다. 390년 유명한 암브로시우스목사님은 황제 앞에서도 믿음의 의지를 꺾지 아니하고 외쳤다고 합니다.

2) 예수님의 본질을 바르게 알고 믿는 사람은 신앙이 약하거나 흔들릴 수가 없습니다.

① 예수님을 믿기 때문입니다.

스데반, 바울, 후에 성령 받은 베드로와 요한의 모습에서 보게 됩니다(행 4:19). 지금 이 신앙이 요구 되는 때입니다.

② 지금 내 신앙이 예수님의 본질을 바르게 알고 믿으며 신앙생활을 하고 있는지 다시 한 번 점검할 때입니다.

다시 넘어지는 실패자의 전철을 밟지 않도록 힘쓰기를 주의 이름으로 축원합니다.

결론 : 성경은 우리 자신들이 걸어가는 길이 됩니다.

| 성 도 | # 비유로 본 참 성도의 모습
골로새서 2:6~7

　서점에 가면 책들이 종류대로 많이 있는데 아동도서부터 어려운 전문서적까지 많습니다. 그런데 유치원 아이들이 읽는 동화책은 그 넓은 면에 글씨는 크게 몇 자 정도 써있고 모두 그림으로 구성되어 있습니다. 그림만 보고 알 수 있도록 책을 만든 것입니다. 그러나 고급 학년에 올라갈수록 그림은 거의 없고 어려운 글만 가득 채워있습니다.

　성경에는 비유로써 설명하셨습니다. 우리 인간들이 쉽게 이해할 수 있게 하기 위해서입니다. 본문에서 사도 바울은 참 성도의 정의를 내리게 될 때에 비유로 했습니다. '그리스도를 본받는 자' 라든지 "그러므로 너희가 그리스도 예수를 주로 받았으니 그 안에서 행하되"라든지 비유적인 말씀으로 복음을 전했습니다. 우리의 영적인 집이 반석위에 견고하게 세워지기 위해서는(마 7:24) 반석위에 세워져야 하겠기에 비유로써 우리의 신앙을 점검해 보는 시간이 되어야 하겠습니다.

1. 성경에서 참 신자의 모습을 뿌리 깊은 나무로 비유했습니다.

　세상에 살아가면서 성도는 그 뿌리가 깊이 내리게 된 나무와 같이 되어야 하겠습니다. 그래야 든든한 나무로써 열매를 맺게 됩니다. 안타까운 모습은 현대인들이 이사가 자주 있다보니 교회도 자주 옮기게 되고 거기에 따른 영적 빈약함은 말할 수 없게 되었습니다. 나무는 큰데 뿌리는 풀뿌리와 같다면 그 나무가 어찌 견고히 서겠습니까?

1) 우리의 영적 생활이 뿌리가 깊어야 합니다.

　뿌리가 약하면 바람에 곧 없어지게 됩니다(7절). "그 안에 뿌리를 박으며" 했습니다. 헬라어에는 '엘리조메노이' 인데 하나님의 은혜에 의하여 그 믿음의 뿌리가 깊이 내리고 있는 참 성도의 모습을 말합니다.

　① 영적 생활에서 우리는 하나님의 은혜 속에 뿌리가 깊이 내리고 있어야 합니다.

　시 1:3, 렘 17:8과 같이 깊이 뿌리를 내리게 될 때에 가무는 때에도 걱정이 없이 싱싱합니다.
② 뿌리가 깊이 내리게 될 때에 많은 수분과 영양소를 흡수해서 열매가 풍성하게 맺게 됩니다.
가무는 때에도 걱정이 없습니다(렘 17:7-9). 현대교회 성도들의 신앙이 약한 이유 가운데 하나가 자주 이사해서 교회가 본교회가 없기 때문입니다. 그래서 마치 신앙이 인스턴트 같이 되어 버렸습니다. 성막을 중심한 생활이 구약이었듯이 교회를 중심한 생활이 중요합니다.

2. 성경에서 참 신자의 모습은 반석위에 지은 견고한 집으로 비유되었습니다.

(7절) '세움을 입어 교훈을 받은 대로 믿음에 굳게 서서' 라고 했습니다.

1) 우리의 신앙생활이 영적 집을 짓는 일에 비유되었습니다.
① 성경에는 이런 말씀이 많이 있습니다. (유다서 20절)
"…지극히 거룩한 믿음 위에 자기를 건축하며" 했습니다. 모래 위에 지은 집은 짓기는 쉬우나 무너짐이 속히 옵니다.
② 사도 바울 역시 영적 집을 지혜로 잘 지으라 했습니다(고전 3:10-15).
결과는 나중에 나타나게 됩니다. 영적 상태가 어떤 것이 밀려와도 떠내려가지 않아야 합니다.

2) 어떤 집이 견고한 집이 되겠습니까?
견고한 집을 세워야 하겠는데 어떤 집이 되어야 함은 성경이 우리에게 잘 제시하였습니다.
① 터를 잘 선택해야 합니다.
이 터는 바로 예수 그리스도요 반석이라고 했습니다(마 16:16-18, 벧전 2:2, 마 7:24-).
② 반석 위에 집을 짓는 것이 어렵듯이 신앙생활에는 반드시 정성과 부지런함이 따라야 합니다(롬 12:11).
내 집을 짓듯이 정성을 다해야 하겠습니다. 이 집은 영원히 견고하게 서게 됩니다.

3. 성경 속에서 참 신자의 모습은 생활 속에 감사가 충만한 것으로 비유되었습니다.

사람들이 신앙을 말할 때에 '좋다, 나쁘다' 하는데 그 기준은 어디에 있겠습니까?(7절) "감사함을 넘치게 하라" 했습니다.

1) 감사생활입니다.
바울은 옥중에서도 감사하였고 기뻐하였고 찬송했습니다(행 16:25).
① 성령 충만한 증거 중에 하나가 감사생활이요 성숙한 신앙입니다.
   알 에이 토레이(R. A. Torrey) 박사는 '성도에게 있어서 성령 충만한 현저한 속성은 바른 감사생활이다' 라고 했습니다.
② 참 성도는 생활 속에서 범사에 감사합니다(살전 5:17-18).
   이것이 하나님의 뜻입니다.

2) 성령은 우리에게 오셔서 감사하는 씨를 뿌리십니다.
① 성령 충만한 그리스도인은 감사가 열매로 나타납니다.
   삶의 모습에서 감사 속에 살아야할 이유가 여기에 있습니다.
② 우리가 그리스도 안에 있다면 생활 속에서 증명되어야 합니다.
   작은 일에서부터 큰일까지 모두가 감사 속에 살아야 합니다. 감사 속에 천국 문이 활짝 열리게 되기를 축원합니다.

결 론 : 비유로써 신앙을 조명해 봅시다.

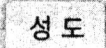 # 타락된 인간의 본질적 모습
에베소서 2:1~3

인생을 말할 때에 성악설과 성선설이 있습니다. 이 두 가지 설이 지금까지 인생론을 지배하여 왔습니다. 문제는 인간이 범죄하였고 계속하여 범죄 해가는 상태에 있기 때문에 죄 값은 사망이라는 사실입니다. 여기에 대한 해답은 성경이 정답입니다. 하나님께서 인간을 지으실 때에는 최고로 지으셨고(창 1:31), 하나님의 형상으로 지으셨고, 하나님께서 주시는 온갖 복을 받고 살도록 지으셨으나, 인간이 범죄하여 하나님의 계약을 파기해서 스스로 범죄 했습니다. 이때부터 인간 역사는 죄와 사망의 구렁텅이로 빠지게 된 것입니다.

구약시대의 이스라엘의 모습은 우리 자신들의 모습을 그대로 반영하는 거울과 같습니다. 바울은 본문에서 인간의 본질적인 모습을 우리에게 그대로 보여 주었습니다. 에스겔은 마른 뼈의 모습으로 말하였고(겔 37:1-44), 이사야는 온 몸이 병든 것으로 전했습니다(사 1:5-). 호세아는 구제불능의 죄성으로 남편을 배신한 고멜로(호 1:2)로 말했습니다. 사순절 기간에 다시 한 번 우리가 구원받게 된 배경을 보며 은혜를 받습니다.

1. 하나님의 은혜가 아니면 영원히 죽는 것이 인간의 본질입니다.

요한 칼빈(J. Calvin)은 그의 5대 교리(Five Points of Calvinism)에서 그 첫째로 인간의 전적 타락적인 면에서 전적 무능력(Total Inability)을 들었습니다. 본문에서 '너희의 허물과 죄로 죽었던 너희를' 이라고 하였습니다.

1) 아담 이후에 모든 인간은 아담 안에서 죽었습니다.

① 아담은 모든 인류의 대표성을 가지게 됩니다.

모든 인간은 아담 안에서 죽은 것입니다(고전 15:22) 의인이 하나도 없고 (롬3:10-23) 죄 값은 사망입니다(롬 6:23) 죄 없다하면 스스로 속이고 거짓말하는 자입니다.(요일 1:8) 신학적으로 원죄(Original Sin)와 자범죄(Factical Sin)가 지배하고 있는 범죄자인 바 이것에서 구원을 얻게 되었으니 과거사를 사용하여 '죄와 허물로 죽었던 너희를 살리셨도다' 고 했습니다.

② 죄가 없는 사람은 하나도 없습니다.
　　이 죄는 윤리나 도덕적 수준에서 끝나는 것이 아니라 영원한 영원성에 해당됩니다. 본문에서 '허물'은 헬라어로 '파랍토마'인데 '침범'이란 뜻으로 하나님을 침범한 죄에 비교됩니다. 실로 죄는 '하말티아'로써 하나님의 뜻에 빗나간 죄인 것입니다. 그래서 영어에서 죄(Sin)과 죄(Guilt)와는 다릅니다.

2) 하나님께 범죄한 결과는 영원한 멸망입니다.

① 죄는 죄의 결과를 낳게 됩니다.
　　아담의 죄를 씻지 못한 결과, 가인이 아벨을 죽이는 죄를 낳았고 형벌을 낳았습니다. 주기철 목사님은 '죄는 영혼을 망하게 한다. 그리고 불안, 공포, 근심에 파묻혀서 결국 사망에 이르게 된다'고 했습니다.

② 결국 죄는 심판을 가져오게 되었습니다.
　　노아 홍수의 심판을 가져오게 되었고(창 7장), 소돔과 고모라의 불심판과(창 19장) 바벨탑 사건은 하나님의 진노를 사서 언어가 혼돈에 쌓이는 결과를 가져오게 되었습니다. 예수님은 종말적 사건을 곧 노아의 때와 소돔과 고모라의 사건으로 비유하셨습니다(마 24:37, 눅 17:26-32).

③ 아직 예수를 믿지 않고 있다면 이 죄에 **빠져있는** 상태입니다.
　　예수님은 이 모든 죄에서 인간을 자유케 하시러 오셨습니다. 그래서 예수님 안에 있으면 자유요, 해방입니다(요 8:31, 롬 8:1-2. 갈 5:1) 믿음 안에 있는 사람은 이제 본질이 바뀌어 은혜 아래 있습니다.

2. 전에는 우리가 본질적으로 마귀에게 노예 되었던 자였습니다.

(2절) "그 때에 너희가 그 가운데서 행하여 이 세상 풍속을 좇고 공중의 권세 잡은 자를 따랐으니 곧 지금 불순종의 아들들 가운데 역사하는 영이라" 했습니다.

1) 본래는 천사장 루시퍼도 사람을 봉사하는 천사장(히 1:14)이었으나 타락하여 마귀가 된 것입니다.

① 지배해야 할 것에게 지금 지배당하는 꼴이 된 것입니다.
　　결국 그 마귀를 따르다가 지옥 형벌을 받게 됩니다(마 25:41, 계 21:8).

② 마귀를 따라가면 결국 종착역이 지옥입니다(요 8:44).
　　마귀는 속이고 거짓의 아비가 된 것입니다. 이것이 예수 믿기 전에 우리의 본질이었습니다.

2) 이제 달라지고 변하게 되었습니다.
① 마귀의 종의 사슬에서 자유케 된 것입니다(요 8:31, 갈 5:1, 요 5:24-25).
② 이제는 영원히 예수님과 함께 사는 본질이 되었습니다.
　　이것이 복음입니다(히 9:27-28, 롬 3:23). 구속 받아 의롭게 되었습니다.

3. 전에는 본질상 진노의 자식에서 이제는 하나님의 자녀가 된 것입니다.

(3절) 본질상 진노의 자식이었으나 이제 믿음으로 하나님의 자녀가 되는 특권이 주어지게 되었습니다(요 1:12, 롬 8:15-16).

1) 본질상 진노의 자식이었으니 이 얼마나 무서운 존재였습니까?
무서운 진노의 대상자였다는 얘기입니다.
① 이것이 하나님을 떠난 죄 값입니다.
　　그래서 예수님이 십자가에서 대신 십자가에 못박혀 죽으셨습니다. 십자가에 당하실 때의 모습을 보십시오(마 27:46, 사 53:1-3).
② 지금도 믿지 않고 불순종하게 되면 무서운 심판이 있습니다.
　　소돔과 고모라성보다 더 무서운 심판이 있습니다(마 10:15, 히 2:3, 12:25). 그러므로 예수 믿는 것이 영원한 복입니다.

2) 예수 안에 있으면 본질이 바뀌게 됩니다.
① 심판의 신분에서 천국 백성의 신분이 됩니다(롬 8:13).
　　이제는 죄의 종이 아니라 하나님 백성이 된 것입니다.
② 또한 이제 믿음으로 본질이 바뀌었기 때문에 본질대로 살아야 합니다.
　　모든 성도들이 본질이 바뀌어서 영원한 천국 백성의 신분으로 축복받기를 축원합니다.

결론 : 우리는 예수 안에서 본질이 바뀐 사람들입니다.

| 성 도 |

하나님과 동행한 에녹
창세기 5:21-24

　사람은 세상에 혼자 살아갈 수 없습니다. 누군가와 어우러져서 함께 살아야 합니다. 그래서 하나님은 아담을 먼저 창조하시고 하와를 다시 창조하시어 함께 살도록 하셨습니다(창 2:18). 어거스틴(Augustine)은 말하기를 "하나님께서 사람을 창조하실 때에 하나님만이 채울 수 있는 어떤 홀(Holl)을 만들어 놓으셨기 때문에 인간은 하나님께 돌아올 때만이 충족될 수 있다"고 하였습니다. 식물들 가운데 넝쿨 식물이 있는데 이 넝쿨 식물들은 무엇인가 붙잡고 타고서 올라가게 됩니다. 인생을 살아가는데도 하나님을 의지하며 살아가는 것이 중요합니다. 세상 사람들은 무엇인가 붙들며 산다는 것이 장차 망할 것에 의지해서 망하는 사람들이 많이 있습니다.
　본문에서 "에녹은 므두셀라를 65세에 낳게 되었고 그 후에 300년을 하나님과 동행하다가 365세에 하나님께 부르심을 입었다"고 말씀하고 계십니다. 죄악의 시대였지만 하나님과 동행하였던 에녹을 통해서 이 시대에 우리도 에녹과 같이 하나님과 동행하는 생애를 살아야 하겠습니다.

1. 에녹은 자녀를 낳으며 양육하는 가운데도 하나님과 동행하였습니다.

1) 더욱 중요한 것은 "므두셀라를 낳은 후"라고 하신 부분입니다.
　에녹은 65세에 므두셀라를 낳게 되었는데 그때도 변치 않고 계속해서 하나님과 동행하였습니다.
　① 자녀를 양육하면서 더욱 하나님과 동행하였습니다.
　　노아시대 직전이기에 죄악이 심각한 시대였으나 하나님과 동행한 이 사건은 이 세대에 자녀교육과 함께 성도가 하나님과 동행해야 됨을 말씀해 주고 있습니다.
　② 인자의 때, 즉 말세 때에는 믿음이 약해지는 때입니다(눅 18:8).
　　예수님 말씀에 "인자의 때에 세상에서 믿음을 보겠느냐"고 하였습니다. 노아 때를 방불케 하는 이때에도(마 24:39) 참 성도는 하나님과 동행함이 중요합니다. 그러므로 우리는 세대 탓보다 우리 자신의 믿음을 다시 한 번 점검해서 하나님과 동행함이 옳습니다.

③ 더욱 자녀를 양육하시는 분들은 자녀를 위해서 더욱 많은 기도가 필요합니다.

이는 예수님께서 예루살렘 여인들에게만 강조하신 것이 아니라 이 세대에 우리 모두에게 강조하셨습니다(눅 23:28). 그러므로 지금은 가정에서 자녀를 위한 기도의 눈물을 많이 흘릴 때입니다.

2) 신약에서 예수님은 우리가 예수님 안에 있어야 함을 강조하였습니다.

하나님과 동행은 곧 예수 안에 살아가는 일입니다.

① 예수님은 말씀하셨습니다(요 15:1~7). 포도나무 비유에서 가지가 원줄기에 붙어 있듯이 예수 안에 있어야만 합니다.

② 사도 바울은 그의 유명한 '예수 안에'(in Jesus)라는 신학적 논리로써 복음을 전했습니다.

③ 옛날 이성봉 목사님은 '일보일보 주와 동행하고 순간순간 주와 호흡하라'고 교훈했습니다.

④ 우리는 우리 자신에게 질문해 보아야 합니다. 날마다의 생활 속에서 에녹과 같이 주님과 동행하는지를 스스로 점검하며 살아야 합니다(눅 2:41~47).

요셉과 마리아와 같이 예수를 잃어버리고 살지 않는지 생각해 보아야 합니다. 동행하는 줄로 착각하고 살지는 않는지 생각해 보아야 합니다.

2. 에녹이 하나님과 동행한 것은 죄악으로 가득찬 세상에서였습니다.

1) 세상을 살아가는 바탕이 죄로 오염된 세상입니다.

공중의 권세 잡은 자가 다스리는 악한 세상입니다(엡 2:2).

① 구원받아 하나님 백성이 되었어도 천국에 가 있는 상태가 아니고 세상에 존재합니다.

옛날 엣세네파와 같이 입산수도 하는 생활도 아닙니다. 세상에 살아야 합니다. 오히려 빛과 소금의 역할을 하며 살아야 합니다(마 5:13~14).

② 에녹은 현실생활을 하면서 하나님과 동행하였습니다.
무디(D. L. Moody)는 "나는 다른 사람들에게 존경을 받지 못하면 결코 불행을 느끼지 않지만 내 사랑하는 자녀에게 존경받지 못하면 나는 이 세상에서 제일 불행한 사람일 것이다" 하였습니다.

2) 하나님과 동행하기 위해서는 영적인 방수가 잘되어야 합니다.
방주를 짓고 역청으로 방수했듯이 영적 방수가 중요합니다(창 6:14).
① 세상에 오염되지 않기 위해서 안과 밖에 방수가 중요합니다. 말씀을 마음에 두어야 합니다(시 119:11).
② 영적인 일에 힘써야 합니다. 게으르지 말고 주를 섬기라고 했습니다 (롬 12:11).

3. 성도는 천국에 갈 때까지 하나님과 동행하여야 합니다.
기간이 없습니다. 에녹은 하나님을 만날 때까지 계속했습니다.

1) 변함없이 주와 동행한 삶이었습니다.
300년 기간은 짧은 기간이 아니었으나 하나님과 동행했습니다(사 26:3).
① 세상은 짧은 세상이지만 주와 동행은 어렵습니다.
경건생활 가운데 말씀과 성령 안에서 동행하여야 합니다.
② 언제나 확인 속에 주와 동행하여야 합니다.
성령은 확인하라고 명했습니다(고후 13:5).

2) 우리는 이 세대에 에녹입니다.
에녹이 먼 옛날 이야기가 아니고 이 세대에 우리가 에녹이 되어야 합니다.
① 바로 지금 내가 에녹이 되어서 하나님과 동행해야 합니다.
성령은 우리에게 이것을 강조해 주십니다.
② 하나님께서 부르실 때에 언제나 '예' 할 수 있어야 합니다.
이 세대 가운데 모두가 에녹이 되시기를 주의 이름으로 축원합니다.

결론 : 우리가 이 세대에 에녹이 되어야 합니다.

좋은 밭, 풍성한 결실의 성도
마태복음 13:18-23

옛날에는 농사철인 봄부터 가을에 결실할 때까지만 농부들이 바쁘게 일했지만 지금은 과학적 농사법의 발달로 겨울에도 농사가 진행되기 때문에 사계절 모두 바쁩니다.

예수님은 천국 복음을 전파하실 때 자연을 소재로 하는 말씀을 많이 하셨는데 본문에서는 유명한 씨 뿌리는 비유를 통해서 천국을 소개해 주셨습니다.

천국 복음을 듣고 모두가 결실해서 천국에 들어가는 것이 아니라 좋은 밭(good soil) 옥토 밭(fertile soil)이 될 때에 결실하게 된다는 진리입니다. 여기에서 우리는 우리 신앙생활의 영적인 큰 교훈을 얻게 됩니다. 그리고 우리 모두가 결실하는 밭이 되어야 하겠습니다.

1. 마음 밭 가운데는 네 가지 종류가 있다고 하였습니다.

신앙생활에 있어서 누구에게나 해당되는 말씀입니다.

1) 네 가지 밭의 상태를 보겠습니다.

네 가지 마음 밭은 예배당 밖에 있는 사람이 아니라 예배당 안에 까지 온 여러 사람을 대상으로 하신 말씀입니다. 밖의 이야기가 아니라 예배당 안의 이야기입니다.

① 길가와 같은 밭이 있습니다.

길의 특징은 사람이나 동물들이 밟고 다니는 딱딱한 곳입니다. 그래서 주석 플핏(pulpit)은 '단조롭고 지루한 무관심한 밭이요, 진리를 받아들이지 않는 완악한 마음이다'고 했습니다. 세상 온갖 그릇된 지식과 악한 것이 모두 짓밟고 다닌 밭은 악한 자의 마음(마 13:19)입니다.

② 돌짝 밭이 있습니다.

흙이 깊지 못하기 때문에 뜨거운 햇빛에 시들게 됩니다. 즉시 기쁨으로 받되(20절) 어떤 인간적인 감정에 의해서 믿음이 좌우되는 사람입니다. 감동은 성령에 의해서만 받아야 합니다. "돌밭에 뿌리가 있다는 것은 말씀을 듣고 즉시 기쁨으로 받되 그 속에 뿌리가 없어 잠시 견디다가 말씀을 인하여 환난과 핍박이 일어나는 때는 곧 넘어지는 자요" 했습니다.
③ 가시 떨기에 뿌려진 씨앗과 같은 밭이 있습니다.
이 밭은 세상유혹에 넘어지기를 좋아하는 상태의 밭입니다. "가시밭에 뿌리웠다는 것은 말씀을 들으나 세상의 염려와 재리의 유혹에 막혀 결실치 못하는 자요" 했습니다.

2) 참 신자의 마음은 이런 상태에서 벗어나야 합니다.
예배당에 와서 하나님 말씀을 듣고 깨달아서 이와 같은 나쁜 마음 밭에서 해방되고 옥토가 되어야 합니다.
① 결실치 못하게 되면 더욱 악한 자의 마음이 됩니다.
그러므로 말씀을 들을 때에 성령의 감동 받아 즉시 깨달아 말씀이 마음에 정착 되어야 하겠습니다. 가룟 유다는 예수님의 말씀을 듣고서 더욱 실행에 옮기는 범죄를 짓게 되었습니다(마 26:22).
② 결실치 못하는 마음 밭에 대해서 견해들이 있습니다.
알포드(Alford)는 마음이 분열되기 때문이라고 했습니다. 오어(Arr)는 단순성을 잃은 마음이라고 하면서 복음은 단순하게 믿어야 한다고 했습니다. 천국은 어린아이가 되어야 들어가게 됩니다(마 19:14). 그러므로 참 신자는 마음을 비우고 성실하게 말씀을 영접해야 합니다.

2. 결실하기 위해서는 밭부터 정리해야 합니다.
성경에서 마음 밭에 대해서 여러 곳에 비유로 말씀했습니다.

1) 묵은 땅을 기경하고 경작해야 합니다.
거듭나기 전의 옛 묵은 땅입니다. 이 땅은 갈아엎어야 합니다.
① 묵은 땅을 기경해야 합니다(호 10:12, 겔 48:12).
묵은 땅 위에 씨앗을 뿌려도 소용없습니다. 먼저 갈아엎어야 합니다.
② 우리의 마음 밭이 갈아엎어져야 합니다.
불신앙적이고 세상적인 것이 갈아엎어져야 합니다. 그리고 그 위에 씨앗을 뿌릴 때에 결실하게 됩니다.

2) 기경한다는 것은 무엇입니까? 옛 자연적인 상태의 불신앙적 모습을 회개해야 합니다.
① 회개하고 거듭난 마음이 되어야 합니다.
예수님의 첫 음성이 "회개하라 천국이 가까이 왔다"고 말씀하셨습니다.
② 물과 성령으로 거듭나야 합니다.
여기에는 지위 고하를 떠나서 똑같이 적용됩니다(요 3:3). 니고데모에게 말씀하심과 같습니다.

3. 좋은 마음 밭의 심령이 되어야 결실하게 됩니다.
좋은 밭(good soil)에서 결실하게 됩니다.
1) 앞서 말한 노는 밭이 개간되어서 변했습니다.
이제는 갈아엎어서 새 밭입니다.
① 마음 밭이 옥토가 되어야 합니다.
여기에서 결실하게 됩니다(겔 17:5,8, 신 8:10, 시 107:34).
② 마음의 개간은 성령께서 말씀을 통해서 하십니다.
성령에 의지하여 성경 말씀에 귀를 기울여야 합니다.
2) 성령께서 열매를 맺게 하실 때에는 30, 60, 100배로 맺습니다.
① 이것이 이상적인 밭입니다.
이 밭이 생산적인 밭이라고 보는 것입니다.
② 열매를 맺게 됩니다(갈 5:22, 마 3:8, 눅 3:8).
우리 모두가 생산적인 밭이 되어서 풍성한 열매 맺기를 축원합니다.

결 론: 성령으로 생산적인 밭이 되어야 하겠습니다.

> 성도

천국 가는 큰 무리들
요한계시록 7:9-14

고대 헬라의 어느 공원 벤취에 늙수그레한 한 사람이 석양을 바라보고 있을 때에 공원지기가 와서 공원 문을 닫으려고 말을 걸었습니다. "어디서 와서 어디로 가는 누구십니까?" 라는 평범하고 우연한 질문에 이 노신사는 말하기를 "내가 그것을 알면 왜 여기에서 이러고 앉아 있겠소? 그것을 모르니 답답할 지경이오." 라고 대답하게 되는데, 그 사람이 바로 유명한 헬라의 철인 '디오게네스' 라는 사람이었습니다.

세상은 태어나서 한 번은 반드시 가게 되어 있기에 사람들은 죽음을 무서워합니다. 그래서 세상 노래 중에 모 가수의 노랫말에 "인생은 나그네길 어디서 왔다가 어디로 가는지…" 라는 말도 있습니다. 그런데 분명한 사실은 반드시 두 가지 갈래로 나누어지게 된다는 사실입니다. 예수님은 넓은 길과 좁은 길로 말씀했습니다(마 7:13).

따라서 성도와 불신자간에는 세상을 보는 생각과 목적이 다릅니다. 인생관, 생활관, 삶의 모든 목적이 다르기 마련입니다. 본문에서 분명하게 가르쳐 주고 있습니다. 천국 무리들이 길게 서 있습니다. 아파트 분양을 받기 위한 줄도 아니고 대학 입시를 위해 줄 서 있는 무리도 아닌데 어떤 무리들이겠습니까?(9절) "아무라도 능히 셀 수 없는 큰 무리" 라고 했습니다. 이 큰 무리들은 다음과 같은 내용의 무리들입니다.

1. 천국 가는 이 큰 무리들은 새롭게 흰 옷으로 갈아입은 무리입니다.

사람이 태어나서 이 세상을 살면서 반드시 옷을 입습니다. 그런데 이 옷은 백화점에 걸려 있는 비싼 옷이 아닙니다. 영적이고 신령한 면에서 '흰 옷을 입었다' 고 했습니다.

1) 천국 가는 흰 옷은 예수 그리스도(어린양)의 피로 죄 씻음 받은 사람들이 입은 옷입니다.

① 이 큰 무리들이 누구입니까? 죄 씻음 받은 사람들입니다.

"어린양의 피에 그 옷을 씻어 희게 하였느니라" 했습니다(9절, 13절, 14

절). 죄 씻음 받은 칭의의 옷입니다. 세상의 값비싼 옷을 입은 것이 아닙니다. 라오디게아 교회는 오히려 책망을 받게 되었습니다(계 3:17-18).

② 성경에는 예수로 옷 입으라고 했습니다(롬 13:12).
세상적인 죄악의 옷들을 벗고 신령한 옷을 예수로 입어야 합니다. 중국의 거대한 나라에는 55개의 소수민족이 살아가는데 그 가운데 '장족'이라는 민족은 평생 세 번 목욕을 한다고 합니다. 태어나서, 결혼할 때, 그리고 죽어서 장례식 때입니다. 결국 스스로 씻는 것은 평생 한 번 밖에 없다고 하니 얼마나 더럽겠습니까? 천국 가는 백성들은 물과 성령으로 거듭나서 흰 옷을 입어야 합니다.

2) 우리 교회 나오시는 모든 분들은 흰 옷을 입고 새 신부 단장을 해야 합니다.

우리의 목적지는 천국이요, 최종적으로 가는 곳입니다.

① 새 옷으로 바꾸어야 합니다. 천국 가는 예복입니다.
야곱은 벧엘에 올라가면서 의복을 바꾸어 입었습니다(창 35:1-3). 벧엘은 하나님의 집입니다.

② 이 옷을 입지 않으면 쫓겨나게 됩니다(마 22:1-14).
이 말씀 끝에 예수님은 말씀하셨습니다. "청함을 받은 자는 많되 택함을 받은 자는 적으니라"

③ 이 옷은 예복이요, 예수님의 신부의 옷입니다.
사도 요한도 분명하게 증거했습니다(계 19:8). 이 옷으로 갈아입고 영적으로 준비된 성도들이 되어야 합니다.

2. 천국 가는 이 큰 무리들은 신앙적으로 승리한 자들입니다.

우리는 어차피 세상에서 여러 가지 전쟁 속에 살아갑니다.

1) 천국은 영적 전쟁에서 이긴 자들이 들어가게 됩니다.

(9절) "손에 종려가지를 들고" 했는데 이 종려가지는 승리를 뜻합니다. 예수님이 예루살렘에 입성하실 때에 사람들이 사용했던 종려가지입니다(마 21:9).

① 성도는 세상에서 영적 전투에 이겨야 합니다.
천국은 세례 요한 때부터 침노를 당하는데 침노하는 자가 빼앗게 됩니다

(마 11:12). 계시록 2-3장에서 강조한 말씀이 "이기는 자는" 했습니다.
② 우리는 지금 영적 전쟁 중에 있습니다(엡 6:10-17).
전쟁은 1등만 있을 뿐 2등은 없습니다. 이기는 사람만이 천국의 영광에 들어가게 됩니다.

2) 성경은 성도들에게 세상 모든 불의와 악으로부터 이기라고 강조했습니다.

① 마귀를 대적해야 합니다(벧전 5:8, 고전 15:56-57, 롬 8:37).
모든 악한 세력의 전투에서 이기고 승리한 큰 무리들이 천국을 향해서 입성하게 되는 것이 본문의 말씀입니다.
② 이기는 방법은 영적 무장에 있습니다.
성령 충만해야 합니다. 내 힘으로는 영적 싸움에서 이길 수가 없습니다(엡 6:13-18). 믿음 위에 굳게 서야 합니다(요일 5:4). 믿음으로만 세상을 이기게 되고 천국 가는 대열에 서서 나가게 됩니다. 촛불 시위로 이기는 것이 아니고 종려가지를 들고 있는 사람이 이기게 됩니다.

3. 천국 가는 큰 무리들은 세상의 환난을 통과한 사람들입니다.

(14절) "이는 큰 환난에서 나오는 자들"이라고 했습니다.

1) 세상은 환난과 풍파가 많은 곳이며 그래서 '광야'라고 말합니다.

이런 곳에서 이기고 나오는 큰 무리입니다.
① 우리의 믿음은 금으로 비유되었는데(벧전 1:7), 금은 용광로 속에서 제련된 것입니다.
성경에는 환난에 대해서 많이 언급했습니다(욥 13절, 시 18:6, 32:7, 59:16, 욥 5:19, 시 9:9, 행 14:22). 하나님 나라에 들어가려면 많은 환난을 겪어야 합니다(행 14:22).
② 어떠한 일도 참 그리스도인은 이길 수 없습니다.
정신만 차리면 그리스도인이 이기게 됩니다(롬 8:39).

2) 환난은 영적 싸움입니다.

본문에서 '큰 환난'은 놀라운 장엄한 고통과 시련 등을 뜻합니다.

① **기독교는 환난에서 시작되었던 역사를 가지고 있습니다.**
예수님도 세상에서 환난을 겪으셨습니다. 그리고 이기셨습니다(요 16:33, 골 2:15). 수많은 순교자의 피가 지구촌을 물들게 했습니다.

② **환난에서 이기시기 바랍니다.**
때때로 고난까지도 유익합니다(시 119:7).
환난을 통과할 때에 큰 무리의 속에 합류하게 됩니다. 우리 성도들 모두가 여기에 속하게 되시기를 축원합니다.

결론: 천국 가는 큰 무리들이 우리 앞에 대열을 이루고 있습니다.

성 도 | # 그리스도 예수의 마음을 가진 사람
빌립보서 2:5-11

사람은 부모나 친척 중에 누군가를 닮고 태어나게 됩니다. 외형이나 내면적 성격 하나라도 닮아서 태어나게 됨을 보게 됩니다. 고 김용기 장로님이 가나안 농군 학교 교장 시절에 어느 대학생이 찾아와서 하나님을 보여 달라고 했습니다. 그리고 몇 명의 학생들이 들어 왔을 때에 장로님은 질문했습니다. "자네는 누구를 닮았는가?" "예 우리 아버지를 닮았다고 합니다." "그래, 그러면 자네 부친은 누구를 닮았는가?" "우리 할아버지를 닮았지요." 그래서 증조할아버지, 고조할아버지… 계속 올라가다가 말문이 막힌 학생은 "누군가를 닮았겠지요." 했습니다. 이 때에 김 장로님은 창세기 1:27 말씀을 인용해서 "나는 하나님을 닮았기 때문에 내 속에 언제나 하나님이 계시다"고 역설하셨습니다.

사도 바울은 본문뿐 아니라 빌립보서 1:8에서 "내가 예수 그리스도의 심장을 가졌다"고 했습니다. 또한 본문에서 예수님의 마음을 가질 것을 강조 했습니다. 낮고 낮은 그리스도의 신을 입고 오신 하나님 되신 예수 그리스도를 믿는 사람은 그분의 마음을 가진 사람이 되어야 합니다.

1. 예수님은 하나님으로써 이 땅에 오셨습니다.

예수님은 죄인과 같이 온갖 수모와 고통을 다 당하셨고 결국 십자가에서 대속적 죽음을 당하셨습니다.

1) 그는 근본 하나님의 본체시라고 했습니다.

이 말은 본래 하나님이심을 말씀해 주십니다.

① 여기에서 '본체'와 '모양'을 비교해 보면 더욱 이해가 **빠릅니다**.

'모양'이 외적이라면 '본체'는 내적인 일이라고 보면 됩니다. 사람은 '모양'은 변해가지만 내적인 '자아'는 변치 않습니다. '나'는 영원히 '나'입니다. 천사장 루시퍼는 교만해서 사단이 되었고 내치심을 받았지만(겔 28장), 예수님은 겸손히 십자가를 지셨습니다(슥 9:9, 마 21:5). 그러므로 겸손하신 예수님의 마음을 닮아야 합니다.

② 예수님은 완전한 사람인 동시에 완전하신 하나님이 되십니다.

이는 신학적으로 이성일인격(二姓一人格)되신 예수님이라고 말합니다. 또한 죄가 없으신 분이십니다(히 4:15). 325년 교회사에서는 아리우스(Arius)와 아타나시우스(Athanasius) 논쟁에서 아리우스를 이단으로 정죄하고 아타나시우스의 예수님께 대한 신앙고백을 믿고 지금까지 성경대로 믿고 오게 되었습니다. 예수님께 대한 바른 신앙이 아니면 곧 이단입니다(요일 4:1-3). 예수님께 대한 바른 고백이 아닌 이단들이 지금도 많습니다.

2) 그 분은 장차 천국 왕권을 가지고 재림하시게 됩니다(9-11).

"이러므로 하나님이 그를 지극히 높여 모든 이름 위에 뛰어난 이름을 주사" 했습니다.

① 예수 그리스도는 하나님으로서 실패자가 아니라 성공자요, 승리자이십니다.

예수님 자신이 심문 받는 자리에서 시인하신 바요, 이 죄 때문에 십자가에 결정적으로 달리게 된 죄목이기도 합니다(막 14:61-62). 사도 요한은 밧모섬에서 이 사실을 계시 받게 됩니다. (계 1:7) "볼찌어다 구름을 타고 오시리라 각인의 눈이 그를 보겠고 그를 찌른 자들도 볼 터이요 땅에 있는 모든 족속이 그를 인하여 애곡하리니 그러하리라" 했습니다. 그때에 모든 사람이 보게 됩니다(계 6:15-).

② 하나님의 본체로서 이 땅에 우리를 구원하시러 오신 하나님의 부르심에 순종해서 믿고 구원받는 자가 되어야 합니다(마 22:1-14, 요 1:12).

2. 구원받은 성도라면 예수님의 마음을 가지고 살아야 합니다.

이 땅에 오신 예수님의 마음이 어떤 마음이겠습니까?

1) 예수님의 마음은 성경에서 이렇게 표현했습니다.

① 많은 사람에게 전해서 멸망에서 영생의 길로 돌아오게 하는 마음입니다.

잃어버린 백성을 찾으러 오셨습니다(눅 19:10). 한 영혼이 돌아오게 하는 일은 하나님께서 그렇게 기뻐하십니다(눅 15:7). 사도 바울은 평생을 다해서 이 일에 힘썼습니다.

② 예수님의 마음을 가진 사람은 영혼을 불쌍히 여기며 긍휼히 여기며 사는 성도입니다.
　복음의 빚진 자이기 때문입니다(롬 1:14). 세계 선교지마다 일화가 있는데 남태평양 작은 나라 '몰라카이' 라는 나라에 백인 선교사 다미엘은 그 나라 나환자촌에 복음을 전하기 위해 자기 자신이 나환자가 되어 복음을 전한 예화는 감동적입니다.

2) 우리는 때때로 자신에 대해서 질문해야 합니다.
내 몸 속에는 주님을 사랑하는 농도가 몇 %나 되는가?
① 예수님은 육신을 입고 나 때문에 오셨습니다(6-7).
　예수님은 나 때문에 하나님의 본체에서 사람의 모양으로 오시게 되었는데, 그 은혜로 구원받은 나는 내 생애 몇 %나 주님 위해 살고 있습니까?
② 예수님의 마음 갖지 아니하면 예수님 사랑, 교회 사랑, 성도 사랑, 직분이 있다 해도 충성을 할 수 없거니와, 더욱이 남의 영혼을 사랑한다는 것은 그림의 떡이 될 것입니다.
　물과 성령으로 거듭나서 예수님의 마음을 가지는 성도가 되어야 합니다.

3. 성도는 언제나 예수님을 생각할 때마다 마음에 찡하는 감사와 감동, 복받치는 마음이 있어야 합니다.
이것이 곧 그리스도의 마음이 있는 사람의 상태입니다.

1) 이것은 예수님 마음과 통하는 신앙입니다.
여기에 영적인 교통과 교류가 오고 가게 됩니다(요 15:4).
① 우리는 예수님의 고귀한 생명의 희생의 대가로 구원받아 하나님의 자녀가 되었기 때문입니다.
　그래서 찬송과 기도를 할 때마다 금방이라도 눈물이 나오려는 찐한 마음이 있습니다.
② 예수님의 희생 없이는 우리의 구원은 없습니다.
　141장 찬송가에서 아이작 왓츠(I, Watts)는 '늘 울어도 눈물로써 못 갚을 줄 알아 몸 밖에 드릴 것 없어 이 몸 바칩니다.' 라고 찬송했습니다.

2) 예수님의 피의 희생을 늘 생각하는 마음이 중요합니다.

① 성찬식은 매우 중요합니다(요 6:53, 고전 11:25).
예수님 사랑합니다. 예수님의 이 마음을 간직해야 합니다.
② 이런 현상은 예수님이 다시 재림하실 때까지 계속적으로 이 땅에 수많은 믿음의 사람들에게서 나타나게 될 것입니다.

성도들이여, 이 믿음을 계속해서 계승해 나가고 후세대에 전하여 주시기를 주님의 이름으로 축원합니다.

결론: 지상교회는 예수님 마음을 가진 사람들에게서 진행됩니다.

| 말씀 | ## 위력 있는 하나님 말씀
히브리서 4:12-13 |

세상에는 유명한 사람들이 남긴 말들이 많이 있습니다. 유명한 정치인, 철학자, 사상가, 종교인, 작가, 군인 등 각계각층의 사람들이 내놓은 말들입니다. 이들이 남긴 말들이 지식이 되고 유익한 것으로 생각할지라도 여기에는 생명을 살리는 능력은 없습니다. 죄로 타락된 생명을 살리는 비결은 오직 하나님 말씀 밖에 없습니다.

존 번연이 지은 천로역정의 주인공 기독교는 여러 선각자들에게서 진리를 얻은 것이 아니라 십자가 앞에서 살 길을 찾게 되었고 말씀 안에서 영생의 길을 가게 됩니다. 얼마나 많은 사람들이 성경 속에서 영생을 얻고 영원한 삶을 얻습니까? 인생이 사는 길은 오직 성경 속에 있습니다. 여기에 영생이 있고 축복이 있고 인생의 길이 있습니다. 본문에서 몇 가지 은혜의 말씀을 나눕시다.

1. 하나님 말씀인 성경은 지금도 살아있습니다.

1) 성경은 모두 성령의 감동으로 기록되었기 때문입니다(딤후 3:16).
"모든 성경은 하나님의 감동으로 된 것으로 교훈과 책망과 바르게 함과 의로 교육하기에 유익하니 이는 하나님의 사람으로 온전케 하며 모든 선한 일을 행하기에 온전케 하려 함이니라" 하였습니다.

① 사람이 이 말씀을 대하게 될 때에 변화를 받게 됩니다.
  수많은 사람들이 세상적인 방법으로는 변화가 되지 않아도 성경에 의해서 변화됩니다. 탕자였던 어거스틴(Augustine)이 변화된 것도 말씀이었습니다(롬 13:11). 성경은 완전하여 영혼을 소성케 하기 때문입니다(시 19:7-).

② 죄인이 회개하고 돌아올 때에도 말씀의 역사를 통해서 회개합니다.
  깡패가 돌아오고 술주정꾼이 돌아오고 세상에서 무익한 사람이(몬 11절) 돌아와서 사랑받는 유익한 사람(골 4:9)이 됩니다. 이것은 철저하게 말씀의 능력입니다.

2) 성경 안에 인생을 살리는 능력이 있습니다.

말씀으로 천지를 지으신 하나님께서 이 세상에 오실 때에 말씀으로 오셨습니다(요 1:14).

① 이 말씀을 믿어야 합니다.

믿는 자에게 구원이 있고 영생이 있습니다. 그러나 불신지옥입니다. 영생의 약속이 남아있을지라도 믿지 아니하면 망합니다(히 4:1-3). 그러나 믿고 돌아오게 될 때 믿는 자 속에서 말씀이 역사합니다(살전 2:13).

② 들은 말씀에 '아멘' 하며 순종해야 합니다.

말씀이 들려오게 되고 접하게 될 때에 아멘과 순종이 절대적입니다. 거기에서 능력이 나타나게 되고 영생의 복락과 축복이 따르게 됩니다. 반대로 불순종과 거역은 파멸에 이르게 됩니다(삼상 15:22-23). 구약 역사상 초대 왕이었던 사울 왕에게서 볼 수 있습니다.

2. 하나님 말씀인 성경은 지금도 운동력이 있습니다.

살아있을 뿐 아니라 운동력이 있습니다. 활발하게 움직인다는 뜻입니다.

1) 말씀은 움직입니다. 그래서 역사가 나타납니다.

구약성경에서도 선지자들을 보낸다는 것은 곧 말씀을 보낸다는 것으로 기록되었습니다. 말씀이 움직이고, 달려가고, 역사하는 모습을 보십시오. (시 107:18-19, 시 147:15-18)

① 병든 자에게도 말씀이 역사하사 치료케 하십니다.

능력이 나타나기 때문입니다(행 3:1-). 앉은뱅이가 일어나게 됩니다.

② 앞길이 막힌 자에게도 말씀이 역사합니다(시 119:105).

말씀이 곧 빛이요, 능력이 나타나기 때문입니다.

③ 말씀을 따라가게 될 때에 역사가 달라지게 됩니다.

개인 역사, 가정 역사, 사회나 국가적 일들이 변화됩니다. 하나님 말씀이 있는 곳과 없는 곳은 세상이 다릅니다.

2) 말씀이 전달될 때에 순종하면 기적과 기이한 일이 나타나게 됩니다.

① 주께서 말씀하실 때에 바람과 파도가 잠잠케 되었습니다(마 8:26).

주의 말씀은 곧 창조의 말씀이기 때문입니다.

② 주께 순종하게 될 때에 말씀대로 되어집니다.
물이 포도주가 되고(요 2:1-11), 빈 그물이 두 배로 채워지는 기적이 나타나고(눅 5:1-5), 부족한 입술이요, 여러 면에서 부족한 사람이지만 제가 이 시간에 말씀을 대언하여 여러분이 은혜 받는 것은 이 말씀이 하나님의 말씀이기 때문입니다.

3. 성경은 하나님 말씀이기 때문에 아무리 딱딱한 것도 예리하게 쪼갤 수 있습니다.

"좌우에 날선 어떤 검보다도 예리하여 혼과 영과 및 관절과 골수를 찔러 쪼개기까지" 하며 했습니다.

1) 하나님 말씀 앞에서는 쪼개지지 않는 것이 없습니다.
강퍅하기 짝이 없는 마음도 성경은 침투해서 쪼개고 회개케 하십니다.
① 인간이 타락하여 오만과 아집과 교만이 제 아무리 딱딱하게 자리 잡고 있어도 성경은 그 마음속에 침투해서 쪼개지게 합니다.
② 말씀에는 언제나 하나님의 성령께서 역사하시기 때문입니다.
말씀의 위대성을 믿고 순종하시기 바랍니다.

2) 하나님 말씀은 모든 것을 드러나게 합니다.
(12하) "또 마음의 생각과 뜻을 감찰하나니" 했습니다.
① 생각도 드러나게 됩니다.
드러나지 않은 것이 없습니다. 심지어 스데반의 설교를 통해서 저들의 마음이 찔렸다고 했습니다(행 7:54).
② 외식도 가식도 위선도 모두 드러나게 됩니다.
복된 인생은 하나님 말씀을 믿는 인생입니다. 걸려 넘어지는 자가 아니라 믿고 순종해서 영원히 사는 축복받는 인생이 되시기를 축원합니다.

결 론: 하나님 말씀은 지금도 역사합니다.

구원 예수님을 영접하고 변화된 사람
누가복음 19:1-10

자연 생태계를 보면 수많은 변화 속에서 후계들에게 마지막으로 자기의 종자를 남기게 됩니다. 자연 생태계의 동식물뿐만 아니라 인간세계에서 수많은 변화와 발전 속에서 좀 더 나은 생활을 요구하게 되고 행복을 추구하게 됩니다. 그래서 독일의 관념론 철학자인 헤겔(Hegel)은 인간 역사발전은 정.반.합(正.反.合)의 원리에 의해서 지속된다고 역설했습니다.

이것을 공산주의의 원조격인 칼 막스(Karl Marx)는 정신적으로 보지 않고 물질적으로 보아서 공산주의를 통해서 역사 속에서 수많은 생명을 죽이게 되었습니다. 인생이 살아가는데 행복과 영생의 길은 세상적인 이론이 아니라 예수 그리스도의 복음을 통해서만 사는 길이 있습니다. 지금도 그렇지만 예수님 당시에도 예수님께 관해서 믿고 따르는 무리가 있었고, 반대하며 오히려 꼬투리를 잡아서 모함하려는 무리도 있었고 그저 되어가는 일에 대해서 구경꾼도 있었습니다.

본문에 기록된 주인공인 삭개오는 히브리어로는 '삭개' 인데 느 7:14에 나오는 이름입니다. 그 뜻은 순결 또는 정의라는 뜻입니다. 여리고는 국경지역에서 관문이고 큰 세무서가 있었고 그곳에서 세무장이었습니다. 재력과 명예는 있었지만 고독하고 죄인 취급을 당하던 차에 예수님을 집에 모시게 되었고 새로운 인생으로 출발하게 됩니다.

사람은 몇 가지 종류가 있습니다. 첫째는 자연인입니다. 예수를 모르는 사람입니다. 둘째는 육에 속한 그리스도인입니다. 예수를 믿기는 해도 아직 세상적으로 사는 사람입니다. 셋째는 영적으로 사는 그리스도인입니다. 물과 성령으로 거듭나서 완전히 성령 안에 살아가는 사람입니다. 본문에서 삭개오를 통해서 우리 자신들의 영적인 모습을 비추어 봅니다.

1. 삭개오에 대해서 생각해 보겠습니다.

자연인으로서의 삭개오입니다.

1) 삭개오는 세상적인 조건은 잘 갖추어진 사람입니다.
사람이 살아가면서 환경이나 조건은 매우 중요합니다.

① 이름에 나타난 조건이 매우 좋은 이름입니다.
성실, 정의를 뜻하는 유대인식 이름입니다. 그러나 직업이 당시에 죄인이 되는 세리였습니다(눅 15:1).

② 직위가 세리장입니다.
요즈음 직장 구하기가 힘든데 당시에도 직장이 매우 중요했습니다. 배고픈 백성이 많이 있었고 그래서 예수님은 그들에게 오병이어의 기적을 베푸시기도 하셨습니다(요 6:26-27).
그런 점에서 욕을 먹을지라도 삭개오는 당시에 좋은 직장이 보장된 사람이었습니다. 재물도 많이 있었습니다.

2) 그러나 삭개오는 외부적 조건에 비해서 반비례로 영적이고 정신적인 면에서는 피폐해 있었고 갈증을 느끼고 있었습니다.

① 이 세상 어떤 조건도 영적이고 정신적인 갈증은 해소되거나 대체할 수 없습니다.
어거스틴(Augustine)은 하나님께 돌아올 때만이 그 갈증이 채워지게 된다고 역설했습니다.(요 4:13-14). 수가 성 여인의 경우에서 볼 수 있습니다. 남편이 다섯이 있었습니다. 데려오라고 했습니다. 돈 좋아하는 금서방, 술 좋아하는 주서방, 허영 좋아하는 허서방, 향응과 오락 좋아하는 오서방이라고 웃기게 말했던 사람도 있습니다. 예수께 와야 합니다.

② 요즈음 부자들과 소위 성공한 자들의 마음이 삭개오와 같습니다.
가난했던 사람들이 출세하게 되면 그때부터 고독해지고 결국 자살까지 가는 경우들이 있습니다. 선진국형 질병이 만연한 시대가 되었습니다. 하나님은 '목마른 자들아 와서 포도주와 젖을 사라'고 부르시고 계십니다(사 55:1). 예수님께 왔던 삭개오의 결단이 필요한 사람이 주변에 많이 있습니다.

2. 예수님을 만나기 위해서는 각종 장애물을 극복해야 합니다.
다음으로 미루면 곤란합니다. 지금이 예수님께 올 때입니다(고후 6:1-2). 장애물이 있어도 장애물을 이겨야 합니다.

1) 삭개오가 예수께 오려고 할 때 어떤 장애물이 있었을까요?
이것은 교회에 나와서 예수님을 만나기 위해서는 반드시 극복해야 하는 것과 같은 일들입니다.

① 키가 작은 선천적인 장애물이었습니다.
그러나 삭개오는 이것을 극복하였습니다. 영적으로 키가 작은 것은 극복이 됩니다(벧전 2:2). 예수 그리스도 안에서는 얼마든지 성장이 가능하기 때문입니다.

② 사람의 장애였습니다.
사람이 너무 많아서 예수님을 볼 수 없었습니다.
교회 생활 가운데는 때때로 사람이 장애가 될 때도 있습니다. 친구, 이웃, 같은 기관, 구역이 장애가 될 수도 있고 가족 중에, 때때로 조상숭배가 장애물이 될 수 있으나 극복하고 넘어야 합니다.

2) 삭개오는 장애물들을 극복하였고 예수님을 만나게 되었습니다.
예수님을 만나기 위해서는 장애물을 이겨야 합니다.

① 삭개오는 예수님을 만나기 위해서 열심을 보였습니다.
세리장이 뽕나무 위에 올라간다는 것은 대단한 결심입니다. 체면도 보지 않고 누가 비웃든지 상관치 않는 열정입니다.

② 예수님은 이와 같은 삭개오를 만나주셨습니다.
일단 예수님을 만나기 위한 목적은 이루어지게 되었습니다. 신앙생활에 장애물(시험)을 극복하면 예수님을 만나게 되고 소망이 있습니다.

3. 삭개오는 예수님을 영접하게 되었고 인생이 변화되었습니다.
예수님을 만나면 인생이 변화됩니다. 무익했던 사람이 유익하고 사랑받는 사람이 됩니다(몬 11절, 골 4:9). 수많은 간증들이 있습니다.

1) 예수님을 만나서 변화 받은 사람들을 보시기 바랍니다.
① 제자들은 예수님을 만나서 고기 잡는 어부에서 사람 낚는 어부가 되었습니다(마4:17).

디메오의 아들, 거지 소경 바디메오는 눈을 뜨게 되었습니다(막 9:46). 102장 찬송의 죠지 베버리쉬(G. B. Shea 1909-)는 술집 가수에서 복음 가수로 변했습니다.

② **변화 받기 위해서 뽕나무에서 내려와야 합니다.**
(6절) "급히 내려와 즐거워하며 영접하거늘" 했습니다. 예수님을 만나서 변화 받기 위해서는 교만의 자리에서 겸손히 내려와야 합니다. 교만한 자리에서는 예수님을 만날 수가 없습니다.

2) 예수님을 만나서 변화 받은 삭개오의 모습을 보겠습니다.
예수님을 만나게 될 때에 일어나는 사건입니다.

① **회개가 이루어졌습니다.**
회개하는 길만이 인생이 사는 유일한 길입니다(사 1:18, 마 4:17, 요일 1:9).

② **구원이 선포되었습니다.**
"오늘 구원이 이집에 이르렀으니 이 사람도 아브라함의 자손이로다" 하셨습니다.(9절) 예수 믿는 곳에 구원이 있습니다(요 1:12, 2:16, 행 16:31).

③ **주의 일꾼이 되었습니다. 세무관리가 예수님의 일꾼이 되었습니다.**
로마의 클레멘트(Clement)에 의하면 그가 베드로와 동역하다가 가이사랴의 감독이 되었다고 전해내려 옵니다. 예수님을 만나게 되면 변화 받게 됩니다.

이 시간 처음 나온 사람이라도 예수님을 영접하시고 천국의 일꾼들이 되시기를 예수의 이름으로 축원합니다.

결론 : 예수님 없이는 천국에 들어갈 수 없습니다.

구원 **부끄러운 구원도 있습니다**
창세기 19:12-22 (고전3:11-12)

부끄럽고 창피한 감정이나 느낌은 사람에게만 있는 일이요, 짐승에게는 없습니다. 그런데 문제는 인격적인 사람은 부끄러움과 창피함을 느끼지만, 비인격적이고 짐승과 같은 사람은 잘 느끼지 못합니다. 문제는 모든 인간들은 언젠가 반드시 하나님의 심판대에 서게 된다는 것입니다. 구원은 믿음으로 받지만 그 구원에는 부끄러운 구원도 있습니다. 그래서 바울은 서신에서 건축자와 같은 신앙생활로 비유해서 전하였고, 예수님도 모래 위에 지은 집이나 반석위에 지은 집이 있다고 하셨습니다(마 7:24-27).

또한 종말론을 말씀하실 때에(마 25:14-22) 달란트 비유로써 말씀하셨습니다. 잘 하였도다 착하고 충성된 종이라고 칭찬 듣는 사람이 있거니와 책망을 받게 되는 사람도 있습니다. 십자가에서 죽으실 때에 우편 강도는 다행히 구원을 받게 되었지만 이를 가리켜서 부끄러운 구원이라 할 것입니다(눅 23:4) 교회 안에도 분명히 부끄러운 구원 받을 사람들이 있음을 경고하시는 말씀입니다. 본문에서 몇 가지 은혜를 나누겠습니다.

1. 구원 문제는 철저하게 예수 믿는 믿음으로만 받습니다.

구원의 조건은 예수 믿는 믿음입니다.

1) 구약에서도 신약에서도 요구되는 구원의 조건은 믿음입니다.
믿음 외에 다른 방법은 없습니다.

① 구약에서는 오실 메시야를 기다리고 바라보면서 믿고 구원에 이르게 되었습니다.

(민 21:5-9, 요 3:14)모세의 뱀 사건이 그 예입니다. (출 12:1-20)유월절 양을 잡아 피를 문설주에 바른 사건이 그 예입니다. (수 2:15)여리고성이 멸망할 때에 성벽 위에 걸린 붉은 줄은 좋은 예이며 라합이 여기에서 구원 받았습니다. (사 7:14)처녀가 잉태하여 아들을 낳을 것을 예고함으로써 메시야를 약속해 주셨는데 구약의 유다인들은 이 사실을 믿었습니다.

② 신약에도 마찬가지입니다.
신약에는 오셔서 구속을 완성하신 예수를 믿음으로 구원 받습니다(요 1:12, 롬 10:9, 벧전 1:9). 죄악 세상에서 신음하는 의로운 롯이 구원 받은 것도 믿음입니다(벧후 2:7-8).

2) 악한 세상이지만 하나님은 믿는 사람들에게 인을 치십니다.
구원하시기 위해서 인(印)을 치십니다.

① 에스겔에게 보여주셨습니다(겔 9:1-6).
회개하며 믿는 의인들에게 인을 치시게 됩니다. 이것은 성소(교회)에서부터 시작합니다. 심판은 교회에서 시작됩니다.

② 신약에도 인치는 모습이 많이 기록되었습니다.
(엡 1:13, 계 7:1-3) 우리는 모두 성령의 인 맞은 자가 되어야 하겠습니다. 그럼에도 불구하고 믿음의 생활이 겨우 턱걸이 구원에 이르는 사람도 있다고 예고해주시는데, 불 가운데서 구원을 받는 부끄러운 구원입니다.

2. 구원 받는 영적인 일에는 지체하거나 미루지 말아야 합니다.
영적인 일에는 세상 그 어떤 일보다도 우선적 이어야 합니다.

1) 롯은 구원 받기는 했어도 중대한 일에 머뭇거리고 지체했습니다.

① 시간을 다투는 일에 롯의 지체는 무리였습니다.
지체할 때에 천사가 그들을 억지로 재촉하게 되었습니다(19:16). 베드로 사도는 말세를 만난 성도들에게 경고했습니다(벧후 3:8).

② 영적이고 신령한 일에는 미루거나 지체해서는 안 됩니다.
지체할 일이 아니라 힘써야 할 일입니다(벧후 3:14). 이것이 말세 성도가 해야 할 중대한 일입니다.

2) 지체할 일이 아닐뿐더러 머무르거나 뒤를 돌아보지 말아야 합니다.
천사가 그렇게 롯의 가족에게 당부하였습니다(창 19:17).

① 천사를 통하여 경고를 받았습니다.
그런데도 롯의 처는 뒤를 돌아봐서 소금 기둥이 되었습니다(창 19:26). 경고를 무시했기 때문입니다.

② 이것은 신약시대에 모든 교회와 성도들에게 주시는 경고입니다.
지금은 예수님의 재림이 가까운 때입니다. 부끄러운 구원을 받지 않도록 해야 합니다. 예수님은 "롯의 처를 생각하라"(눅 17:32) 했습니다. 교회에까지 오게 되었고 구원의 복음은 들었으나 빈약해서 겨우 부끄러운 구원에 이를 자 없도록 영적인 일에 힘써야 하겠습니다.

3. 롯의 구원의 배경에는 부끄러운 일이 많이 있습니다.

롯이 구원 받은 것은 사실이지만 우리에게 주시는 교훈은 그가 부끄러운 일이 많이 있었다는 사실입니다.

1) 롯은 선택부터 잘못하였습니다.

장망성과 같은 갈대아 우르에서 나온 것은 잘한 일이요, 오늘날 세상에서 교회로 나온 것에 비유됩니다(창 12:4). 그러나 그 후에 선택이 잘못 됐습니다.

① 소돔 성을 택한 것이 그릇된 일입니다(창 13:8-10)
소돔성은 죄악의 도시였고 심판이 준비된 성읍인데 그곳으로 간 것입니다. 구원받은 성도가 세상을 어떻게 살아야 함을 보여 주는 말씀입니다.

② 복 있는 사람은 악인의 꾀를 좇지 않는 사람입니다(시 1:1).
장소 뿐 아니라 시간, 돈 사용 모두가 구별되어야 합니다. 왜냐하면 구원 받았기 때문입니다.

2) 롯은 매사가 부끄러운 일에 빠져 있었습니다.

① 이런 일이 그릇되었습니다.
소돔지역에 가서 산 것, 그 속에서 악에 물들어 있었고 딸들을 내놓게 되었습니다. 그 속에 술 취해서 딸들과 동침했습니다.

② 구원 받은 성도는 행함이 바르게 서야 합니다.
이 모든 것은 우리의 영적 거울입니다(고전 10:11). 행한 대로 갚으시겠다고 하셨기 때문입니다(마 16:27).

부끄러운 구원이 아니라 상급이 풍성한 구원에 이르기를 축원합니다.

결 론 : 불 가운데서 받은 부끄러운 구원은 곤란합니다.

구 원

잃어버린 하나님의 백성을 찾으라
누가복음 19:9~10

우리가 세상을 살아가는 일상생활 가운데서 이따금씩 어떤 것을 잃어버리는 불상사가 발생합니다. 차에 우산을 놓고 내린다든지 심지어 어떤 분은 택시에다 돈 가방을 놓고 내리는 경우도 있습니다. 그런데 문제는 그것이 무엇이든지 간에 내 것을 잃어버리는 것은 손실입니다.

옛날 고등학교 시절에 집에서 키우던 개가 집을 나갔는데 며칠간이나 찾아서 헤맨 적이 있습니다. 결국 찾지 못하였고 심적인 서운함이 당시로서는 대단했습니다. 80년대 이산가족 찾기 운동 때에 온 국민이 희로애락의 때가 있었습니다. 잃은 가족을 찾는다는 것은 대단한 기쁨입니다. 지금도 어린 자녀를 잃어버리고 찾아 헤매는 부모들이 방송에 나오는 경우를 보게 됩니다.

문제는 하나님께서 지금도 하나님께 돌아와야 되는 하나님의 백성을 찾고 계시다는 것입니다. 여기에는 천국과 지옥의 갈림길이 있습니다. 하나님의 최대 관심사는 잃은 백성을 찾는데 있습니다. 본문에서 언급하셨듯이 예수님이 이 땅에 오신 목적이 여기에 있습니다. 본문에서 은혜를 나누어 보겠습니다.

1. 본래 인간은 하나님의 백성입니다.
천지를 지으실 때에 하나님의 형상으로 지으셨습니다.

1) 창조하신 하나님께서 하나님의 형상으로 창조하셨습니다.
창세기에 자세히 나타나 있습니다(창 1:26-28).

① 하나님의 형상으로 창조하셨습니다.
그런데 인간이 하나님의 뜻을 저버리고 죄를 짓고 우상과 바꾸었으며 모든 것을 잃게 되었습니다(렘 2:11). 예레미야 선지자는 유다 백성의 죄악을 강하게 꾸짖었습니다.

② 죄를 짓게 되면 그 때부터 죄의 종이 됩니다.
예수님은 죄의 종이라고 질타하시며 바리새인들을 깨닫게 교훈하였고 "진리를 알지니 진리가 너희를 자유케한다" 고 하셨습니다(요 8:32).

마귀는 처음부터 살인자요, 거짓말쟁이인데 마귀에게 속은 것이 인간입니다(요 8:44). 미국의 흑인 노예 해방은 링컨 대통령이 했지만 죄로부터의 해방은 예수 그리스도가 하십니다.

2) 하나님의 형상만 잃어버린 것이 아니고 에덴동산에서도 추방당하였습니다. 축복도 잃어버리게 되었습니다.

① 죄와 허물로 죽게 되었습니다(창 2:17).
먹는 날에는 정녕 죽으리라 하셨습니다. 그러나 예수님은 오셔서 죄와 허물로 죽었던 우리를 살리셨고(엡 2:1), 평화를 이루셨습니다.

② 에덴에서 추방당하였고 축복 대신 저주가 임하게 되었습니다.
농사해도 땀을 흘려야 되고 엉겅퀴와 가시덤불이 나게 되었습니다(창 3:23). 죄 가운데 살다가 영원히 볼 못에 들어가는 인간이 되었습니다(마 25:41).
이와 같은 잃어버린 인생을 찾으시려고 하나님께서 독생자 예수 그리스도를 보내셨습니다. 이 일을 위해 하나님은 오늘도 교회를 세우시고 교회를 통해서 일하십니다. 우리가 여기에 쓰임 받게 됩니다.

2. 하나님은 잃어버린 백성을 찾으려고 독생자까지 보내 주셨습니다.

1) 구약에서 예표로 보여주셨습니다.

구약의 사건, 인물, 제도 등에서 오실 메시야에 대한 증표를 보여주시고 예언하셨는데 예수님은 그대로 오셨습니다.

① 구약의 예표로는 몇 가지만 보시기 바랍니다.
가죽옷을 통한 예표입니다(요 1:29, 창 3:21). (출 12:1-14) 유월절과 어린 양을 통한 예표입니다. 호세아와 고멜을 통한 예표입니다(호세아서). 하나님께서는 한 사람을 찾을 때에 제일 기뻐하십니다(눅 15장).

② 하나님의 최대의 관심사대로 이제까지 잃은 영혼을 찾으시려고 예언대로 예수님이 오시게 되었습니다.
우리 모두 금년 한 해도 잃어버린 영혼을 찾는데 주력해야 하겠습니다.

2) 구약의 예언대로 예수님은 육신을 입고 이 땅에 오셨습니다.

그 목적은 잃은 백성을 찾기 위해서입니다.

① 예수님의 이름에 그 뜻이 담겨져 있습니다(마 1:21).
  아들을 낳으리니 이름을 예수라 하라 이는 그가 자기 백성을 저희 죄에서 구원할 자란 뜻입니다.
② 그리고 십자가에서 완성하셨습니다.
  '다 이루었다 하시고' (요 19:30) 하셨습니다. 완성하신 것입니다. 이제 믿으면 구원이 있습니다(롬 10:10-11). 영생이 있습니다(요 3:16, 5:24).

3. 아직까지도 하나님은 최대의 관심사로써 잃은 영혼을 찾고 계십니다.
독생자까지 주신 하나님의 관심사가 이것입니다.

1) 모든 역사는 예수 그리스도에게 초점이 맞추어 있습니다.
① 예수님을 통해서만 구원이 있기 때문입니다.
  다른 길은 없습니다(요 14:6, 행 4:12). 그러므로 부지런히 예수 복음을 전할 때에 듣는 자가 믿음으로 구원 얻습니다.
② 세상 이름들 중에 예수님의 이름이 제일 귀합니다.
  93장 찬송에서 톰슨(W. L. Thompson)은 예수님의 이름이 최고라고 찬송했습니다.

2) 하나님께서 우리교회에 주신 것은 생명 구원에 사용하는데 있습니다.
이웃부터 시작해서 지구촌을 품어야 하겠습니다.
① 교회의 최고 사명은 선교요, 전도입니다(행 1:8, 마 28:19-20).
  이 사명에 주력해야 하겠습니다.
② 우리의 기도, 물질, 관심, 정성을 모아야 합니다.
  우리교회를 부르는 곳이 지구촌 곳곳에 많습니다. 이 사명 감당하기를 주의 이름으로 축원합니다.

결론 : 이 일은 성령의 능력으로만 가능합니다.

> 구 원

거듭난 사람의 현주소
요한복음 3:1~16

어떤 일에는 매사에 그 일에 대한 본질적 문제와 부수적 문제로 나누어서 말을 할 수 있을 것입니다. 그렇지 못했을 때는 본질이 왜곡되고 마치 수박 겉 핥기식으로 되어 버리기 쉽기 때문입니다. 예수 그리스도 교회를 통한 신앙생활 역시 본질이 바로 세워지는 일이 바른 신앙이라고 보는 바 곧 그것은 물과 성령으로 거듭남입니다. 거듭나지 못한 채 교회생활 하는 것은 본질을 모르는 일에 비교됩니다. 여기에 구원 문제, 죄 사함의 문제, 천국 문제가 해결되기 때문입니다.

기독교 외에는 다른 일반적인 문제는 다른 것에 많이 유사하게 있지만 본질적으로 죄 사함의 문제는 예수 그리스도 복음밖에 없습니다. '백성의 승리' 라는 이름의 뜻을 가진 니고데모가 산헤드린 의원이었고, 백성의 존경받는 사람이었지만 밤에 예수님께 쫓아와서 거듭남의 복음을 듣게 되었고 후에 예수님의 좋은 제자가 되었습니다. 세상적인 그 어떤 옷을 걸쳐 입고 있어도 거듭날 때만 천국 백성이 되기 때문에 중요한 말씀인바 여기에서 몇 가지 은혜를 나누게 됩니다.

1. 거듭날 때에 천국의 백성으로 살다가 천국에 입성하게 됩니다.

예배실에 앉아 있다고 해서 모두 천국에 들어가는 것이 아닙니다.

1) 반드시 거듭남이 있어야 합니다.
천국은 거듭남의 사람에게 주어지는 나라입니다.

① 거듭나는 것은 중생이요, 회개입니다.
   구약이나 신약에서나 회개가 중요시 되어있고 마음을 찢으라고 외쳤습니다(레 7:37, 욜 2:12). "너희는 옷을 찢지 말고 마음을 찢고 너희 하나님께로 돌아올지어다" 했습니다. 세례 요한이나 예수님은 회개를 촉구하셨고 복음 핵심이었음이 분명합니다(마 3:1, 4:17, 행 2:38, 요일 2:9).

② 회개할 때만이 죄 씻음 받게 되고 천국 백성으로 인을 쳐 주십니다.
   이것은 성령의 사역입니다.

① 인(印)을 쳐주신다는 말씀은 성경에 여러 곳에 확증되었습니다.
 (엡 1:13, 계 9:4, 겔 9:1-6) 왜냐하면 여호와의 기업은 자기 백성이시기 때문입니다(신 32:9).
② 인을 맞는 것은 하나님 백성의 확증입니다.
 (사 43:1) "너는 내 것이라" 하였습니다. 서양에서는 수많은 짐승 떼를 자기 것으로 소유권을 확인하기 위해서 불도장을 찍어서 확인했습니다. 회개하여 거듭나게 될 때에 천국 백성으로 인을 치시며 영원한 하나님의 자녀로 살게 되기 때문에 중요한 일입니다. 그러므로 다음으로 미루지 말고 이 시간에 회개하여 거듭남을 확인해 보시기 바랍니다(고후 6:1-3).

2. 거듭나는 일은 예수 그리스도가 나의 구세주이심을 믿어지게 되고 믿는 일입니다.

거듭나는 일만이 예수 믿는 확실한 증거입니다.

1) 거듭난 사람은 예수님이 나의 구세주로 확실히 믿는 믿음의 증표가 있습니다(벧전 1:8-9).

① 믿음을 주시고 하나님의 자녀로 확실히 믿게 됩니다.
 예수를 영접하는 자는 곧 믿음으로 연결되고 하나님의 자녀로 확증이 됩니다(요 1:12). 따라서 거듭난 사람만이 확실히 예수 믿는 사람입니다.
② 성령으로 거듭난 사람은 성령께서 오셔서 하나님의 자녀임을 증거해 주십니다.
 이것이 성령의 역사입니다. 이제는 양자의 영을 받았고 아바 아버지라 부릅니다(롬 8:15-16). 확실히 하나님의 자녀가 되었고 천국 백성입니다(빌 3:20).

2) 결국 이 믿음의 결국은 영생이요, 구원입니다.

믿는 자는 살게 되고 영생이 있습니다(요 5:24).

① 기독교 교리의 핵심은 믿고 거듭나서 영생 얻는데 있습니다.
 윤리나 도덕도 중요하지만 다른 곳에도 있는 제목들이겠으나 영생의 교리는 거듭남에서 밖에 없기 때문에 예수 믿고 중생 얻는 일이 중요한 일입니다. 수억을 헌금하거나 사회에 기부했어도 거듭나지 아니하고 믿음

이 없다면 구원은 없습니다.
② 예수 믿고 거듭나서 천국 백성이 된 것에 대해 감사해야 하고 끝까지 잘 달려가야 합니다.
옛날 로마 시민권은 돈을 주고도 샀지만(행 22:27-28), 천국 시민권은 예수 안에서 믿음으로 거듭날 때만 주어지는 축복입니다.

3. 거듭난 사람만이 신앙의 본질을 사는 사람입니다.

거듭나지 아니하면 천국도 없거니와 신앙생활은 본질을 모르는 것과 같습니다.

1) 거듭난 사람만이 천국 백성으로 살아가는 것입니다.

① 거듭난 사람은 예수 믿는 일이 인생의 본업이 됩니다.
예수님도 "나의 양식은 나를 보내신 이의 뜻을 행하며 그의 일을 온전히 이루는 이것이니라"(요 4:34)하였습니다. 따라서 천국에 호적이 있는 사람은 거듭난 사람답게 믿음 생활이 본업입니다.
② 신앙생활은 교회 생활을 비롯해서 전체 생활이 신앙생활입니다.
교회 생활만 번드르르한 것이 아니라 세상 생활 역시 거듭난 생활로 이어져야 합니다(행 2:44-47).

2) 기독교의 본질은 천국입니다.

천국을 제외하면 기독교는 없습니다.
① 이 천국은 거듭남에서 들어가는 자격이 주어집니다.
그러므로 기본적인 거듭남이 다시 한 번 강조됩니다.
② 거듭나지 않고 하는 일은 모두 무효입니다.
니고데모는 예수님께로부터 귀한 복음을 듣고 거듭났고 주의 제자가 되었습니다.
우리 모두 확실히 거듭난 주의 백성으로 승리하기를 주의 이름으로 축원합니다.

결론 : 거듭날 때만이 천국 백성입니다.

| 구 원 |

구원은 여호와께 있사오니
시편 3:1~8

세계 역사는 전쟁의 역사로 지금까지 흘러왔고 지금까지도 세계 도처에서 전쟁의 기운들이 가득 차 있습니다. 남북이 6·25를 겪은 지도 54년이 지났습니다. 여기까지 대한민국을 축복해 주신 하나님의 은혜에 감사하며 우리들은 이 나라의 안보를 위해서 기도할 때입니다.

이스라엘이 1948년 다시 회생하여 건국한 아래 시련이 많이 있던 중에 1967년 소위 6일 전쟁은 세계인들의 이목을 끌었던 전쟁이었습니다. 국민이라야 당시에 250만 명밖에 되지 않았지만 1억이 넘는 아랍과 싸워서 6일 만에 시나이 반도까지 차지한 대 승리의 드라마를 엮어낸 것은 최신식 무기를 의지한 것이 아니라 애국심이요, 하나님의 섭리였습니다. 당시에 모세 다이안 장군은 오늘 본문 말씀을 읽으며 국민들을 독려했다고 전합니다.

골리앗과 싸워 이겼던 다윗과 같은 전쟁이었습니다. 우리 또한 현재에 와서 열강들의 각축장이 되어버린 한반도 정세 속에서 본문을 생각하지 않을 수 없게 되었습니다.

(삼상 17:47) "전쟁은 여호와께 속한 것인즉 여호와의 구원하심이 칼과 창에 있지 아니하다"고 한 말씀을 생각하며 본문에서 몇 가지 은혜를 나누어 봅니다.

1. 이 나라에는 역사적으로 지금까지 대적들이 많이 있습니다.

6·25를 상기하며 각 교회와 총회마다에서 기도하는 사람들이 많이 있습니다만 부산만 남겨 놓고 모두 빼앗겼던 6·25때를 생각하며 현재 나라 안팎으로 대적들이 많은 상황에 대해 더욱 기도해야 합니다.

1) 다윗에게는 대적들이 많았지만 이겼고 승리했습니다.
다윗은 어디로 가든지 이겼다고 했습니다(대상 18:6~13). 오늘 본문에서 다윗은 대적들이 많다고 몇 번씩이나 강조했습니다.

① 우리는 영적인 대적들이 많이 있는데 영적으로 싸워야 이길 수 있습니다(마 26:52, 엡 6:10-17).

② 우리 주변에는 교회를 핍박하고 어렵게 하는 세력들이 매스컴을 타고 정치적 문제, 경제적 문제, 사회적인 길목에서 지키고 있습니다.
이런 때일수록 교회는 깨어 기도하고 스스로 겸비해야 합니다(삼하 16:11).

2) 결국 의가 승리하고 하나님 편에 선 자가 승리하게 됩니다.
역사를 운영하시는 분은 하나님이시기 때문입니다.

① 옛 로마가 망했으나 핍박 받던 교회는 승리했듯이 신앙적인 입장에서 북녘 땅 동포들을 위해서 기도할 때마다 승리를 믿고 인내로써 기다려야 합니다.
수많은 억울한 일들이 있지만 결국 복음이 승리하는 나라가 될 것이기 때문입니다. 위해서 기도해야 합니다(롬 12:17).

② 하나님을 외면하는 무신론주의자들이 가득한 세상이지만 인내로써 감정을 억제하며 기도해야 합니다.
인간의 그릇된 지식이 짐승의 복제에서 이제는 인간의 복제까지 운운합니다. 뿐만 아니라 세계 도처에는 복음을 핍박하는 세력들이 많이 있습니다. 우리는 기도하며 인내로써 승리하는 교회가 되어야 합니다.

2. 주의 교회들은 이런 때에 두려워하지 말고 다윗과 같이 승리해야 합니다.

1) 다윗은 대적이 많았지만 두려워하지 않았습니다.
골리앗 앞에서도 두려움이 없이 싸웠고 이겼습니다.

① 믿음의 선진들은 모두가 담대하게 이겼던 사람들입니다.
다윗이 그랬고(삼상 17:40-51), 사드락, 메삭, 아벳느고가 그랬습니다. (단 3:16-). 다니엘이 그랬습니다(단 6:10). 베드로를 비롯한 사도들이 그렇게 이겼습니다(행 4:19) 갈멜산 꼭대기의 엘리야가 승리했습니다(왕상 18:19).

② 온 세상이 종말적인 사건이나 불신앙으로 가득한 때에 성도는 의연하게 대처해 나가며 신앙으로 담대해야 합니다.
말세 성도들은 두려워하지 말고 담대할 것을 촉구합니다(사 43:1).

2) 다윗은 본문에서 어려울 때에 하나님께서 함께 하심으로 지켜주셨다고 간증했습니다.

① 하나님은 믿는 개인이나 국가까지도 방패가 되시고 반석이 되어주신다고 했습니다(시 18편, 27편, 46편).
이는 다윗의 중심 사상이요, 성도가 가져야 할 신앙적인 자세입니다.

② "나의 머리를 드시는 자니이다" 했습니다.
패하여 고개 숙인 자가 아니라 이기고 영광스럽게 머리를 세우게 하심을 간증했습니다. 그리고 기도한 것에 대해서 응답하심을 믿었습니다.
(4절) "내가 나의 목소리로 여호와께 부르짖으니 성산에서 응답하시는 도다" 했습니다. 우리는 지금 개인적으로나 국가적으로 부르짖을 때입니다(5-6).

3. 우리의 소망은 오직 하나님께 있습니다.

다윗이 하나님께 소망을 가졌듯이 안과 밖으로 종말적인 사건과 징후로 가득한 때에 우리의 소망, 국가의 소망은 오직 하나님께 있습니다.

1) 대한민국의 위기 때에도 오직 하나님께 소망이 있습니다.

① 역사적 위기가 또 한 번 오는 듯합니다.
미군 철수, 경제가 바닥이 되고, 수도를 옮기는 문제를 비롯한 이 나라의 갈등 문제들, 일본, 중국 등 주변 국가들의 문제들이 많이 있습니다.

② 위기 때마다 우리를 이끌어 주신 하나님께 소망을 두며 기도해야 하고 하나님을 의지해야 합니다(사 31:1).

2) 궁극적 힘은 하나님께 있습니다.

① 역사의 물줄기는 하나님이 운전하십니다(시 127:1).

② 6·25를 즈음해서 하나님은 우리를 더욱 크게 세계 선교를 위해서 사용하시려고 또 한 번 움츠리게 하시는 줄 알고 경성해서 기도로 승리하는 교회와 국가가 되어야 하겠습니다.
개인과 교회와 국가 위에 하나님의 승리가 있게 되기를 축원합니다.

결론 : 다윗은 위기 때에 더 빛이 났습니다.

구원

참 영생의 문, 영생의 길
마태복음 7:13-14

과학이 발달하고 경제적 수치가 높아지면서 반대로 역반응을 보이는 것이 있는데 반비례적으로 신앙적이고 정신적인 것은 점점 더 무디어지기 때문에 편리주의와 안일주의가 판을 치는 시대입니다. 그래서 역사학자 아놀드 토인비(Arnold Toynbee)박사는 말하기를 물질문명은 토끼처럼 발달하고 정신적 문명은 거북이처럼 발달하기 때문에 사람들이 여기에서 갈등하게 된다고 하였습니다. 예수 믿고 천국에 소망을 두기보다 오히려 세상에 더욱 관심이 많은 현대인의 신앙을 봅니다. 진정한 교회와 성도들은 이와 같은 물결에 떠내려가지 않도록 해야 합니다(롬 12:3).

소아시아 일곱 교회 중에 사데교회와 라오디게아교회는 핍박도 없었고 물질이 풍요한 교회였으나 반대로 영적으로는 피폐해 있었기 때문에 책망만 받은 교회였습니다(계 2장). 독일의 유명한 자유주의 신학자인 본 회퍼는 '값싼 은혜가 우리 교회의 가장 치명적인 원수이다' 라고 했습니다.

본문에서 예수님은 좁은 길과 좁은 문으로 들어가라고 하셨습니다. 넓은 길과 넓은 문은 가는 자가 많지만 결국은 멸망이라고 했습니다. 이 시간에 우리의 신앙을 말씀에 다시 한 번 비추어 보는 시간이 되시기 바랍니다.

1. 참 그리스도인이 가는 길과 문은 좁은 곳입니다.

크고 넓은 곳이 아니라 대단히 협착하다고 하였습니다. 좁은 문이 있고 넓은 문이 있습니다.

1) 예수 믿는 믿음을 바르게 지키는 신앙생활 자체가 좁은 문이요, 좁은 길입니다.

오늘날 모든 일들이 대형화하는 추세에 교회가 빠지기 쉬운 함정을 조심해야 합니다.

① 초대교회는 다락방에서 시작하였고 토굴 속에서 예배드리는 경우가 많았으며, 두세 명만 모이면 곧 교회요 예배인원이었습니다.
그래도 핍박을 이기며 승리한 교회였습니다(마 5:10-12, 히 11:36-38, 벧

전 1:1).

② 신앙생활은 그 자체가 좁은 문입니다.

그러므로 바른 믿음을 지켜야 하고 사적인 믿음에 의해서 교회를 들락거리는 것은 위험합니다. 사람이 무서워서 회개하라 천국이 가까이 왔다고 외칠 수 없는 시대적 상황은 분명히 좁은 문으로 가는 신앙이 아닙니다.

2) 좁은 문과 좁은 길은 참 성도가 평생을 걸어야 하는 길입니다.

혹자는 내가 옛날에는 그랬는데 지금은 시대가 변했느니 하면서 그릇 가는 경우들이 있습니다.

① 회개해야 할 문제입니다.

거듭난 사람은(요 3:1-7) 날마다 회개에 합당한 열매를 맺으며 신앙생활해야 합니다(마 3:8, 4:17). 참 교회와 신자는 회개에서부터 시작됩니다(요일1:8-9).

② 은혜 받은 시간부터 성도는 좁은 길이 시작된 것입니다.

천국에 갈 때까지는 좁은 길과 좁은 문을 벗어날 수 없습니다. 천국에 갈 때에 벗고 가게 됩니다. 그래서 예수님도 강조하셨습니다(눅 14:26-27, 33). 현세에 살아가면서 이 길을 간다는 것이 어렵습니다.

2. 그럼에도 불구하고 예수의 사람은 좁은 문, 좁은 길로 가야 합니다.

예수 그리스도의 사람이기 때문입니다.

1) 예수의 사람이란 것은 예수 제자임을 말합니다.

예수의 사람은 예수의 제자의 도(道)가 있는데 그 길이 좁은 문이요, 좁은 길입니다. 천국 백성이기 때문입니다.

① 여기에는 부단한 자기 훈련이 필요합니다.

조직 신학자인 핸드릭슨(Handricson)은 말하기를 제자는 태어나는 것이 아니고 끊임없는 훈련을 통해서 양성된다고 했습니다. 그래서 야고보서에는 행함의 믿음을 강조했습니다(약 2:26). 그리스도의 사람은 군사, 농부, 선수로 비유되었는데 이들 모두 훈련이 필요한 사람들입니다(딤후 2:1-7). 또한 이기기를 다투는 자마다 모든 일에 절제한다고 했습니다(고전 9:25).

② 그리스도인은 보이는 부분만 아니라 보이지 않는 부분까지 중요합니다. 이것은 하나님의 법입니다.
　① 마음 하나 쓰는 것까지 바르게 살아야 합니다.
　　예수님의 마음입니다(빌 2:5). 마음을 지키라 했습니다(잠 4:23). 하나님은 중심을 보신다고 하였습니다(삼상 16:7).
　② 말 한마디까지 좁은 길이 있습니다(약 3:1).
　　특히 언어생활에서의 좁은 길, 좁은 문은 중요합니다(엡 4:29). 그래서 더러운 말은 입 밖에도 내지 말고 듣는 사람에게 은혜를 끼쳐야 합니다(엡 4:3). 신앙생활은 전체가 송아지와 같은 헌신과 충성입니다. 이것은 좁은 길이요, 좁은 문입니다(겔 1:1, 계 4:7).

3. 결과는 영생이요, 천국의 상급이 보장되어 있습니다.

영생을 보장 받았고 상급까지 약속되었습니다(막 10:29).

1) 그런데 세상에서 사람들이 찾는 이가 적습니다.
영원히 사는 확실한 길임에도 사람들이 외면합니다.
① 좁기 때문입니다. 그래서 쉽게 예수님을 믿으려 하지 않습니다.
　믿는다고 해도 쉬운 길, 편리한 길만 보게 됩니다.
② 인기가 없습니다. 쉽게 가는 길이 아니기 때문입니다.
　주말 야구 경기장이나 TV에서 나오는 노래 광장에는 사람들이 늘 만원이라도 교회에 나오는 사람은 많지 않습니다. 인기가 없기 때문입니다.

2) 이 길은 분명히 생명의 길이요, 상급이 약속 되었습니다.
① 예수님이 가신 길이기 때문에 확실한 약속입니다.
　예수의 이름을 걸고 말씀하신 길입니다. 그러므로 이 길을 끝까지 사수하며 믿음을 지켜야 합니다.
② 여러분이 지금 가는 길이 좁은 길이요, 좁은 문입니다.
　변치 말고 끝까지 이 길로 가시고 이 문으로 들어가시기 바랍니다.
천국의 주인공, 상급의 주인공들이 되시기를 축원합니다.

결 론 : 우리가 지금 서있는 길은 좁습니다. 그러나 생명의 길입니다.

> 신앙생활

돌이킬 수 없는 사울의 범죄
사무엘상 15:22~23

한 번 잘해서 영원히 복을 받고 형통케 되는 길을 걷는 사람이 있는가 하면 한 번 그릇가게 되어서 영원히 낭떠러지로 미끄러지는 인생들이 많이 있습니다. 사무엘하 6:10에 나오는 '오벧에돔' 같은 경우는 한 번 잘해서 후대까지 복을 받았습니다(대상 15:26). 그런가하면 한 번 그릇해서 대대로 낭떠러지로 미끄러지는 인생들도 있습니다(창 4:8 가인, 창 9:25 함, 창 25:31에서, 히 12:16). 반대로 한 번 잘해서 계속적으로 자손 대에까지 복을 받는 아브라함도 있습니다(창 12:1, 21:1, 22:1, 갈 3:9).

본문에서 사울은 이스라엘 나라의 초대 왕이었으나 그 축복된 기회를 상실해 버리고 축복을 빼앗기게 되는데 자기만 아니라 후손 대에까지 악영향을 끼칠 왕으로 남게 됩니다. 되돌아 갈 수 없는 낭떠러지로 추락하는 사울의 모습에서 우리의 영적 거울을 삼게 됩니다.

1. 재물에 대한 욕심이 하나님 말씀에 불순종하게 하여 눈을 멀게 하였습니다.

이 부분은 옛날이나 지금이나 똑같이 인간들에게 약점이 되는 부분입니다.

1) 사울의 초창기에는 참으로 아름다운 신앙의 모습이었습니다.
사울의 일대기를 몇 가지 참고해 보면 알 수 있습니다.

① 효자였습니다(삼상 9:1).
그래서 아버지 기스의 잃어버린 암나귀를 찾으러 다니다가 선지자 사무엘을 만나게 되었고 왕이 될 것이라는 선견을 듣게 되었습니다.

② 겸손했습니다(삼상 9:21, 10:1, 22).
베냐민 지파요 약한 가문임을 생각하여 다른 사람보다 어깨 위는 더 큰 사울이 행구 사이에 숨는 일까지 하는 겸손을 보였습니다.

③ 하나님의 신이 충만하여 예언까지 하게 되었습니다.
"사울도 선지자 중에 하나더냐"라고 까지 했습니다(삼상 10:5-11).

④ 암몬 사람 나하스가 치러 올라올 때에 성령에 감동 되어서 크게 역사 하여 군주로써 검증을 받기가지 했습니다(삼상 11:1).
그런 관계 속에서 계속 되었으면 훌륭한 군주가 되었겠지만 사울은 결국 폐인이 되었는데 그 원인이 있습니다.

2) 물질 때문에 눈이 어두워서 하나님 말씀에 불순종 했습니다.
한 번 잘못한 것이 계속 이어져 가게 되었습니다.

① 아말렉을 물리치고 진멸시켜야 할 일을 하지 아니했습니다.
아말렉 사건은 출애굽 과정에서 있었던 이스라엘의 적이었습니다. 출애굽기에서 어려움을 주었던 사람들이었기에 멸절시켜야 했습니다(출 17장).

② 성경에서 물질 때문에 망한 사람들의 교훈이 큽니다.
여기에서 성도는 물질 때문에 하나님과 멀어지지 않도록 함을 깨우쳐 주게 됩니다(창 3:1 아담, 수 7:1 아간, 왕하 5:27 게하시, 막 10:17 부자 청년, 행 1:18 가룟유다). (잠 14:24) "지혜로운 자의 재물은 그의 면류관이요 미련한 자의 소유는 다만 그 미련한 것이니라" 했습니다.
지금은 세상의 관심사는 돈에 쏠려 있는데 우리는 이런 때에 사울을 통해서 영적 교훈을 얻어야 하겠습니다. 종교 개혁자 마틴 루터(Martine Luther)는 '사람이 마지막 회개하는 것이 돈주머니이다' 고 했습니다. 결국 종말론에서 666표 역시 돈과 관계가 있습니다(계 13:18).

2. 자기 자신에게 왕이 되게 하고 전쟁에서 이기게 하신 하나님을 잊어 버렸습니다.

(시 50:22) "하나님을 잊어버린 너희여!" 했습니다.

1) 자기 자신을 왕위에 오르게 하신 하나님을 잊어버린 것입니다.

① 12지파 중에 제일 나약한 지파에서 왕이 되게 하신 것은 하나님의 은혜요, 축복이었습니다.

② 그런데 전쟁 중에 이기고 돌아오면서 하나님께 영광 돌리지 아니하고 자기 이름을 위해서 기념비를 세우며 불순종 했습니다.
이것이 사울이 패하게 된 원인입니다.

2) 사무엘 선지자가 전한 말씀을 잊어 버렸고 사무엘까지 버리게 되었습니다.

사무엘이 누구입니까? 사울을 왕위에 오르게 한 선지자입니다.

① 선지자와의 관계가 좋지 않으면 하나님과의 관계도 좋을 수가 없습니다(삼상 8:7, 출 16:8).

② 선지자에게 신뢰할 때에 복이 됩니다(대하 20:20).
남왕국의 아사 왕이 선지자를 신뢰했을 때에 100만 대군을 물리쳤습니다. 오늘날 교회들에게 주시는 교훈이 큽니다.

3. 사울의 전철을 밟지 말라는 교훈입니다.

사울의 기사는 모든 시대의 모든 교회들에게 교훈이 됩니다.

1) 사울은 용서받을 수 없는 선을 넘게 되었습니다.

① 하나님 자신에게 도전하는 사울을 용서할 수가 없었기에 폐하게 되었습니다(행 13:22).
조선시대나 군주시대에 왕에게 역모하는 자는 살지 못했습니다.

② 하나님께 거역하는 것은 곧 선지자를 믿지 않았기 때문임을 기억해야 합니다.

2) 말세 때에는 많은 사람들이 그릇된 곳에 치우치게 되는 때입니다 (딤후 4:3).

① 참 성도는 말씀이 아닌 곳은 가지 말아야 합니다.
하나님 말씀에 순종하는 것이 곧 사는 길이요, 축복입니다.

② 교회에 유익이 되지 않는 길은 가지 말아야 합니다.
교회가 곧 우리의 생명의 울타리입니다.

사울을 통해서 큰 교훈을 받으시기를 축원합니다.

결론: 우리는 실패자가 아니라 성공한 그리스도인입니다.

> 신앙생활

모리아 산으로 가는 발걸음
창세기 22:1-19

사람은 아침 일찍부터 저녁 늦게까지 분주하게 어디론가 갑니다. 인생의 여정을 모른 채 매일 같이 달려갑니다.

헬라의 철학자 디오게네스가 한 번은 늦은 저녁때에 벤치에 앉아서 지는 석양을 물끄러미 바라보고 있는데, 공원지기가 와서 어깨로 툭 치면서 "어디로 가는 누구요?" 라고 물으며 이제 공원을 닫아야 하기 때문에 빨리 돌아가라고 했습니다. 이때에 디오게네스가 하는 말이 "내가 어디로 와서 어디로 가는지 알면 왜 이렇게 앉아 있겠소." 했다고 전합니다.

이솝이야기 가운데 나오는 한 토막입니다. 지구의 종말이 왔다고 뛰던 토끼의 뒤로 모든 산짐승들이 뛰기 시작했습니다. 한참을 뛰던 한 짐승이 갑자기 멈추면서 왜 우리가 뛰어야 하느냐고 물었습니다. 영문도 모르고 뛰던 짐승들이 결국 토끼에게 왔습니다. 지구의 종말이 왔기 때문이라고 했습니다. 결국 짐승들은 토끼가 낮잠을 자던 곳에 오게 되었고 쿵하고 울렸던 소리는 지구의 종말의 소리가 아니라 야자수 나무의 열매가 떨어지는 소리였고, 커다란 야자 열매만이 그 장소에 굴러다니고 있었습니다.

본문에서 아브라함은 하나님의 부르심에 응하여 독자 이삭을 제물로 드리기 위해서 가는 모습이 기록되었습니다. 인생들이 본인이 걸어가는 발걸음도 모른 채 빨리도 걸어가는 시대에 우리는 다시 한 번 아브라함의 걸어가는 발걸음에서 은혜 나누어봅니다.

1. 아브라함의 발걸음은 하나님을 신뢰하고 신망하는 믿음의 발걸음이었습니다.

아브라함은 지금 독자를 바치려고 가는 발걸음입니다.

1) 아브라함이라고 해서 인간적인 고뇌가 없었겠습니까?(마 26:39 예수님의 고뇌)

하나 밖에 없는 독자를 바치는데 고뇌가 많았겠지만 믿음으로 극복합니다.

① 성도는 때때로 믿음의 발걸음에서 고뇌할 수 있으나 이를 극복하는 믿음이 중요합니다.

아브라함은 하나님을 믿었고(Faith), 신뢰하였고(Confidence), 복종, 순종하였고(Obedience), 결과(Result)는 큰 축복의 사람이 되었습니다.

② 고뇌까지도 하나님께 맡기는 발걸음이었습니다.

이삭이 물었습니다. 불도 있고 나무도 있는데 제물은 어디에 있습니까? 이때에 아버지로써 "아들아 번제할 어린 양은 하나님이 자기를 위하여 친히 준비하시리라" 했습니다. 믿음의 가정은 자식문제에 육적인 방법으로 갈등하지 말고 자식문제 까지도 하나님께 의뢰해야 합니다.

2) 우리의 생애는 지금 발걸음이 어떻습니까?

아브라함과 같이 믿고 신뢰하는 발걸음인가를 확인해야 합니다(고후 13:5).

① 아브라함의 생애에서 배워야 합니다.

아브라함은 그가 등장하는 시간부터(창 12장) 끝까지 시종일관 믿음의 사람입니다. 성경이 이를 말해주고 있습니다(창 12:1, 21:14, 22:1- , 롬 4:17-25, 갈 3:9, 약 2:21-23). 모두 믿음의 발걸음이었습니다.

② 우리의 매일 매일의 발걸음은 어떠합니까?

평상시 생활이 믿음의 생활이 되어야 하겠습니다. 행동, 언어, 생각, 생활 등 일생의 모든 길이 믿음이어야 하겠습니다. 여기에 복이 있습니다(시 128:1). 말세 때에는 믿음이 점점 약한 시대에 살아가고 있기 때문입니다(눅 18:8). 자신의 믿음을 확인하고 걸어야 하겠습니다.

2. 아브라함의 발걸음은 철저하게 순종하는 발걸음이었습니다.

아브라함의 이름은 언제나 순종의 대명사가 되었습니다.

1) 불순종의 발걸음과 순종의 발걸음의 두 발걸음이 있습니다.

① 불순종의 발걸음은 망했던 것으로 성경에 기록했습니다.

첫 사람 아담(창 2:17), 여리고 성의 아간 사건(수 7:21-), 니느웨 성을 향한 선지자 요나(욘 1장)가 그 대표들입니다.

② 순종의 발걸음은 본인도 살게 되고 타인도 살렸습니다.

예수님은 순종의 보루가 되셨습니다(고후 1:18-20, 히 5:8, 빌 2:8). 바울의 예에서 보게 됩니다(행 16장). 선교차원도 아시아가 아니라 유럽으로 뱃머리가 돌려지게 되었습니다. 그리고 빌립보 교회가 세워지게 되었고 유럽의 복음의 시초가 되었습니다.

2) 우리의 발자국은 어떤지 생각해 보시기 바랍니다.
매일 같이 정처 없이 헤매는 인생들 사이에서 우리의 발걸음은 어떤지 생각해 보시기 바랍니다.

① 하루하루 살아가면서 예수 그리스도 안에서 순종하며 삽니다.
성도의 생활의 초점이 하나님께 대한 순종이 되어야 합니다. 이것이 성도의 본분입니다.

② 순종의 결과는 축복이지만 불순종의 결과는 멸망입니다(신 28:1-14).
순종의 결과요(신 28:15-18), 망함의 결과입니다. 사울 왕은 불순종하다가 망하였습니다(삼상 15:22). 순종형이 되어서 복 받기를 바랍니다.

3. 아브라함의 모리아 산으로 가는 발걸음은 예배와 헌신의 발걸음이었습니다.
십자가 지고 죽으시러 가시는 예수님의 발걸음을 생각하게 합니다. 70억이 가까운 인생들의 발걸음이 지금 어디로 가고 있습니까?

1) 아브라함의 발걸음은 예배와 헌신의 발걸음이 되었습니다.

① "아침에 일찍이 일어나 나귀에 안장을 지우고" 했습니다.
예배와 헌신에는 부지런해야 합니다. "부지런하여 게으르지 말고, 열심을 품고 주를 섬기라"(롬 12:11) 했습니다.

② "나무를 쪼개어 가지고 3일 길을 걸어서 멀리 바라보았다"고 했습니다.
예배와 헌신에는 수고가 따라야 합니다. 더욱이 주의 날을 온전히 지키며 주의 백성된 표징을 나타내야 합니다(겔 20:12). 여기에 야곱의 업으로 축복해 주십니다(사 58:13, 14).

③ 부모 혼자가 아니라 아들 이삭과 함께 가는 길입니다.
참 성도는 자녀에게 예배와 헌신의 길을 보여주어야 합니다(욜 2:15).

2) 우리의 생애에서 우선적 발걸음은 예배와 헌신의 발걸음이 되어야 합니다.

① 성도의 기본은 예배와 헌신의 생활입니다.
  에티오피아 간다게의 국고 맡은 내시의 예배도 있습니다(행 8:26-).
② 지금 시대는 예배와 헌신이 깨어져(Broken)가는 시대입니다.
  하나님은 예배를 위해서 하나님 백성을 부르셨습니다(시 50:1-5).
성공적인 예배와 헌신의 인생 발걸음이 되시기를 축원합니다.

결론 : 어디로 가는 발걸음입니까?

> 신앙생활

빛과 소금처럼 귀한 존재
마태복음 5:13-16

　세상에는 귀한 것이라고 일컫는 것들이 많이 있는데, 개인이나 가정이나 국가적 차원에서 볼 때에 귀중한 보배들이 많이 있습니다. 그래서 국가적 차원에서는 국보도 지정해 놓기도 하고, 세계적으로 유네스코 지정 보물로 제정한 것들도 있습니다. 예수님이 세상에 계실 때에 하나님께서 창조하신 창조의 세계인 자연을 통해서 복음 전파하신 말씀들이 많이 있습니다.

　본문은 그 가운데 하나로써 빛과 소금을 소재로 하신 말씀입니다. 빛이 얼마나 중요한 것인가는 지금도 우리가 앉아 있는 이 공간에 빛이 있기 때문에 더욱 크게 인식되는 본문입니다. 그래서 하나님의 창조 가운데 첫째 날에 빛을 창조하셨습니다(창 1:3).

　또 하나는 소금에 관한 진리선포입니다. 우리 인간 육체 속에 반드시 소금이 필요하며, 제아무리 인류요리사일지라도 만일 소금이 없다면 맛을 낼 수 없을 것입니다. 금은 어디에 있든지 변하지 않는 금이듯이 빛과 소금은 시대가 변해도 그 가치가 변하지 않습니다. 하나님 백성으로서 성도는 언제나 이렇게 귀한 하나님의 자녀인데 본문에서 몇 가지 은혜를 나누어 봅니다.

1. 예수님은 우리에게 빛과 소금이라고 하셨습니다.

　우리가 연약하고 부족해도 우리는 하나님 앞에 귀한 존재입니다.

1) 우리는 빛과 소금과 같이 귀한 존재요, 하나님 보실 때에 가치 있는 존재입니다.

　"너희는 세상에 빛이니… 너희는 세상의 소금이니…" 하셨습니다.

　① 가치 있고 귀한 존재들이라는 사실성 있는 표현들입니다.

　　왜 그렇습니까? 우리는 하나님의 형상으로 지으심을 받았으며(창 1:26-27), 예수님의 피 값으로 구속 받았습니다(요 1:12, 3:16). 남들이 볼 때에는 어떤 소리해도, 부모가 볼 때에는 자식이 귀한 존재이듯이 성도는 하나님의 귀한 존재들임을 잊지 말아야 합니다(행 20:28).

② 성도는 어디에서 무엇을 하든지 성도의 위치에서 긍지와 자부심을 가지고 살아야 합니다.

너무 교만해도 안 되겠지만, 자기 자신을 너무 비하시키는 것도 하나님 앞에서 올바른 태도가 아닙니다. 세상적인 가치 기준에 따라서 비하시키는 경우들이 있습니다. 그러나 예수님은 약한 자를 들어서 제자 삼으셨고(마 4:18), 교회사에서도 약한 자를 통해서 귀하게 쓰임 받았습니다(고전 1:25). 사람이 우리를 인정치 않아도 주님의 사람임을 잊지 말아야 하겠습니다(사 63:16).

2) 성도는 귀한 존재입니다.

세상에서 그 부모에게 자식보다 귀한 존재가 어디에 있겠습니까?

① 왜 귀합니까? 성도는 피 값으로 사셨기 때문입니다(행 20:28).

우리의 범죄함 때문에 내어줌이 되고, 우리를 의롭다 하심을 얻게 하기 위해서 다시 살아나신 분이십니다(롬 4:24-25).

② 전에는 죄인이었습니다. 죄 가운데 빠져서 죽었던 자를 피 값으로 사셨고 구속해 주셨습니다(엡 2:1).

모두가 죄인 되었을 때의 일입니다(롬 3:10, 23 6:23, 5:8). 그래서 천하보다 귀한 생명들이 되었습니다.

2. 예수님은 우리에게 가치에 맞는 생활을 강조하셨습니다.

1) 가치에 맞지 않을 때에 맛을 잃은 소금과 같이 버리운 자가 된다고 경고하셨습니다.

① 이스라엘 역사를 보시기 바랍니다.

하나님의 택한 백성이요, 아브라함의 자손들로서 마땅히 하나님 말씀 안에서 살아야 하는데 정반대로 나가서 우상주의와 불순종으로 일관하여 될 때에 책망을 받고 결국 망하게 되었던 역사를 가지고 있습니다(사 4:7, 렘 2:13). 예수님은 이 땅에 오셔서 첫 음성이 "회개하라"였습니다(마 4:17). 회개하는 길이 살 길이기 때문입니다.

② 만약에 소금이 그 역할을 할 수 없다면 존재가치를 상실한 것이기 때문에 경고해 주셨습니다.

① 빛의 속성을 보시기 바랍니다.
예수님이 강조한 말씀의 핵심입니다. 빛은 어두움을 몰아내는 속성입니다. 그래서 발아래 두지 않고 등경위에 두게 됩니다(마 5:15).
② 예수님은 이 세상에 빛으로 오셨습니다(요 1:4, 요일 2:7).
빛은 사랑이요, 빛은 밝음이요, 빛은 환하게 보게 합니다. 그래서 생명의 빛이라고 하셨습니다. 이것이 세상에서의 성도의 역할입니다.

3. 성도가 빛이 되고 소금이 될 때에 하나님께서 영광을 받으십니다 (16절)

"이같이 너희 빛을 사람 앞에 비취게 하여 저희로 너희 착한 행실을 보고 하늘에 계신 너희 아버지께 영광을 돌리게 하라" 하셨습니다

1) 성도의 지상명령은 자녀로서 아버지께 영광을 돌리는데 있습니다.
아버지 하나님의 영광 받으시는 존재가 성도입니다.
① 하나님께서는 성도인 자녀들을 통해서 영광을 받으십니다.
소요리 문답 제 1문과 같은 요소입니다. 하나님의 영광입니다.
② 예수님도 십자가에 죽으시면서 아버지의 뜻대로 되기를 마무리 기도 하셨습니다(마 26:39). 그리고 십자가로 승리하신 것입니다(골 2:14)

2) 빛과 소금으로서의 생활에는 분명한 노선이 있습니다.
빛과 소금은 분명한 공통점이 있습니다.
① 희생입니다.
희생 없이 소금이 맛을 낼 수 없고, 빛을 발할 수가 없습니다. 주님이 이 땅에 오셔서 빛으로써 희생하셨습니다.
② 빛이 발하기 위해서 녹아야 하고 소금이 짠 맛을 내기 위해서 녹아야 하듯이 성도의 생활은 십자가를 지고 희생하는 일입니다(마 16:24).
가정이나 직장이나 학교 등 내가 있는 곳에서 존재가치를 깨닫고 귀하게 승리하시기를 주의 이름으로 축원합니다.

결 론 : 우리는 세상에서 제일 귀한 가치들입니다.

신앙생활 ## 의되신 예수님께 빌려드린 사람들
마태복음 25:44-46

　지금 우리는 자본주의 사회에 살고 있습니다. 자본주의 사회의 특징 가운데 하나가 돈을 빌려주기도 하고, 빌려 쓰기도 하는 제도입니다. 성경시대에도 이 제도가 있어 높은 고리대금이 문제가 됐다고 전해집니다. 구약 바벨론시대에는 음식을 빌려주는데 33.3%, 당시의 화폐인 은덩어리를 빌려 주는데 20%의 이자를 내었다고 전합니다. 그러나 모세시대에는 가난한 자에게 이자를 받지 말라고도 하였습니다(출 22:25). 에스겔 18:8-9에는 이자 때문에 돈 빌려주지 않는 자가 의인이라고도 했습니다. 열왕기하 4:1에는 돈 빌려온 것 때문에 아들을 빼앗길 뻔 한 사건도 있습니다. 누가복음 11:5에는 친구에게 떡 세 덩이를 빌리러 온 사건도 있습니다. 차용하고 빌리는 관계에 대해서는 누가복음 6:34-35에도 언급하셨습니다.

　본문에서 예수님은 양과 염소의 비유를 통해서 천국에 들어가는 양과 지옥에 들어가는 염소에 대해서 말씀해 주셨습니다. 약한 자 하나를 돌보는 일은 결국 예수님께 잠시 빌려드리는 일이요, 후에 큰 축복으로 갚으시겠다는 약속이기도 합니다. 작은 자에게 한 것이 곧 예수님께 한 것이요, 작은 자에게 하지 않은 것이 곧 예수님께 하지 않았다는 책망을 듣게 됩니다. 여기에서 예수님께서 우리에게 교훈하시는 말씀을 배우게 됩니다.

1. 성경에서 예수님께 빌려 드린 사람들을 보시기 바랍니다.

성경에는 수많은 사람들이 예수님과 관련이 있습니다.

1) 예수님께 빌려 드렸던 사람들을 보시기 바랍니다.

① (눅 1:38) 예수님께서 이 땅에 초림으로 오실 때에 예수님이 태어나시기 위해서 마리아의 몸을 사용하셨습니다.
처녀가 잉태하면 돌을 맞아 죽는 것이 유대인의 당시의 법인데 죽을 각오하고 예수님께서 태어나시도록 몸을 빌려 주었습니다.

② (마 21:1-9) 예수님이 예루살렘에 올라가실 때에 나귀를 제공한 사람

이 있습니다. 성경을 응하기 위한 일이었습니다(슥 9:9, 사 62:1).
'주가 쓰시겠다하라' 할 때에 주님이 타시기 위해서 나귀도 드렸습니다.

③ 예수님의 피곤한 몸을 쉬실 쉼터도 빌려드린 가정이 있습니다.
요한복음 11-12장에 나오는 나사로, 마리아, 마르다 가정입니다. 인자는 머리 둘 곳이 없으신 분이시기 때문입니다. (눅 8:58) 후에 나사로가 죽은 자 가운데서 다시 사는 일도 일어났으며 지금도 그것을 기념해서 나사로 기념교회가 세워져 있습니다. 여우도 굴이 있고 공중의 새도 집이 있으나 예수는 깃들 곳이 없으셨습니다(마 8:20, 눅 9:58).

④ 배를 빌려드려서 예수님이 배를 타시고 육지를 향해서 설교하신 일도 있습니다(눅 5:3).
시몬의 배인데 그 배에서 설교하시고 그 후에 배가 가득 채워지는 축복도 받게 됩니다. 예수님의 수제자로써 물 위를 걷는 기적도 봅니다(마 14:29). 그리고 초대교회의 반석으로써 교회의 초석이 되었습니다(마 16:18). 베드로는 마지막에 십자가에서 거꾸로 순교 당하는 순교자가 되었습니다.

⑤ 마구간을 빌려드려서 예수님이 이 땅에 태어나실 때에 기여한 사람도 있습니다(눅 2:6-7).
베들레헴에 수많은 사람들이 있지만 이 집이 지금도 유명한 집이 되어서 세계 각국에서 몰려오는 성지순례객들로 가득합니다. 지금도 이 집은 기념교회로서 우뚝 서 있습니다.

⑥ 십자가 지실 때에 어깨를 빌려드려서 대신 십자가를 지고 간 구레네 시몬도 있습니다(막 15:21-23).
물론 억지로 지고 간 십자가였으나 행운의 십자가였습니다. 교회사에 큰 축복을 받게 되어 바울도 그 집안에 대해서 언급합니다(롬 16:13). 억지로라도 예수님께 어깨를 빌려드려서 교회에 힘든 일을 지시기 바랍니다. 그것이 행운이 될 것입니다.

⑦ 예수님께 다락방을 빌려 드려서 초대 교회 최초의 교회요, 교회의 기도장소요, 성령이 임하신 장소가 된 집도 있습니다(마 26:17, 행 12:12-14).
이 집은 교회의 초석이 될 뿐 아니라 그 집 아들이 마가요, 유명한 베드

로의 통역관으로써 사역하게 되었고, 마가복음을 기록한 장본인으로 축복을 받게 됩니다. 바울도 필요한 사람이 되었습니다.
⑧ 무덤을 빌려주고 최초의 예수님 부활하시는데 이바지한 사람도 있습니다. 아리마대 요셉입니다(마 27:57-61).
⑨ 보리떡 다섯 개와 물고기 두 마리를 빌려준 아이도 있습니다(마 14:14-). 오병이어의 기적이 나타나는데 사용된 기적의 현장이 되었습니다.

2) 우리를 향해서 예수님이 말씀하십니다. "너는 무엇을 빌려주겠느냐?" 하실 때에 대답하시기 바랍니다.
① 지금 예수님이 나에게 그것이 필요하다고 하시는데 예수님께 내가 가지고 있는 것을 사용하시게 해야 합니다. 그곳에 축복이 옵니다.
② 세상에서는 빌려주고 부도 처리되는 일이 많이 있지만 예수님께 빌려 드린 것은 영원히 안전합니다.
반드시 갚아주신다고 약속해 주셨습니다.

2. 오늘 본문에서 주시는 교훈은 내게 빌려주었느냐, 빌려주지 아니하였느냐가 관건입니다.

내가 헐벗었을 때에, 내가 배가 고플 때에, 내가 옷이 없거나 병든 때에 하였느냐는 것이 관건입니다.

1) 내게 하였느냐입니다(예수님 말씀입니다).
① 우리는 작은 것부터 해야 합니다(마 25:14- 달란트 비유에서 봅니다).
교회 봉사, 헌신, 전도, 모두가 주님께 드리는 일입니다.
② 구체적으로 예수님은 말씀하셨습니다. 목마를 때, 배고플 때, 옥에 갇히거나 병들었을 때에 하였느냐입니다.
구체적이고 현실적인 문제입니다. 복음을 위해서 일하시기 바랍니다.

2) 빌려 드린 것은 반드시 받을 때가 옵니다.
① 적은 것이라도 받습니다(마 10:42, 마 19:29).
냉수 한 그릇이라도 받게 하십시다.
② 천국 백성은 예수님께 투자해야 합니다.

염소들은 예수님께 투자하지 않습니다. 지옥가기 때문입니다(마 25:14). 무조건 많이 투자 하시되 기회 있을 때마다 투자하시기 바랍니다.

3. 예수님께 투자하고 빌려 드린 것은 반드시 갚아주십니다. 투자하고 받지 못한 사람은 없습니다.

1) 전자에 소개한 사람들을 보시기 바랍니다.

① 마리아 ② 나귀주인 ③ 예수님께 쉼터를 제공한 나사로의 집 ④ 배를 빌려준 시몬 ⑤ 마구간을 빌려준 집 ⑥ 어깨를 빌려준 구레네 시몬 ⑦ 다락방을 빌려준 집 ⑧ 무덤을 빌려준 아리마대 요셉 ⑨ 보리떡을 빌려준 아이, 이들은 모두가 축복 받은 사람들입니다.

2) 영원히 없어지지 않고, 영원히 있게 될 것입니다.

① 세상 증권에 투자해서 망한 사람들은 있어도 예수님께 빌려드리고 투자해서 망한 사람은 없습니다.

② 천국에 상급을 약속하셨습니다(계 22:12, 2:10, 벧전 5:4, 마 16:27, 딤후 4:7, 살전 2:19, 고전 9:25, 단 12:3).

이 영광의 주인공들이 되시기를 축원합니다.

결 론 : 예수님께 무엇을 투자하고 빌려드리겠습니까?

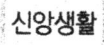

주 안에서 기뻐해야 할 이유
빌립보서 4:4-7

사람이 세상을 살아가면서 매사에 좋고 아름다운 일들만 있다면 얼마나 좋겠습니까만, 인생사에서 결코 좋은 일만 있는 것이 아니고 어렵고 힘든 일들이 또한 많이 있습니다. 신앙생활에는 하나님의 전신갑주를 입고 있어야 비로소 세상을 이기고 극복하게 됩니다(엡 6:10-17). 그리고 선한 싸움을 잘 싸워야 합니다(딤후 4:6-7).

예수님은 이 땅에 때때로 화평이 아니라 검이라고 하셨습니다(눅 12:51). 그럼에도 불구하고 옥에 갇혀 있는 바울은 싸움 중에서 기뻐하였습니다. 심리학적으로 말할 때에 기쁨은 인간에게 나타나는 정서 중에 가장 좋은 감정(느낌)이라고 표현합니다.

정도에 따라서는 기쁨의 차원이 각기 다르게 나타납니다. 자연적 기쁨으로써 어떤 소유에서 오는 기쁨입니다. 소유한 자들이 일시동안 그것 때문에 오는 기쁨입니다. 또 하나는 도덕적 기쁨으로써 내적으로 정신적인 만족에서 오는 기쁨입니다. 좋은 일을 했을 때 오는 기쁨입니다. 마지막으로 종교적 신앙에서 얻어지는 기쁨으로써 영적 기쁨으로서 하나님께서만 주시는 기쁨입니다.

기쁨이란 히브리어 단어는 '사마흐'라고 하고, 헬라어로는 '카라'라고 하는데 구약에서는 율법(시 119:14), 말씀(렘 15:16), 추수나 결혼(렘 25:10), 메사야 대망(시 14:7, 126:2, 사 9:2, 12:6) 등에서 찾게 되고 신약에서는(눅 15:5-7) 잃은 것을 찾았을 때와 생명의 책에 이름이 기록되었을 때(눅 10:20), 예수님의 탄생(눅 1:4), 예수님의 재림(살전 2:19), 성령강림(행 2:1) 등에서 찾을 수 있습니다.

즐거움은 양약과 같지만 근심은 심령을 상하게 합니다(잠 15:13). 스데반 집사는 돌에 맞으면서도 천사의 얼굴이었습니다(행 6:15). 그리스도인이 왜 세상에서 기뻐해야 합니까? 몇 가지 차원에서 생각하며 은혜 나누어 봅니다.

1. 성도는 죄악 세상에서 구원받았기 때문입니다.

구원받은 기쁨만큼 세상에서 큰 기쁨은 없습니다. 새 장에서 나온 새가 날아가는 기쁨입니다.

1) 사도 바울은 비록 옥중에 갇혀 있었지만 그곳에서 기뻐했습니다.
우리에게 구원 받은 기쁨을 보여주는 현장입니다.

① 죄의 사슬에서 구원을 얻게 된 기쁨입니다.
예수님은 우리에게 자유를 선포하셨습니다 (요 8:31-32, 말 5:1). "진리를 알찌니 진리가 너희로 자유케 하리라" 하셨습니다. 본질상 진노의 자식에서부터의 구원입니다(엡 2:2).

② 바울은 옥에서도 절대적으로 기뻐했습니다.
언제나 환경에 관계없이 기뻐했습니다. 그리고 기뻐하라고 외치고 있습니다(빌 3:1,4:4). 잠시 동안 있다가 없어지는 가시적인 것에 의한 것이 아닙니다.

2) 기뻐하는 신앙이 건강한 신앙입니다.

① 기쁨이 있는 교회가 건강한 교회입니다.
은혜 받아 기뻐하는 교회가 되어야 합니다. 교회 시설이 좋아서 기뻐하는 것이 아니라 시설은 낙후 되었어도 구원받은 기쁨으로 기뻐하는 교회가 초대교회적 신앙입니다(행 2:46).

② 기쁨이 있는 신앙이 건강한 신앙입니다.
현대교회 성도들에게는 대체적으로 이 점이 취약점입니다. 예수로 말미암아 구원 받은 감격이 충만해야 합니다.

2. 성도는 언제나 예수님이 동행하기 때문입니다.

왜 기뻐합니까? 라고 질문하면, 예수님이 나와 동행하시기 때문이라고 대답하는 신앙이 되어야 합니다.

1) 예수님이 나와 동행하였습니다.

① 내가 어디에 있든지 예수님은 동행하시고 계십니다.
추운 데도 엄마 등에 업힌 아이의 평안과 비교됩니다. 요셉은 옥에서도 형통했습니다(창 39:23).

② 이 약속은 예수님이 우리에게 약속하신 약속입니다.

그래서 영원히 예수님 손에서 빼앗을 자가 없습니다(요 10:28). 바울이 이런 기쁨을 말씀한 것입니다.

2) 주님께서 동행하시기 때문에 찬송이 나옵니다.
① 예수님이 성도의 편에서 동행하시기 때문입니다(행 16:25).
  옥에서도 찬송을 하게 되었고, 옥사장이 구원받아 빌립보 교회가 세워지게 된 배경이 되었습니다.
② 예수님이 나와 동행하심을 믿어야 합니다.
  부활하신 예수님이 곁에 계심에도 볼 수 없었던 엠마오의 두 제자가 되면 곤란합니다(눅 24:16).

3. 성도에게는 영원한 생명이 있기 때문입니다.
옥중이라도 기뻐하는 것은 천국은 영원하기 때문입니다.

1) 구속받은 성도는 영생의 축복이 확실합니다.
① 영생이 미래입니다.
  믿는 자에게는 확실합니다(요 5:24, 요일 5:13). 이 믿음이 있기 때문에 천국을 보며 기뻐하는 것입니다.
② 세상에서 부자라고 해서 천국의 소망이 있는 것이 아닙니다.
  오히려 어리석은 부자는 지옥에 떨어지고 말았습니다(눅 16:24). 그에게는 예수가 없었기 때문입니다. 우리는 예수님이 계십니다.

2) 이 기쁨을 빼앗을 자가 없습니다.
누가 이 기쁨을 빼앗을 수가 있겠습니까? (요 16:22)
① 외부적인 악조건도 빼앗을 수가 없습니다.
  천국의 지점이 내 마음 속에 있기 때문입니다(길선주 목사님). 이 천국이 내 마음에서부터 작용되기 때문입니다.
② 이 기쁨은 영원합니다(요 14:1-6).
  세상에서 누리는 이 기쁨이 충만하게 됩니다. 우리 성도들에게 이 기쁨이 세상에서 넘쳐나게 되시기를 축원합니다.

결 론 : 예수 안에서 기쁨이 있습니다. 이것은 성도의 특권입니다.

> 신앙생활

영적 시온주의 신앙
시편 84:1-7

어떤 주의(主義)를 말할 때에 대개가 하는 말이 무슨 무슨 주의라고 합니다. 영어에서 보면 어떤 단어 끝에 ~ism을 붙이게 되면 무슨 이즘(ism)이라고 발음하게 되는데, 예를 들면 헬라주의라고 할 때에 Hellenism(헬레니즘)이라고 말하게 됩니다. 여기에는 모든 사상이나 그 뜻이 모두 함축된 말이 됩니다. 성경에서 '시온'(zion)이라는 단어는 구약에서부터 이스라엘의 상징이 되어 왔는데, 본래 '시온'이라는 말의 뜻은 반석, 강, 요새, 건조한 땅, 흐르는 물 등 다양한 뜻을 가지고 있습니다.

시온이라는 말의 처음 사용은 다윗이 시작하였는데(삼하 5:7, 왕하 8:1), 예루살렘 동남쪽에 위치한 옛 성터를 점령한 때에 이 이름이 붙여지고 다윗성이라고 명명하게 되는데, 이사야 1:8에는 시온 딸들이라고 사용되었습니다. 그러나 이 성은 B.C. 586년 바벨론에 의해서 파괴되고, 70년 만에 회복되었지만 헬라에 의하여 또 무너지고 1세기도 못되어 다시 로마에 의해서 점령되었으며, 예수님 당시에는 헤롯이 유대인의 마음을 사고자 성전을 짓고 있었는데 46년째 건축되어왔고, 그 미석(美石)이 화려했으나(마 24:1), 그것은 주후 70년에 로마의 디도(Titus) 장군에 의해서 산산조각이 나고, 예루살렘이라는 이름은 역사 속에 감취지게 되고 이스라엘 민족은 2000년간 없어지게 되었습니다. 그리고 2차 대전 때에는 히틀러에 의해서 유대인들이 600만 명 이상이 살상되었습니다. 이제는 없어진 민족일 수밖에 없었습니다.

그러나 1882년 데오도르 헤르젤(Deodor Herzel)이 시온주의 운동(Zion Movement)이 재활되었고 우여곡절 끝에 1948년 5월 13일 시온이 다시 이스라엘 공화국으로 탄생됩니다. 따라서 시온주의(Zionism)라고 할 때에 구약에서부터 시작해서 유대인들이 한 번 돌아가고 싶은 곳이요 고향과도 같은 곳입니다. 이것이 신약 시대에 와서도 매우 큰 의미를 지니고 있습니다. 단순히 유대인들이 아니라 예수 그리스도 안에서 모든 그리스도인들이 미래에 항구적으로 영원히 돌아가야 하는 신천신지 새 예루살렘을 뜻하게 됩니다.

본문에서 유대인들이 예루살렘 시온을 얼마나 사모하고 그리워했는지 노래

합니다. 영원한 천국을 그리워하며 사모하는 신앙이 시온주의 신앙이라고 보고 영적인 뜻을 몇 가지 생각합니다.

1. 예루살렘 시온에는 하나님의 장막이 있고 궁정이 있는 곳이기 때문입니다.

본래 이 성전은 아브라함이 독자 이삭을 바친 곳이요(창 22장), 모리아산에다가 솔로몬이 성전을 지었고, 그 전에 다윗이 인구조사 때문에 내리게 되었던 하나님의 진노를 아라우나 타작마당으로 사용하던 이 곳을 매입했던 곳이기도 합니다(대하 3:1-2).

1) 기념비적이고 역사적인 이곳은 역사적으로 많은 이름을 부르게 되는데, 주의 장막(1-2), 여호와의 성전, 등 '어찌 그리 사랑스러운지요' 라고 했습니다.

그곳에 성전이 있고, 하나님이 임재하신 곳이라는 믿음과 선포때문입니다.

① 예루살렘 성전은 언제나 하나님께서 임재하신 곳입니다.
   물론 무소부재(無所不在)의 하나님이시지만(왕상 8장), 유대인들은 언제나 이 성전을 사모했습니다(단 6:10).

② 예루살렘 성전은 언제나 예배하는 곳입니다.
   불이 꺼지지 않는 곳이요(레 6:9-13), 하나님과의 교제와 교통이 있던 곳입니다. 그래서 그들은 이방 땅에서 성지를 바라보고 울었고 또 울었습니다(시 137:1-).

③ 예루살렘은 성전이 있고 시온은 유다 백성들의 모든 인생의 중심지였습니다.
   성도의 오는 생활의 중심은 예수님 중심, 교회 중심이 되어야 할 것을 예표로 보여주고 있습니다.

2) 예루살렘 성전 있는 곳을 시온이라고 불렀습니다.

신약에 와서 주님의 교회가 곧 시온이요 성전이기 때문입니다. 따라서 유대인들이 시온을 사모하듯이, 신약의 성도들 역시 교회가 영적인 시온임을 알고 사모해야 합니다(시 42:1-3).

① 시온성인 교회를 사명적으로 사모하시기 바랍니다.
  교회는 곧 하나님께서 임재하신 곳이기 때문입니다(합 2:20). 지금도 지구촌에는 예배의 자유가 없어서 순교적 신앙으로 예배하는 곳이 많습니다. 우리는 예배의 자유가 얼마나 소중하고 귀한 가를 바로 인식해야 합니다.
② 시온성인 교회는 신약교회 성도들의 모든 중심이 되어야 합니다.
  모든 생활이 교회를 중심으로 이루어 질 때에 이곳이 시온이요, 예루살렘과 같은 성격을 띠게 됩니다.

2. 시온 백성은 시온에 살 때 복이 있습니다.

"주의 집에 거하는 자가 복이 있나이다. 저희가 항상 주를 찬송하리이다(셀라)" 하였습니다(4절). 시편기자는 제비 집을 바라보면서 자기 집이 있는 제비를 보고 성전을 그리워하며 성전 생활의 축복을 노래하고 있습니다.

1) 시온 백성이 사는 곳은 주님의 집입니다.
그래서 주의 집에 거하는 자가 복이 있다고 노래하고 있습니다.
① 새끼 둘 보금자리를 얻은 제비와 비교하고 있습니다.
  이곳은 제비들의 행복과 같이 주의 품에서 찬송이 있고 노래가 있는 곳이었습니다.
② 주의 성도는 세상에 살면서 어디에다가 둥지를 틀고 살겠습니까? 호화로운 세상 집이 아니라 주님의 전이어야 합니다.
  홍수 후에 까마귀는 돌아오지 아니하였으나 비둘기는 접촉할 곳이 없기에 방주로 다시 돌아온 것과 비교가 됩니다(창 8:7-9).

2) 시온 백성이 시온을 떠나서 밖으로 나가면, 좋을 것이 없는 것이 과거 이스라엘 역사였습니다.
① 예루살렘을 떠나면 곤란합니다(눅 10:30).
② 특히 자녀들을 성전에서 자라게 하십시오.
  세상의 방식대로 살게 하지 말고, 성전에서 성장케 해야 합니다.

3. 시온(Zion)의 대로로 가는 사람은 복이 있습니다(5절).

1) 성도가 시온의 대로로 갈 때에 눈물 골짜기도 샘의 곳이 됩니다.

① 골짜기가 오히려 사는 곳이요, 축복의 곳으로 바뀌게 됩니다.
   아골 골짜기(겔 37:1), 사망의 음침한 골짜기도(시 20:4) 변화 됩니다.

② 눈물 골짜기가 아니라 시온의 고속도로가 될 것입니다(6-7절)
   그러므로 낙심치 말고 이 길을 가야 합니다(시 126:5-6절, 갈 6:9).

2) 시온을 향한 사람들은 잊지 말아야 할 것이 있습니다.

① 목적지입니다. 목적지는 시온입니다.
에서같이 되지 말아야 합니다(창 25:34).

② 목적지를 위해서는 주유소에서 기름을 공급 받듯이 하나님께 늘 새힘을 얻어야 합니다.

③ 최후 목적지요 시온성은 천국입니다. 영원히 망하지 않는 나라입니다
   (계 21:10, 요 14:1-6).
영원한 시온주의 신앙인들이 되시기를 주님의 이름으로 축원합니다.

결 론 : 우리는 영적 시온주의자들입니다.

> 신앙생활

신령적으로 부요한 자
이사야 61:10-11

동서고금을 막론하고 지구상에 살아가는 사람들의 공통된 심리 가운데 하나가 부유하게 살기를 원하는 것입니다. 성경은 분명히 말하기를 성도들이 가난하고 병 가운데 사는 존재가 아니라는 것입니다. 하나님은 그의 백성들에게 축복을 약속해 주셨기 때문입니다. 하나님 백성의 고난은 하나님의 본심이 아니라고 하셨습니다(애 3:33). 십자가의 대속적 죽음으로 믿는 자에게 부유함이 되셨습니다(고후 8:9). 문제는 육적으로도 부유해야 하겠지만, 영적으로 부요해야 한다는 것입니다(계 3:17).

본문은 유다백성이 바벨론에 포로 되었다가 70년 만에 귀환해서 고국에서 무너진 성전과 성벽을 복구할 것을 믿음으로 바라보면서 그 일이 미래의 일이지만 극복해나가는 점에서 신약 시대에 성도들에게 크게 교훈이 되고 있습니다.

우리의 신앙생활을 뒤돌아보면서, 눈에 보이는 육신적 부요함도 중요하지만 영적이고 신령한 면에서의 부요함도 중요하다는 믿음이 회복되는 시간이 되기 바랍니다. 영적이고 신령한 부자는 어떤 사람이어야 합니까?

1. 영적인 부자는 하나님을 기뻐하는 생활을 하는 사람입니다(10절).

"내가 여호와로 인하여 크게 기뻐하며 내 영혼이 나의 하나님으로 인하여 즐거워하리니…" 하였습니다.

1) 영적인 부자는 구원해 주신 은혜를 감사하며 기뻐하는 사람입니다.

유대인들은 바벨론 70년간 포로 생활에서 해방한 사실에 대해서 고난을 뒤돌아보며 하나님의 은총을 감사했습니다. 이사야가 보았을 때에도 이 사건은 미래의 일이지만 소망 가운데 기뻐합니다.

① 우리는 구원받은 은혜에 감사하며 기뻐해야 합니다.

이미 죄와 허물로 죽었던 우리를 살리셨기 때문입니다(엡 2:18). 신앙생활은 언제나 이 감격이 식지 말아야 합니다. 유대인들은 그때의 일을 꿈꾸는 자 같이 기뻐했습니다(시 126:1).

② 기쁨과 감사는 세상에서 얻어지는 것과 비교할 수 없습니다.
현대인들의 영적인 질병은 이 기쁨과 감사가 상실된데 있습니다. 성경은 그리스도인들이 기뻐하라고 하였고, 바울은 최악의 악조건에서도 기뻐하였습니다(살전 5:16, 빌 4:4, 잠 17:22, 롬 14:17-19). "항상 기뻐하라" 하였는데, 이것이 영적인 부요함입니다.

2) 세상적이고 물질적인 것 때문에 기뻐하는 것은 잠시 후에 없어질 것이기 때문에 온전할 수 없는 것들입니다.
그래서 성도가 진정으로 자랑해야 하는 것이 무엇인가를 말씀해주셨습니다 (렘 9:23-24).

3) 세상의 것은 잠시 후면 없어질 것이기 때문에 궁극적인 기쁨의 대상이 될 수가 없습니다.
예수님께서 주시는 평안 역시 세상이 주는 것과 다르다고 하였습니다.

① 세상 사람들이 기뻐하고 즐거워하는 것은 세상적인 것 때문이지만, 성도는 다른 차원에서 기뻐하고 즐거워해야 합니다.
하박국 선지자를 통해서 너무나 잘 나타내 보여 주셨습니다(합 3:17).

② 또한 진정으로 여호와를 기뻐하는 사람에게 하나님은 축복도 약속해 주셨습니다(시 37:4, 마 6:33, 시 37:11).
(시 37:4) "또 여호와를 기뻐하라 저가 네 마음의 소원을 이루어 주시리로다"(시 37:4)하였습니다. 성도가 추구하는 신앙적인 것은 물질적인 것보다 더 중요한 적이고 신령한 것입니다. 이것이 또한 영적인 부요함입니다.

2. 영적인 부자는 구원의 옷을 입고 살아가는 사람입니다.

세상 사람들의 옷차림에서 그 사람의 상태를 짐작할 수 있습니다.

1) 영적인 면에서 어떤 옷을 입고 있느냐에 따라서 그 사람의 영적인 모습이 나타나게 됩니다.
TV, 드라마에서 같은 인물이지만 연기에 필요한 옷을 입고 배역에 따라서 달라지듯이 사람은 옷이 중요합니다.

① 어떤 옷을 입고 있느냐에 따라서 신분이 달라 보이게 됩니다.
품위가 있는 옷인가 아니면 아무렇게나 옷을 입고 있는가 하는 문제입니다. 군복을 입으면 군인이요, 경찰제복을 입으면 경찰입니다.
② 성도는 영적으로 신령한 옷을 입고 있어야 합니다.
영적인 부자는 영적으로 입는 옷을 입고 있을 때에 부요합니다. 라오디게아 교회에 나타나신 주님은 이런 사실을 분명하게 보여 주셨습니다(계 3:18). 라오디게아 교회는 분명히 육적 옷은 화려했지만, 영적인 옷은 가난했고 헐벗었습니다.

2) 영적이고 신령한 면에서 입어야 할 옷이 있습니다.
어떤 옷을 입어야 하겠습니까?
① 옷에는 각종 기능이 있습니다.
방한, 방수, 방연, 방화, 방탄, 방핵 등의 기능을 하는 옷들이 있습니다. 성도역시 특수한 옷이 필요합니다.
② 성도는 매일 같이 입는 옷이 있습니다.
하나님의 전신갑주입니다(엡 6:10-17). 하나님이 입혀 주신 옷입니다(롬 13:12, 슥 3:4, 눅 15:22, 마 22:12). 영적으로 부요한 사람은 예수 안에서 옷을 입고 있는 사람입니다.

3. 영적인 부자는 열방을 향해서 의에 찬송을 부르며 전해야 합니다.
바벨론에 70년간 포로 되었다가 돌아와서 부르는 찬송입니다.

1) 영적인 부자인 자유의 백성이기 때문에 찬송이 나오게 됩니다.
이사야 선지자는 노래했습니다(사 6:13).
① 우리가 예수로 말미암아 의롭게 되었기 때문에 부르는 노래요, 전해야 되는 복음입니다.
이런 사람이 영적인 부요한 사람입니다.
② 하나님은 찬송을 받으십니다. 이것이 성도가 맺어야 할 입술의 열매입니다(히 13:15).
바울과 실라는 옥에서도 찬송했습니다(행 16:25).

2) 구원받은 성도는 찬송이 풍성해야 합니다.

① 찬송은 영적 현상입니다. 열방 앞에 불러야 합니다(시 126:1-6).
   찬송은 성도가 마땅히 해야 할 일이요, 부요의 측정기입니다.
② 영적인 부요한 사람은 기쁨의 노래가 있습니다.
   내 생활 속에 언제나 예수님을 모시고 살아 있는 찬송을 하는가 확인하시기 바랍니다. 그런 부요한 축복이 있게 되시기를 축원합니다.

결 론 : 유대인들을 통해서 신약시대에 영적 부요를 조명해 주십니다.

[신앙생활]

인생으로도 성공하신 분
마가복음 1:7-11

매년마다 그러하듯이 금년에도 어김없이 캐롤이 울려 퍼지고 구세군의 자선냄비가 분위기를 연말로 몰아가는 계절이 왔습니다. 해마다 그러하듯이 이때 즈음 국가와 기업과 단체는 지난날을 반성하며 새해를 다짐하는 계획서들을 만들고 개인도 새롭게 다짐하는 시간을 갖습니다. 120세를 살았던 모세는 기도 속에서 우리의 년수가 7-80세라고 하면서(시 90:9-12) 인애의 지혜를 구하였으며, 야고보서는 화려하고 조급한 인생 계획 속에도 하나님이 부재한 곳에서 우리의 생명은 안개와 같다고 책망했습니다(약 4:13-17).

예수님의 생애는 30세에 공생애를 시작하면서 3년간의 천국복음을 전하시다가 12명의 제자를 두신 채 십자가에 못 박혀 죽으셨다가 부활하셨으며, 승천하시어 지금도 하나님 우편에 앉아 계시며(롬 8:26,34), 우리 위해서 기도하고 계십니다. 세상에서의 삶이 짧은 33년의 생애였으나 다 이루셨고(요 19:30) 지금도 세계 속에서 모든 것을 지배하시는 예수 그리스도이십니다. 마가복음에 기록된 세례 요한의 증언입니다. 짧은 생애 이셨으나 성공하신 예수 그리스도의 모습 앞에서 우리는 인생을 배우게 됩니다. 성공하신 예수님을 보면서 우리는 예수님을 배워야 합니다. 어떤 모습에서 성공적이셨을까요?

1. 예수님은 겸손한 생애이셨습니다.

성공한 생애를 살기 위해서는 예수님의 겸손한 생애를 본받아야 합니다. 예수님은 겸손을 배우라고 하셨습니다(마 11:29).

1) 예수님은 겸손하셨고 성경에 계속 겸손을 강조하셨습니다.

예수님 기사 때마다 예수님은 겸손을 두드러지게 말씀하셨습니다.

① 겸손하셔서 하늘보좌를 버리시고 이땅에 오셨습니다.

사도 바울도 빌립보 교회에 보내신 서신에서 예수님의 겸손을 강조하셨습니다(빌 2:5-11). 예수님의 겸손을 배울 때에 인생의 성공을 배우게 됩니다. 사람들은 부를 추구하게 되고 부해지면 교만해지지만 예수님은 모든 것을 버리시면서 겸손을 보여주셨습니다(고후 8:4).

② 겸손하시기 때문에 나귀를 타시고 입성하셨습니다.
예루살렘에 입성하실 때에 겸손하여 나귀를 타셨는데 이것은 구약 성경에 이미 예언되었고 예언된 대로 하셨습니다(마 21:1-10). 로마인들은 정복자로써 말을 타고 군림하여 정복하지만 예수님은 촌노(村老)들이나 타고 다니는 나귀를 타셨습니다.

2) 성도가 세상에서 이기고 성공하기 위해서는 겸손해야 합니다.
예수님이 보여주셨습니다. 이것이 성도의 승리의 비결입니다.
① 예수님이 본이 되셨습니다.
예수님이 칭찬하던 세례 요한 역시 겸손의 사람이었습니다. 그래서 예수님은 그에게 여자가 낳은 자 중에 크다고 하셨습니다(마 11:11). 겸손하게 될 때에 예수님이 칭찬은 더해 주십니다.
② 교만한 사람은 하나님이 물리치시고 겸손한 사람에게 은혜를 더해주십니다.
그래서 성경은 겸손을 강조해 주셨습니다(벧전 5:5, 약 4:6). 어거스틴(Augustine)은 신앙의 미덕의 첫째, 둘째, 셋째도 겸손이라고 간파했습니다. 교만한 사람은 하나님 앞에서 인생의 성공자가 될 수 없습니다.

2. 예수님은 훈련과 고난을 통해서 승리하셨습니다.
예수님의 생애는 순탄하지 않고 오히려 시련과 훈련으로 점철되었지만 그것이 승리가 되셨습니다. 그래서 고난당한 것이 아니라 유익이라고 시편기자는 기록했습니다(시 119:71).

1) 예수님은 훈련을 많이 받으셨습니다.
(마 4:1- "그 때에 예수께서 성령에게 이끌리어 마귀에게 시험을 받으러 광야로 가사 사십일을 밤낮으로 금식하신 후에 주리신지라")
① 마귀에게 시험을 당하셨습니다.
세 가지 시험이 있는데 인생들이 모두가 겪는 시험이요, 사람들이 추구하는 시험이었습니다.
첫째로, '돌들이 떡덩이가 되게 하라' 고 하였습니다. 빵 문제요, 경제문제입니다. 아담에게도 왔습니다(창 3:1).

둘째로, '높은 성전 꼭대기에서 뛰어내리는' 것이었습니다. 명예와 인기와 영웅심의 시험보다 사람들은 여기에 빠져 있습니다.
셋째로, '온 천하를 보여주며 절하라고 하는' 시험이었습니다. 종교적인 인기와 영웅심에 대한 시험이었습니다. 예수님은 이 모든 것을 이기셨고 승리하셨습니다.

② 예수님은 고난을 많이 겪으셨습니다.
이사야 선지자는 주전 700년 전에 이 사실을 예언했습니다(사 53:3). 그리고 예수님은 십자가로 승리하시게 되었습니다(골 2:15).

2) 성도의 생활역시 환난과 고난에서 승리가 오게 됩니다.
연단은 곧 승리케 만듭니다(욥 23:10).

① 신앙 지키려면 고난과 훈련을 통과하지 않고는 불가능합니다.
언제나 기도 가운데서 고난과 훈련 속에서 성장하게 되고 승리하게 됩니다. 전도자 바울 역시 고백했습니다(행 20:23).

② 예수님이나 제자들이 고난과 연단을 통하며 실패하셨습니까?
예수님이나 베드로를 비롯한 제자들이나 교회사에서 일어났던 모든 시련의 과정들이 결국 실패로 끝나 버리고 말았습니까? 오히려 승리자가 되고 교회사가 반석위에 세워지게 되었으며 현대 사회가 외화내허 병에 걸려있는 때에 성도들은 예수님의 고난을 배워야 합니다. 여기에 성공이 있기 때문입니다.

3. 예수님은 사역에 대한 후계자들을 잘 두셨습니다.

일반적으로 말하는 면에서 잘 두신 것이 아닙니다. 일반적으로 말하면 오히려 보잘것 없는 제자들이었습니다.

1) 하나같이 빈약한 존재들이었습니다.
예수님의 제자들은 세상적으로 내세울 만한 것이 없는 사람들이었습니다.

① 약한 자를 들어서 강한 자들을 부끄럽게 하신다고 하셨습니다.
바울이 전한 복음을 보시기 바랍니다(고전 1:26). 그러나 저들을 통해서 교회가 세워지고 세상이 변혁되고 천국의 일꾼이 되었습니다.

② 약하다고 해서 낙심하거나 실망치 말아야 합니다.

당나귀 턱뼈도 힘 있는 삼손의 손에서 쓰임 받았듯이 우리가 약하지만 주님 손에 쓰일 때에 크게 쓰이게 됩니다(삿 15:15-16).

2) 주님께 사용되기 위해서는 예수님 모습을 닮아야 합니다.

① 예수님의 가신 길을 배우고 본받으며 가야합니다.

예수님은 성공의 본이시기 때문입니다.

② 나도 주님의 성공을 따르는 자가 되어야 합니다.

나도 같이 갈 수가 있기 때문입니다.

새해에도 성공하는 분들과 함께 성공적인 계획 속에서 승리하시기를 주의 이름으로 축원합니다.

결 론 : 예수님은 승리하신 분이기 때문에 주님의 발자취를 따라갈 때에 승리합니다.

> 신앙생활

종려나무와 백향목 같은 성도
시편 92:12-15

성경에는 성도를 말할 때에 비유로 할 때가 많이 있습니다. 동물로는 양과 소, 비둘기, 독수리로 표현하고 나무로 비유할 때에는 포도나무(요 15:1, 사 5:1-7, 렘 2:21, 신 32:32-33 등)가 제일 많이 사용되었습니다. 이 포도나무 비유는 성경에 등장하는 보편적인 교훈이기도 합니다.

이 시간에 읽은 시편 92편은 시제(時題)가 '안식일의 찬송 시'라고 되어 있습니다. '주일 성수하며 읊게 되는 시'라는 뜻입니다. 예수님께서 십자가에서 대속적 죽음을 죽으시고 부활을 통해서 구원하여 주셨고, 이 날을 정하사 지켜 예배하는 날이 신약에 와서 우리가 지키고 있는 주일입니다. 본문에서 두 나무를 비유를 들면서 주일 성수하라고 강조했습니다. 일컬어서 종려나무와 백향목 같은 신앙이요, 성도의 기조를 분명히 해주시고 있습니다.

본문에서 몇 가지 은혜를 분명히 나누어 봅니다. 그리고 이 나무는 하나님의 집에 심기어졌으며 그렇게 뜨거운 여름에도, 눈이 쌓이는 추운 날씨인 겨울에도 늘 푸른 나무로서 모범적인 신앙의 모습을 보여주고 있습니다.

1. 성도는 종려나무와 같은 신앙을 가져야 하겠습니다.

바르고 참된 신앙은 종려나무와 같은 모습입니다.

1) 종려나무에 대한 특징을 보겠습니다.

종려나무는 여러 가지 특징들이 있어 성도가 가져야 할 신앙생활을 교훈해 주고 있습니다.

① 다른 나무들보다 생명력이 강한 나무로 알려져 있습니다.

모든 생명체는 나름대로 본연의 생명에 대한 끈질긴 면이 있겠지만 종려나무는 특히 강해서 사막의 높은 온도와 추위와 수분이 없는 환경 가운데에서도 뿌리를 지하에 깊이 내리고 견디어 내는 나무입니다.

성도가 세상을 살아가는 배경은 마치 여기에 나오는 사막과 같은 곳이요, 성도는 그 속에 심기어진 종려나무와 같아서 의인으로서 어떤 고난과 역경이 와도 오히려 견디며, 위로의 사람이 되는 것입니다(고후1:4).

② 올곧게, 그리고 반듯하게 자라는 특징이 있습니다.
비록 광야이지만 열악한 환경에도 곧게 자라나듯이, 성도 또한 세상에 있지만 곧게 서는 것이 옳습니다(단 3:16-26, 6:10). 하나님의 사랑에서 끊을 자 없기 때문입니다(롬 8:35-39).
③ 늘 푸른색을 변치 않고 있습니다.
중동의 여름 날씨가 매우 뜨겁고 겨울 역시 추워서 눈이 쌓이는 날씨에도 푸른 잎이 지속되듯이, 성도는 환경에 좌우되지 않는 신앙이 중요합니다. 바울은 죽을 것까지 각오했습니다(행 20:22-24).
④ 종려나무는 크게 유용하게 생각하는 나무입니다.
30년 이상을 성장해서 100년 이상을 매년 수많은 열매를 맺어서 유익하게 하고 또한 껍질은 섬유질이 많아서 질기고 단단하기 때문에 밧줄을 만드는데 사용하기도 하고 열매는 약재로 사용하기도 합니다. 이 나무가 버릴 것이 없듯이 성도 또한 언제나 유용한 인물이 되어야 합니다.
⑤ 이 나무는 뿌리가 깊기 때문에 사막의 환경에도 죽지 않습니다.
성도는 사망의 음침한 골짜기와 같은 세상에서도 안전합니다(시 23:4). 견고하게 서서 어느 환경에도 서가게 됩니다.

2) 광야는 삭막한 박토이지만 견고하게 서있는 나무와 같이 이 세상을 살아가는 성도의 견본이 종려나무입니다.
① 아담 이후에 세상은 광야 같은 박토로 바뀌었습니다(행 3:17).
② 의인을 종려나무로 비유한 것은 결과적으로 의인이 승리하듯이 종려나무의 승리적 성격을 잘 말씀하여 주신 본문입니다.
이것이 요한계시록에서 강조한 사상적 배경이기도 합니다.

2. 성도는 레바논의 백향목 같은 신앙을 가져야 합니다.

1) 성경에서 또한 나무 중에 나무로서 백향목을 들기도 합니다.
① 백향목은 곧게 자라는 특징이 있습니다.
성도는 곧게 가야 합니다(삼상 6:12). 가지 말라고 하신 곳으로 가면 낭패를 당합니다(눅 10:30, 눅 24:13, 룻 1:1-5).

② 백향목은 높게 자라나게 됩니다.
　성도는 높이 날아오르는 독수리 신앙이어야 하며(겔 1:10), 예수 그리스도의 분량에 이르기까지 성장해야 합니다(엡 4:13-16). 성도의 표준은 예수 그리스도입니다.

③ 백향목은 나무 중에 수명이 제일 길다고 했습니다.
　자연 상태로 둘 때 다른 나무의 수명은 10-20년이지만 이 나무는 100-200년이며, 1000년이 넘게 1000-2000년의 수명도 있습니다. 예수 그리스도 안에서 성도는 영원히 삽니다(요 11:25).

④ 백향목은 솔로몬 성전의 기초가 되었고 정통적으로 부자들이 사용하는 목재였습니다.
　예수 안에 있는 사람들이 곧 성전의 기초들입니다(요 15:4, 고전 3:16).

⑤ 백향목은 나무 자체가 곧 향이 나기 때문에 백향목이라고 했습니다.
　그리고 그 속이 하얗습니다. 이것이 곧 예수 믿는 성도입니다(마 5:8, 시 24:4, 고후 2:14-16).

2) 레바논 높은 산 중에서 자라는 백향목은 바로 성도입니다.

① 레바논 골짜기와 같은 험한 곳이 바로 세상이요, 이곳이 교회가 있고 성도가 존재하는 세상입니다.

② 교회는 산으로 비유했습니다.
　시온산, 모리아산, 시내산 등 많은 산들이 등장하는데 교회가 곧 산에 있기 때문입니다.

3. 종려나무와 백향목이 중요한 것은 여호와의 집에 심기어 있기 때문입니다.

1) 하나님의 집에 있기 때문에 귀합니다.

① 세상에 흔한 것이 사람이지만 우리 성도들은 하나님의 집에 있기 때문에 귀합니다.
　천국의 시민권자입니다(빌 3:20). 방치된 나무가 아니라 하나님의 보호를 받는 백성입니다.

② 하나님의 백성은 반드시 구분이 된 백성이기에 귀합니다.
　세상적인 구분법이 아니라 하나님의 구분법입니다(고전 1:26).

2) 이 나무는 하나님의 참 성도의 축복받은 모습을 나타내줍니다.
① 하나님의 궁내에서 흥왕합니다.
　성도는 영원한 천국에서 흥할 사람들입니다.
② 늙기까지 진액이 풍족하며 빛이 청청합니다.
　"여호와의 정직함을 나타내리로다"(15절) 하였으니 모든 성도들과 아이들이 이렇게 축복되기를 축원합니다.

결론 : 우리는 축복의 하나님의 백성들입니다.

하나님의 도에 대한 자세

야고보서 1:22-25

모든 일에는 기본적인 자세가 있습니다. 군에 입대하게 되면 군대의 기본적 훈련을 위해서 제식훈련부터 하게 되는데 제식훈련은 기본을 닦는 일이기 때문입니다. 운동선수로서 제각기 자기 종목에 대한 훈련이 있거니와 기본기가 바르게 잡힐 때에 훌륭한 선수가 될 수 있습니다.

새 차가 출시될 때, 그 차에 대한 안내서가 배부되고 그 안내서에는 차에 대한 기본 매뉴얼이 있어서 매뉴얼에 지시된 대로 차를 운행할 때에 무리가 생기지 않습니다. 자기 멋대로 차를 다루게 되면 그 차는 쉽게 고장이 나고 마모가 됩니다. 사람을 만드신 하나님께서 사람에 대한 모든 기능이며 생명에 관한 말씀을 우리에게 주신 것이 성경이요, 말씀입니다.

야고보서뿐 아니라 모든 성경에서 우리에게 성경에 대한 자세를 깨우쳐 주십니다. 그러므로 우리는 말씀을 사모해야 합니다. 그리고 온유한 마음으로 사모해야 합니다. 또 하나는 말씀을 받을 때에 깨끗한 마음으로 옥토(마 13:23)와 같은 마음에 받아야 합니다. 여기에 하나님의 약속된 축복이 있습니다(시 28:1-14). 본문을 중심으로 몇 가지 은혜를 나누어 봅니다.

1. 하나님 말씀에 대한 성도의 기본적인 자세는 말씀을 행하겠다는 결심입니다.

성경에 대한 성도의 기본적인 자세는 말씀을 행하겠다는 결심을 하는 것입니다. (22절) "너희는 도를 행하는 자가 되고 듣기만하여 자신을 속이는 자가 되지 말라" 하셨습니다.

1) 성경은 행하라는 말씀을 명령형으로 기록하였습니다.
하나님 말씀이기 때문에 명령형이 우리에게 유효합니다.

① 명령에 행하는 순종자가 되어야 합니다.
서울 어떤 대형교회 목사님이 은퇴할 때에 기자들이 질문했습니다. "한국교회의 문제점이 무엇이라고 보십니까?" 라고 묻자 그 목사님은 "한국교회의 문제점은 말씀에 대한 순종형이 아니라 '주시옵소서' 의 신앙 형

태로서, 기형적으로 양육되다보니 국민의 1/4 정도의 교세를 가진 한국 교회가 세상에 대해서 역할이 미약하다"고 지적한 바 있습니다. 말씀에 대해서 행하는 것이 제일 중요합니다.

② 야고보는 본문에서 동사형을 사용하지 않고 명사형을 사용해서 '말씀을 행하라'가 아니고 '말씀을 행하는 자가 되라'고 강조했습니다.

예를 들어서 '싸워라'가 아니고 '싸우는 군사가 되라'입니다. '가르치라'가 아니고 '가르치는 자가 되라' '집을 지어라'가 아니고 '건축하는 자가 되라'입니다. 더 강조적인 말씀 형태입니다. 행하지 아니하면 영혼 없는 몸이 죽었듯이 죽은 신앙입니다(약 2:26).

2) 죽은 믿음이 아니라 산 믿음이 되어야 하겠습니다.

① "이와 같이 행함이 없는 믿음은 그 자체가 죽은 것이라" 하였습니다.

예컨대 죽은 시체에게 제일 비싼 옷을 입히고 제일 비싼 시계를 채우고 제일 비싼 화장품으로 화장을 시켜놓았어도 죽은 시체는 소용이 없습니다. 제아무리 영웅호걸이나 미인이라도 죽은 자는 땅에 묻혀버리게 됩니다. 또한 온갖 금은보석으로 만든 시계라도 죽은 시계는 시간을 알 수가 없기에 기능을 발휘할 수가 없습니다. 죽은 믿음, 행하지 않는 믿음이 그러합니다. 죽은 사자보다 살아있는 개 한 마리가 낫습니다(전 9:4).

② **신앙생활에서 말씀에 뿌리를 내리지 못하면 죽은 것과 같습니다.**

믿음은 말씀에 뿌리가 깊이 내려야 산 믿음입니다. 6·25때 일화입니다. 미국 아이젠하워 대통령이 미군이 있는 부산을 방문하게 되었습니다. 미군이 묻혀있는 묘지 전역을 푸르게 단장을 해야 했는데 때는 겨울입니다. 겨울에 푸른 잔디가 있을 리 없기에 이 사실을 고 정주영 당시의 현대 사장이 근처의 보리밭을 모두 사서 푸른 보리밭을 모두 다 베어다가 묘역에 심는 둥, 마는 둥 뿌려 놓았습니다. 멀리서 보았을 때에 푸르게 보였습니다. 그러나 며칠이 지나고 행사가 끝난 다음에 푸른 빛이 없어지고 모두 죽고 말았습니다. 묘역에 심은 보리는 왜 죽었을까요? 뿌리가 없었기 때문입니다. 일시적으로 푸르게 보이면 되었던 것입니다. 그러나 우리의 신앙은 일시적으로 푸른 것이 아니라 영원한 산 생명이 되어야 합니다. 옥토에 뿌려진 산 믿음이 되어야 합니다(마 13:23). 한국교회는 야고보서가 필요합니다. 지키는 자가 복이 있다고 하셨습니다(계 1:3).

2. 하나님 말씀에 대한 성도의 기본적인 자세는 순종하겠다는 자세입니다.

종교개혁자 마틴 루터(M. Luther)는 말하기를 '하나님께서 주신 축복 중에 하나가 하나님 말씀을 인간의 언어로 성문화 시켜주신 것이다' 라고 했습니다. 왜 주셨겠습니까?

1) 순종하기 위해서입니다.
혹자가 말하듯이 윤리적으로나 도덕적인 책이 아닙니다. 생명의 책입니다.
① 말씀대로 실천하고 순종해서 살아가는 자세가 중요합니다.
  그렇지 않은 자는 허무합니다(23-24에서 말씀했습니다.) 말씀은 우리의 거울이라고 했습니다(고전 10:6, 11).
② 여기에 열매가 맺히게 됩니다.
  마태복음 13:23에서 옥토라야 열매가 맺히듯이 우리는 옥토가 되어서 열매를 맺어야 합니다. 30배, 60배, 100배의 열매입니다.

2) 성경의 인물들은 하나같이 하나님께 순종하고 동행하였습니다.
① (창 5:21)에녹의 생애를 보시기 바랍니다.
② (창 7:1-)노아의 생애를 보시기 바랍니다. 120년간의 방주를 보십시오
③ 순종하게 될 때에 기적이 일어나게 되었습니다(눅 5:1, 요 2:1-11).

3. 하나님 말씀에 대한 성도의 기본적인 자세는 말씀을 행하게 될 때에 복이 온다는 사실입니다.

(25절)"…실행하는 자니 이 사람이 그 행하는 일에 복을 받으리라" 했습니다.

1) 성경에 어떤 약속이 있습니까?
① 말씀 안에서 영생이 약속되어 있습니다.
  영생이 약속되어 있습니다. 진리 안에서 자유함을 얻었기 때문입니다(요 5:24, 8:31, 롬 8:1-2). 영생의 복이 제일 큰 복입니다.
② 이 세상에 살아가면서 얻어지는 모든 복이 여기에 속하는 또 하나의 복입니다.
  평안의 복도 여기에 속합니다(요 14:27). 예수님은 우리에게 재물의 축

복도 주셨습니다(고후 8:9).

2) 하나님 말씀은 우리를 살리는 능력이 있습니다.

① 하나님의 말씀으로 우리를 창조하셨기 때문입니다.
성령께서 또한 말씀을 깨닫게 하십니다. 왜냐하면 성령은 진리의 영이시기 때문입니다(요 14:17).

② 하나님의 성령께서 오신 목적이 우리를 살리시기 위해서입니다.
그리고 축복해 주시기 위해서입니다. 하나님 말씀을 의지하는 자에게 하나님은 풍요로운 영육간의 축복을 약속하셨습니다.

모든 성도들이 이 축복을 받으시기를 축원합니다.

결론 : 성도는 하나님의 말씀을 의지해야 합니다.

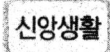 ## 친구가 몇 명입니까?
요한복음 15:13-15

어떤 아버지와 아들이 대화하는 중에 친구 이야기가 나왔습니다. 아들이 아버지에게 '나는 친구들이 많이 있습니다. 앞집에 누구도, 뒷집에 누구도 친구들' 이라고 말했습니다. 아들은 이어서 아버지에게 '아버지 친구는 몇 명이냐' 고 물었습니다. 이때에 아버지는 진정한 친구가 얼마나 중요한가를 알려주기 위해서 돼지를 잡아서 멍석에 둘둘 말아서 지게에 지고 밤중에 아이가 말하는 친구 집에 갔습니다. '내가 어쩌다가 사고를 쳐서 사람을 죽였는데 어떻게 하면 좋으냐' 고 말할 때에 아들의 자랑스러운 친구들은 모두 하나같이 질색을 하며 문전박대를 했습니다. 이제 아버지 차례가 되어 아버지 친구 집으로 가서 말할 때에 아버지 친구는 누가 볼 새라, 일을 어떻게 할 것인가에 대해서 의논하자 아버지가 껄껄 웃으면서 사실은 사람이 아니라 돼지를 잡았고 이렇게 하게 된 배경을 설명하면서 밤에 돼지로 잔치를 벌이게 되었다는 이야기가 있습니다.

여러분은 현대 사회에서 과연 친구가 몇 명이나 됩니까? (잠 17:17) "친구는 사랑이 끊이지 아니하고 형제는 위급한 때까지 위하여 났느니라" 하였습니다. (잠 18:24) "…어떤 친구는 형제보다 친밀하니라" 하였습니다. 요즘 세상은 모두가 손익계산에 의해서 살아가는 세상입니다. 엘리어트(Elliot)는 말하기를 '좋은 친구는 황야에서 솟는 샘물과 같다' 고 하였습니다.

예수님은 우리에게 친구라고 하셨습니다(눅 12:4). 그리고 친구인 우리를 위해서 십자가에 못 박혀 죽으시기까지 친구 됨을 보여주셨습니다. 본문에서 몇 가지 은혜 나누는 시간 속에서 참 친구를 확인하시기 바랍니다.

1. 예수 그리스도는 믿는 사람의 친구가 되십니다.

"내가 내 친구 너희에게 말하노니" 라고 하셨습니다.

1) 예수님이 우리의 친구 되심이 몇 가지 의미가 있습니다.

창조주 되신 예수 그리스도가 (요 1:1-4) 어떻게 우리의 친구가 되실까요?

① 우리가 자격이 있어서가 아니라 그 분이 먼저 우리를 사랑하셨고 택하여 세우셨습니다(요 15:15-16, 요일 4:19).
그분이 육신을 입고 성육신하셨고 죄 없으신 분(히 4:16)으로서 우리에게 다가오셨습니다. 수직관계나 종속관계로 다가오신 것이 아니라 친구로서 다가오셨습니다.
② 예수님은 가난한 서민층을 대상으로 친구를 사귀셨습니다.
바리새인들이 예수님을 욕하고 비난했던 대목입니다(눅 15:1). 세상 친구는 손익계산에 의해서만 친구가 되려는 세대에 우리는 천국을 버리시고 이 땅에 오신 예수님이 우리의 친구 되심을 명심해야 하겠습니다.

2) 예수님은 세상 어떤 친구들과 다른 분이십니다.
예수님이 친히 먼저 내가 너희의 친구라고 하셨습니다.
① 우리에게 조건이 있어서가 아닙니다.
자격도 없고 이유도 없지만 하나님의 사랑 때문에(요 3:16, 롬 5:8) 사랑으로 친구라고 선포하셨습니다. 선한 사마리아 사람의 비유(눅 10:25-37)에서 잘 보여주셨습니다. 참된 친구의 정의를 보여주셨는데 위험을 무릅쓰시고 이 땅에 오셨고 친구로서 우리를 죄에서 구원해 주셔서 주막인 교회에 안착케 하고 다시 오시겠다고 약속하셨습니다.
② 더 중요한 것은 친구가 되어주셔서 만나주시는데 인격적으로 만나 주십니다.
예수님은 우리의 모든 비밀을 다 아시지만 용서하시고 인격적으로 만나 주시는 분이십니다. 최고 최대의 상담가(counselor)요 보혜사 성령으로 역사하십니다. 미국과 같은 나라에서도 흑백문제, 인종차별문제가 심각하지만 예수님은 그런 차별이 없으신 친구가 되십니다(사 1:18, 마 11:28).
③ 예수님은 친구로서 희생하셨습니다.
십자가에서 우리를 위해서 대속적 죽음을 죽으신 참 친구가 되신 예수님이십니다. 어느 마을에 두 친구가 미술 공부를 하기위해서 나섰지만 가난해서 할 수가 없기 때문에 하나가 먼저 공부하기로 하고 하나는 막 노동판에 가서 일하게 되었는데 공부를 마치고 노동하는 친구를 방문했을

때에 그 친구는 못쓰게 된 손을 모으고 친구를 위해서 기도하고 있었습니다. 그 모습이 너무 아름다워 그린 그림이 그 유명한 알버트 뒤러(Albert Duller)의 '기도하는 손' 입니다. 예수님은 오늘도 하나님 보좌 우편에서 못 박힌 손으로 우리를 위해서 기도하시는 친구이십니다(롬 8:26, 36).

2. 내가 예수님과 친구가 되어야 합니다.

아브라함에게도 하나님께서 벗이라고 하셨고 친구라고 하셨습니다.(약 2:23)

(사 41:8) "나의 벗 아브라함의 자손아" 라고 하셨습니다.

1) 내가 예수님의 친구가 되려면 예수님을 믿어야 합니다.

예수를 믿는 것이 예수님의 친구가 되는 길입니다.

① 예수님의 십자가 사건이 나 때문임을 믿어야 합니다(롬 10:17).
믿음이 예수님과 나 사이의 다리가 됩니다.

② 예수님이 나의 친구가 되신다고 하는데 내가 마음을 열고 영접해야 합니다.
이것이 하나님의 부르심에 대답하는 일이요 예수님의 친구가 되는 일입니다. 이것을 요한 칼빈(John Calvin)은 신인협력(synergism)이라고 하였습니다.

2) 예수님이 맺은 친구의 약속은 변치 않습니다.

① 예수님은 변하지 않는데 인간이 변하는 것이 문제입니다.

② 하나님께서 우리에게 변치 말라고 말씀하십니다(사 26:3, 엡 6:23).
그리고 예수님은 질문하십니다(요 21:15-). 대답하시기 바랍니다.

3. 성도는 우리에게 친구 되었던 사람들을 잊지 말아야 합니다.

예수님의 친구들이 우리나라에 와서 친구 되었던 사람들이 있습니다.

1) 우리에게 사랑의 빚을 주었던 친구들이 있습니다.

① 마포에 가면 외국인 묘지가 있습니다.

언더우드, 아펜젤러를 비롯한 선교사들의 무덤입니다. 아프리카 빅토리아폭포 옆에 가면 리빙스톤 선교사의 동상이 있는데 아프리카인들의 친구입니다.

② 우리나라에 왔던 친구들의 사랑과 은혜를 잊어서는 안 됩니다.

2) 이제 우리가 타인에게 친구가 되어야 할 차례입니다.

세계인들은 한국과 한국교회를 부르고 있습니다.

① 친구가 되기 위해서는 먼저 내가 희생해야 합니다.

    희생 없이는 친구가 될 수 없습니다(사 53:4-).

② 바울을 향해 손짓하던 마게도니아인의 모습이 지금도 우리를 향해서 세계에서 손짓합니다(행 16:9).

기도와 물질과 마음을 합해서 친구를 많이 만드는 우리 교회가 되기를 주의 이름으로 축원합니다.

결론: 예수님이 우리의 친구이듯이 우리는 세계 속에 친구를 만들어야 합니다.

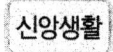

일어나서 함께 가자
야고보서 2;10-15

어릴 때에 그릇된 친구들의 유혹을 뿌리치고, 신앙생활로 정진하였던 한 사람은 미국의 대통령이 되어서 취임식을 앞두고 있었고, 한편으로는 사형선고를 받고 복역 중이던 무리들이 있었습니다. 이들은 어린 시절에 같은 마을 아이들이었지만 악한 친구를 따라갔던 사람은 사형수로 변해있었고, 예수님을 따라 갔던 친구는 대통령에 당선되었습니다. 이 사람이 바로 루즈벨트 프랭크린 대통령(Roosevelt Franklin 1882-1945)입니다.

일평생을 살아가면서 누구와 함께 걸어가느냐 하는 문제는 중요합니다. 노아 홍수 이전의 사람이었던 에녹은 300년을 하나님과 함께 동행하였고(창 5:21-25), 노아는 하나님의 은혜를 입었습니다(창 6:8).

본문에서 왕중의 왕이요, 부귀영화가 가득했던 솔로몬 왕이 천하디 천한 술람미 여자에게 일어나서 함께 가자고 하는 말씀은 만왕의 왕 되신 예수 그리스도께서 죄인 된 우리들에게 하시는 말씀입니다. 예수님은 지금도 일어나서 함께 가자고 하시는데 믿는 우리가 과연 예수님과 함께 가는지 생각해 보아야 할 시간입니다. 동행 중에 있다고 하면서 실제로는 예수님을 잃어버린 마리아와 요셉은 아닌지도 확인해야 합니다(눅 2:41-50). 이 시간 예수님과 동행하는지 주님의 음성을 말씀 속에서 듣기를 원합니다.

1. 예수님은 우리에게 희망찬 미래로 함께 가자고 말씀하십니다.

예수 안에서 희망이 있고 미래가 있습니다.

(11절) "겨울도 지나고 비도 그쳤고 지면에는 꽃이 피고 새의 노래 할 때가 이르렀는데 반구의 소리가 우리 땅에 들리는구나 무화과나무는 푸른 열매가 익었고 포도나무는 꽃이 피어 향기를 토하는구나" 했습니다.

1) 예수 그리스도 안에 있는 성도에게는 추운 겨울이 지나고 봄이 왔습니다.

① 겨울이 지났습니다.

성경은 예수 안에 있는 성도에게 언제나 봄을 강조했습니다.

봄비 때(슥 10:1), 이른 비와 늦은 비의 때(신 11:14), 은혜의 때입니다(고후 6:1-3). 겨울이 지나고 소망을 향해서 일어나는 축복의 때입니다.

② 지면에는 꽃이 피었고 새의 노래가 들리는 때입니다.

꽃은 열매의 시작입니다. 모든 열매는 꽃에서부터 시작됩니다. 그래서 꽃이 피었다는 것은 열매의 풍성함의 전주곡입니다. 예수님과 같이 가는 인생길에는 꽃이 피어서 추수 때의 열매가 풍성합니다. 때가 꽃이 피는 때 인만큼 예수님과 함께 걷는 인생이 되어서 열매가 더욱 풍성한 가을이 오기 위해서 힘써야 합니다.

2) 여름에도 함께 가자고 하십니다.

여름은 모든 식물이 자라고 열매를 성숙시켜가는 시기입니다.

① 무화과나무 열매가 익어갈 때입니다.

무화과나무는 꽃이 없으며 열매 속에 꽃이 성숙해져서 열매가 됩니다. 꽃들이 그 속에 가득해서 익어갈 때에 자식의 탐스러운 열매로 남게 됩니다. 이스라엘을 이 무화과나무로 비유했습니다(마 24:32). 종말 때의 이스라엘을 강조하신 것이 무화과나무의 비유입니다. 예수님과 동행하는 참 성도는 추수 때 웃는 사람이 됩니다. 예수님은 오늘도 성도들에게 종말 때에 웃기 위해서 함께 가자고 하십니다.

② 일평생 누구와 걸어가며 누구와 함께 인생을 마감하겠습니까?

종말은 두 가지가 있는데 개인적 종말인 죽음과, 우주적 종말인 예수님 재림 때의 마지막 종말이 있습니다. 그 때에도 예수님과 함께 걸어야 합니다.

(13절) "나의 사랑 나의 어여쁜 자야 일어나서 함께 가자"고 하십니다. 인생 종착역에서 예수님과 함께 걸어가게 되시기를 기다리고 계십니다.

2. 위험한 곳에도 함께 가자고 하십니다.

(14절) "바위틈 낭떠러지 은밀한 곳에 있는 나의 비둘기야" 했습니다.

비둘기는 사람의 손이 닿지 않는 곳에 집을 짓고 살아갑니다.

1) 바위틈 낭떠러지는 위험한 곳입니다.

이것이 비둘기가 살아가는 집입니다.

① 때때로 성도는 위험에 노출되어 있습니다.

그래서 핍박과 환난이 오게 되고 세상으로부터 미움을 받게 됩니다. 세상은 교회를 핍박합니다. 세상은 성도를 미워합니다. 예컨대 다행히 실시하기 전에 폐지가 되었지만 한 때 현재 정권이 들어서서, 교회를 건축하는데 주민 80% 이상이 찬성해야 지을 수 있는 건축협정체가 추진된 때도 있었습니다. 이 법이 그대로 실시된다면 어느 곳에서 교회를 건축하겠습니까? 이것이 핍박입니다.

② 앞으로는 교회 핍박, 성도에 대한 박해가 기승을 부리는 때가 올지도 모르겠습니다.

교회가 역사 속에서 순교를 각오하고 믿음을 지켜왔듯이 죽을 각오를 하고 신앙을 지키며 주와 함께 걸어야 합니다. (마 26:46) 예수님이 잡히시던 새벽에 "일어나 함께 가자"고 하셨습니다.

2) 환난의 때가 온다 해도 성도는 예수님께 얼굴을 보여드리고 음성을 들려드려야 합니다.

(14절) "나로 네 얼굴을 보게 하라, 네 소리를 듣게 하라 네 소리는 부드럽고 네 얼굴은 아름답구나" 하셨습니다.

① 어려운 때에도 성도는 언제나 주님께 얼굴을 보여드리고 음성을 들려드려야 합니다.

이것이 주님과 함께 걸어가는 일입니다. 기도와 찬송은 주님의 요청이기도 합니다. 어려운 때일수록 더 많이 하시기 바랍니다.

② 어려운 때에 주님은 요구하셨습니다.

"네 목소리는 부드럽고 네 얼굴은 아름답구나" 성도의 권세가 다 깨어지는 때(단 12:7)에도 성도는 주님을 따라가야 합니다.

3. 주님과 같이 가기 위해서는 내 안에서부터 여우새끼를 잡아야 합니다.

중동지역에는 포도원을 허는 여우새끼가 많이 있습니다.

1) 교회는 포도원입니다.

① 예수님은 포도나무요, 성도는 포도나무 가지입니다(요 15:1-4).

포도나무 꽃을 방해하는 여우새끼가 많이 있다고 하였습니다. 여우새끼는 몇 가지 특징이 있습니다. 죽은 것도 먹고, 뒤를 돌아봅니다(눅 17:22). 여우는 굴에 살다가 밤에 활동합니다. 편협적인 신앙을 조심해야 합니다.

② 교회와 개인적 신앙들에서 조심해야 할 부분들입니다.

우리교회에는 여우새끼 같은 부분이 없기를 바랍니다.

2) 교회에는 언제나 예수님과 함께 가지 못하게 방해하는 자가 있습니다.

① 때로는 포도원을 통째로 **빼앗기** 위해서 협박하고 죽이기까지 하는 세력도 있습니다(왕상 21:1-10).

나봇은 순교자의 모형이요, 그림자입니다.

② 포도원을 허는 아합과 이세벨은 결국 망하였습니다.

교회를 핍박한 세력은 로마를 비롯해서 어느 시대나 모두 망했습니다. 그리고 결국 마지막에는 망합니다(계 18:3). 그러므로 참 교회와 참 신자는 끝까지 예수님과 함께 가야 합니다.

예수님과 끝까지 함께 걸어가는 모두가 되시기를 축원합니다.

결론: 예수님과 함께 걷습니까?

성도에게 있어야 할 비둘기 날개
시편 55:6-7

오랜 옛날부터 인간들은 새처럼 공중을 날기를 원했고 꿈을 꾸었습니다. 그 꿈대로 1900년대에 라이트형제에 의해서 비행기를 발명하게 되었고, 그 후 계속 발전해 오면서 1969년에는 달나라에 성조기를 꽂고 돌아왔으며, 지금은 어떻게 하면 빠르게 비행할 것인가를 연구하고 있습니다. 옛날에 군대생활 할 때 중부전선 철책선(E.M.Z)에서 근무하며 지낼 때입니다. 군대 목사님과 함께 철책을 돌면서 경계근무를 서는 병사들에게 커피와 껌, 또는 사탕을 나누어주며 위로하고 격려하는 말을 했습니다. 이때에 사람으로서는 철책선 때문에 더 이상 오갈 수 없는 곳이지만 새들은 철책선에 관계없이 북녘이든, 남녘이든 자유로이 날아다니는 모습을 보면서 민족적인 안타까움을 하나님께 기도한 적이 있습니다.

요즈음도 바쁘게 자동차로 이동하다가 길이 막혀 시간이 지체될 때에 자동차에 날개가 있어서 날아갔으면 좋겠다는 공상합니다. 본문은 다윗이 생애가 어렵고 힘든 때에 고백한 내용입니다. "…나의 말이 내가 비둘기 같이 날개가 있으면 날아가서 편히 쉬리로다 내가 멀리 날아가서 광야에 거하리로다" 했습니다. 사울의 손에 죽을 뻔한 때도 있었고, 정권이 안정된 뒤에는 아들 압살롬에 의해서 쫓겨날 때도 있었습니다. 다윗은 위기 때마다 비둘기 날개로 날아가는 환상과 꿈을 노래했습니다. 본문에서 우리에게 큰 교훈을 주었습니다.

1. 성도에게는 독수리처럼 올라가는 믿음의 날개가 있어야 합니다.

세상에는 마귀가 득실거리고 사단이 파놓은 함정들이 수없이 많아서 마치 다윗이 사울에게 쫓기듯이 문제들이 많이 있기 때문입니다.

1) 성도가 세상에서 승리하기 위해서는 반드시 독수리 날개와 같은 믿음이 필요합니다.

이것이 다윗의 기도요, 성도의 기도입니다.

① 이스라엘 백성들에게도 독수리의 날개 같은 믿음이 요구되었습니다.

(사 40:17-31) "야곱아 네가 어찌하여 말하며….(31절) 오직 여호와를 앙망하는 자는 새 힘을 얻으리니 독수리의 날개 치며 올라감 같을 것이요…." 하였습니다. 날아가는 독수리 날개 같은 믿음이 요구됩니다.

② 독수리 날개는 이 세대에 우리 성도들에게 필요한 날개입니다.

육중한 비행기가 은빛 날개가 없다면 날 수 없듯이, 성도에게는 믿음이 날개입니다. 이 날개는 하나님께 향한 믿음과 신뢰입니다. 광야에서 이스라엘백성을 인도하신 독수리 날개입니다(신 32:10).

D.L 무디(D.L. Moody)의 일화 중에 이런 이야기가 있습니다. 친구에게 하나님께 대한 신뢰를 보여주는데, 두 아이를 오라고 해서 그중 한 아이를 머리 위만큼의 나무위에 올려놓고 뛰어내리라고 했을 때에 이 아이가 바로 뛰어내려서 무디가 사뿐히 받았습니다. 그런데 한 아이는 뛰어내리지 못하고 울기만 하는 것입니다. 그 아이는 신뢰와 믿음이 없었습니다. 울기만 했던 아이는 무디의 아이가 아니고 무디 아들의 친구였습니다.

신뢰와 믿음이 없을 때에 두려움만이 있게 됩니다. 성도에게는 하나님께서 내 인생을 책임지신다는 신뢰가 있습니다. 이것이 성도가 달고 있는 날개입니다. 하나님은 성실하신 분이십니다(시 89:1-).

2) 다윗은 언제나 믿음의 날개로 올라가는 믿음의 소유자였습니다.

① 이 날개가 있기에 어려움을 극복할 수 있었습니다.

다윗의 생애를 보시기 바랍니다. (시 3:1) "여호와여 나의 대적이 어찌 그리 많은지요. 일어나 나를 치는 자가 많소이다…." 했습니다. 그래서 죽을 고비가 한 두 번이 아니었습니다(삼상 19:1, 23:14, 24:1). 그리고 아들 압살롬에게도 당했습니다(삼하 15:13-19).

② 이렇게 어렵고 힘들 때에 다윗은 하나님만 의지하는 믿음의 날개로 승리하게 되었는데, 대표적인 말씀은 역시 시편 23편으로서 사망의 음침한 골짜기에서도 승리하게 되었습니다.

우리교회 성도들에게 신뢰와 믿음의 날개가 있기를 원합니다.

2. 고난과 시련 앞에서도 두려워하지 않는 날개가 필요합니다.

세상에는 타락의 결과로 고난이 오게 되었습니다(창 3:17-19).

1) 크고 작은 차이는 있지만 누구에게나 고난이 있습니다.

바닷가의 파도가 작든 크든 간에 몰려오는 현상과 같습니다. 고난을 이기기 위해서는 두려워하지 말아야 합니다.

① 성경에서 그 해답을 찾게 됩니다.
(요일 4:18) 사랑 안에서 두려움이 없다고 하였습니다.
예수님은 사랑하시기 때문에 십자가까지 지셨고 희생하셨습니다. 그리고 부활하셨습니다.

② 하나님의 사랑을 받은 백성들인 성도들은 하나님을 사랑하고 교회를 사랑하게 될 때에 두려움이 사라지게 됩니다.
사랑하는 아이가 아플 때, 밤중에 무서운 줄도 모르고 아이를 들쳐 업고 공동묘지를 지나 의원에게 갔던 어머니의 사랑과 같습니다. 사랑 때문에 무서움이 간데 없습니다. 사랑 때문에 사자도 불구덩이도 무서워하지 않았던 다니엘과 세 친구들의 용맹을 보게 됩니다(단 3:16, 6:10).

2) 지금 우리는 문제가 많아서 실패가 아니요, 사랑이 약하기 때문입니다.

사랑은 두려움을 내쫓아버리게 되는 힘이 있습니다.

① 하나님은 아직도 우리를 사랑하심을 잊지 말아야 합니다.
우리는 하나님의 것이기 때문입니다(사 43:1-2). 우리가 아직 죄인 되었을 때부터 사랑하셨습니다(롬 5:8).

② 문제는 내 편에서 사랑이 약해지기 때문에 어렵습니다.
하나님을 사랑하십니까?(요 21:15-) 주님이 지금도 질문하십니다. '네가 나를 사랑하느냐?' 다윗은 하나님을 사랑한다고 고백했습니다(시 18:1). 우리가 하나님을 사랑하고 교회를 사랑하게 될 때에 그것이 곧 날개가 될 것입니다.

3. 현재 어려움과 고난 앞에서 미래를 바라보는 날개입니다.

소위 말해서 소망의 날개인데 성도는 현재 어렵다고 해도 미래를 보는 눈이 필요합니다. 이것이 곧 날개입니다.

1) 이것을 성경에서 소망이라고 했습니다.

① 성경은 우리에게 미래를 확실히 말씀했습니다.
소망을 주셨기 때문입니다(히 6:18-19). 마귀는 절망과 낙심케 하지만 성령은 소망을 주시는 분이십니다(롬 13:15).

② 성도에게는 반드시 미래를 보는 소망의 날개가 필요합니다.
비행기의 날개요, 비둘기의 날개와 같은 존재입니다. 철학자 키에르케고르는 '절망은 죽음에 이르는 병이다' 라고 했습니다. 소망을 가지게 될 때에 그 날개를 통해 미래를 향해 날 수 있습니다.

2) 믿음의 선진들이 모두가 이 날개로써 승리했습니다.

① 바울의 경우 유라굴로 풍랑에서도 소망의 날개로써 승리를 보여주었습니다(행 27;22).
절망자들에게 소망을 보여주었던 바울의 모습입니다.

② 사도 요한은 밧모섬에 유배되었어도 소망의 날개로써 미래를 보았고 이것이 요한 계시록이 되었습니다(계 1:10).
본문에서 다윗은 비둘기 날개를 말했습니다.

이 세대에 모든 성도들이 이 날개로 난관을 극복하게 되시기를 주님의 이름으로 축원합니다.

결론: 성도들에게 비둘기 날개가 필요합니다.

 # 제자의 길을 가는 사람
(마 16:24)

사람이 살아가는 길에는 각자의 길이 있고 사명이 있습니다. 정치인은 정치를 잘해서 국가의 중흥과 백성을 편안히 잘 살게 해야 합니다. 여기에 국방, 치안, 경제, 안보, 교육 등 많은 숙제들이 있기 마련입니다. 선생님은 후세들을 잘 교육해서 국가의 백년대계를 키워야 합니다. 경제인은 국가 경제를 잘 일으켜서 부강한 사회로 만들어야 합니다. 이론적인 면은 그러하지만 개론에서 각론으로 가면 또 복잡한 현실들이 기다리고 있어서 마치 기계의 톱니바퀴처럼 복잡합니다. 예수믿고 구원 받는 길은 간편하고 간단하지만 구원 받은 성도의 길은 제자의 길인데 이른바 이 제자도는 쉬운 길이 아닙니다.

본문에서 예수님은 나를 따라 오려거든 자기를 부인하고 따르라고 하셨습니다. 본문에서 몇 가지 은혜를 나누어 보겠습니다.

1. 예수님의 제자의 길을 가는 사람은 자기를 부정해야 합니다.

제자(disciple)란 말은 가르침을 받는 사람, 또는 훈련 받는 사람이란 뜻입니다. 세상 사람들은 모두가 자기 목소리를 크게 내기를 원합니다. 그러나 제자의 길은 그런 길이 아닙니다.

1) 자기가 죽지 아니하고 자기 목소리가 큰 사람은 제자의 길을 걷기가 어렵습니다.

① 예수님은 자기를 부정하셨고 죽으셨습니다(빌 2:6-11).
제자는 부모와 형제와 세상 어떤 것이라도 때때로 부정할 줄 알아야 참 주의 제자가 됩니다(눅 14:26). 그래서 예수님을 따르는 제자의 길이 고난의 길이라는 것입니다.

② 제자는 버릴 것을 버릴 줄 알아야 합니다.
(눅 14:33) "이와 같이 너희 중에 누구든지 자기의 모든 소유를 버리지 아니하면 능히 내 제자가 되지 못하리라" 하셨습니다. 사도 바울은 유익하던 모든 것을 버리고 예수를 따라가게 되었다고 고백하였습니다(빌

3:7-8). 12사도들 역시 모든 것을 버리고 예수를 따라 갔습니다(마 4:18-23). 주의 교회에 초석들이 되었습니다.

2) 현대인들은 주님을 따른다고 하면서도 버리지 못하는 경우가 많이 있습니다.
종교인은 될 수 있으나 제자는 아닙니다.

① 세상적인 길이냐, 사명적인 길이냐는 선택해야 할 문제입니다.
　어느 신학생은 여자 때문에 목회의 길을 걷지 못하고 다른 길로 가는 사람도 있었습니다. 제자의 길이란 나를 버릴 때에 가능합니다.

② 주님은 말씀하셨습니다. 나의 제자가 되려면 버리라고 하십니다.
　(눅 9:51-62) 주님이 길을 가실 때에 세 종류의 사람이 있었습니다. 맨 마지막 사람에게 예수님은 "손에 쟁기를 잡고 뒤를 돌아보는 자는 하늘나라에 합당치 않다"고 하셨습니다.
　따라서 주님의 몸 된 교회에서 내가 죽을 때만 참 주님의 제자가 됨을 명심하고 언제나 죽는 연습을 해야 하겠습니다. 바울은 날마다 죽었습니다 (고전 15:31).

8. 제자의 길은 십자가를 지고 가는 길입니다.
자기 십자가를 지고 따라가야 합니다.

1) 십자가는 멋이 아니요, 악세사리도 아니요, 죽이는 형틀입니다.
'그리스도의 고난'(Passion of Christ)에서 끔찍한 장면을 영화화해서 보셨을 것입니다. 그 자체입니다.

① 흔히들 신앙생활에 조금만 문제가 있을 때에 십자가라고 하는데 그런 쉬운 일은 십자가에 끼이지도 않는 일입니다.
　한국교회에는 십자가가 많이 왜곡되었습니다. 십자가는 그런 쉬운 문제의 길이 아닙니다. 과소평가해서는 안 됩니다.

② 십자가는 한 번 지는 일회용이 아니라 평생 지고 가야 합니다.
　날마다 지고 천국에 들어갈 때에야 벗고 입성하게 됩니다. (눅 9:23) 날마다 제 십자가를 지고 나를 좇을 것이니라' 했습니다.
　날마다 지어야지 과거에 한 번 지었다고 해서 완성이 아닙니다. 사도 바울도 계속 십자가를 지고 간 사람입니다.

2) 죽게 될 때에 새롭게 태어납니다.

① 예수님이 십자가에서 죽으심으로 부활의 영광을 얻으시게 되었습니다(빌 2:11). 그리고 승리하셨습니다(골 2:15).
이것이 제자의 길입니다.

② 생활 속에서 십자가를 지고 죽어야 합니다.
주의 교회는 십자가를 지고 죽는 사람들에 의해서 세워집니다. 그래서 한 알의 밀알이 중요하다고 하신 것입니다(요 12:24). 한 알의 밀알이 되어서 주님의 길을 따라가야 하겠습니다.

3. 제자의 길을 가는 사람에게는 영원한 상급이 약속 되었습니다.

구원은 믿음으로 받지만 상급은 땀 흘리며 십자가를 지고 일한 일꾼들에게 주시는 상급입니다.

1) 이 상급은 영원한 것입니다.

잠시 후에 없어지는 것이 아닙니다.

① 이 세상은 잠시 후에 없어지는 것이지만 상급은 영원한 것입니다.
참 제자가 되어서 이 상급의 주인공이 되시기 바랍니다.

② 천국의 상급은 영원히 변치 않는 것입니다.
이 약속들을 보시기 바랍니다. 면류관입니다(계 22:12, 계 2:10, 벧전 5:4, 딤후 4:7-8, 살전 2:19, 고전 9:25, 단 12:3, 마 16:27, 마 19:29).

2) 이 신앙은 이론이 아니고 실제요, 사실입니다.

① 이것은 제자요, 성도의 실제 생활 속에서 약속된 것입니다.
그래서 소유를 팔아서 상급의 밭을 사야 합니다(마 13:44).

② 제자의 십자가 길은 영광의 길입니다(빌 2:11).
잠시 후에 없어질 썩은 면류관이 아니라 영원한 면류관의 길인 제자의 길을 아름답게 잘 달려가기를 주의 이름으로 축원합니다.

결론: 주님의 제자의 길을 걷고 있습니까?

| 신앙생활 | # 거짓증거 하지 말라
출애굽기 20:16

　창세 이후에 세상이 타락하게 된 이유는 한 피조물의 거짓말 때문이었습니다. 하나님의 형상대로 지음 받은 인간은 또한 여기에 속았기 때문에 불행이 찾아오게 되었고 에덴동산에서 추방되었습니다.
　거짓이 정치에 개입하게 될 때에 수많은 생명이 위태롭게 되거나 죽습니다. 거짓이 경제에 들어가게 될 때에 경제활동을 통해서 인간이 불행해집니다. 거짓이 학문에 들어가게 될 때에 성장하는 후배들에게 거짓을 배우게 하고 진리가 왜곡되게 하는데, 21세기에 와서도 이 거짓은 인간을 속이고 있습니다.
　물론 거짓말 가운데에는 소위 하얀 거짓말도 있습니다. 못생긴 얼굴인데 상대방을 위해서 예쁘다고 한다든지, 시한부 인생에게 의사가 본인이 모르게 가족들에게만 알게 해서 편히 여생을 살게 한다든지, 여호수아 6장에 나오는 기생 라합이 정탐꾼을 숨겨주고 생명을 살리는 일들입니다. 거짓이지만 옳은 일이기에 하는 거짓을 내재선(immanent righteousness)이라고 합니다.
　공산주의자는 거짓말 집단이기 때문에 잘못된 사상입니다. 거짓이 아니면 공산주의를 할 수가 없습니다. 서양인들의 큰 욕 중에 제일 굴욕적인 것은 'You are lie' (너는 거짓말쟁이다)라는 욕이라고 합니다. 우리는 양치기소년의 일화에서 거짓말이 얼마나 나쁜 것인가 할 때에 결국 자기 자신이 당하는 꼴을 보게 됩니다. 작금에 와서 우리 정치사회에 도청테이프 사건이 터지고 서로가 잘못을 전가하면서 국민들을 속이고 우롱하는 안타까운 현실을 봅니다.
　거짓말을 하지 않아야 할 이유를 본문에서 찾게 됩니다.

1. 거짓의 우두머리요, 시조는 사단 마귀이기 때문입니다.

　거짓을 따르거나 거짓말하는 것은 곧 마귀를 추종하는 결과입니다.
1) 거짓의 아비(조상)는 사단 마귀입니다.
　이것은 예수님께서 분명하게 정의를 내리신 사실입니다.
　① 진리를 따르지 않는 바리새인들에게 말씀하신 것입니다(요 8:44).
　　성경은 거짓을 추방하거나, 거짓을 버리고 진실을 요구했습니다(시

101:7, 딤후 1:5, 약 3:17). 예수 그리스도의 복음이 진실이요, 참입니다.
② 마귀는 거짓의 전문가요 천재이기 때문에 거짓을 잘 지어냅니다.
예수 안에 사는 사람은 거짓을 미워하고 참을 따르게 됩니다. 영국의 문인 중에 버나드 쇼(Bernard Show)는 "거짓말의 가장 큰 형벌은 그가 아직도 믿을 수 없다는 미래를 느끼는 것"이라고 역설했습니다. 옛 소련의 무용선수 중에 미하일 바시리니코프가 미국에 망명해서 선수 생활을 할 때 무엇이 가장 힘드냐는 기자들의 질문에 '진실을 말하는 법을 배우는 일'이라고 대답했습니다. 공산주의 사회에서는 거짓말을 잘해야 살기 때문이라고 그는 덧붙였습니다. 예수 안에서는 거짓이 통하지 않습니다.

2) 거짓은 개인과 사회와 국가 속에 활동하여 왔습니다.
개인의 거짓은 피해가 적지만 사회나 국가의 거짓은 피해가 매우 큽니다.
① 정치인들의 거짓이나 사회지도층들의 거짓은 피해가 심각합니다.
선진국과 후진국의 차이는 신뢰성에 있습니다. 신뢰의 격차가 클수록 후진국이요, 국민이 지도층들을 불신하는 사회로 가게 되기 때문에 불행한 세상입니다.
② 대한민국에 청문회가 열리게 되었습니다.
옛날에는 없던 것이 열리는 것 만해도 발전한 것이라고 하겠지만, 지켜보는 국민들은 씁쓸했습니다. 거짓을 만들어내는 기회였기 때문입니다. 진실은 온데 간데 없고 거짓이 판을 칩니다. 이대로 후손에게 이 나라를 물려줄 수는 없을 것입니다.
사단 마귀는 거짓의 우두머리입니다(창 3:4, 고후 11:3, 계 12:9).

2. 거짓은 그 자체가 악하기 때문에 천국에 들어갈 수가 없습니다.

1) 우리는 참 진리만 믿고 따라야 하겠습니다.
① 지금 그리스도인들은 스스로 생각해 보아야 할 때입니다.
사회 구석마다 그리스도인들이 포진해있고 국민의 23-25%가 기독교인인데 세상이 이 모양입니다. 대표적으로 옷 로비사건 때에 우리는 같은 교회 선후배 사이요, 일류여대를 나온 분들의 추태를 보았습니다. 이것이 현실입니다.

② 거짓은 천국에 들어갈 수가 없습니다.
천국에 들어갈 수 없는 목록 가운데 하나가 거짓입니다(계 22:15). "거짓말하는 자는 성 밖에 있으리라" 했습니다. 마귀를 추종하는 자들이기 때문입니다.

2) 바울이 디도를 그레데 섬에서 목회하게 만든 이유가 여기에 있습니다.
그레데 사람들은 거짓말쟁이들이었습니다(딛 1:5,12).
① 그레데 사람들은 거짓말쟁이들이요, 그 소굴에서 건져내는 일이 디도가 하는 목회적 사명이었습니다(딛 1:12-13).
지금 세상은 온갖 거짓과 술수가 가득한 때입니다. 따라서 목회사역 역시 옛날보다 더욱 복잡해지고 어려운 때입니다.
② 성령의 사람들은 거짓을 따르지 않습니다.
성령은 하나님의 영이시기 때문에 진리만을 따르게 하십니다. 우리 안에 성령으로 충만해서 비 진리인 거짓을 추방해야 합니다.

3. 제일 크고 무서운 거짓은 영적인 거짓입니다.

육적인 거짓은 세상에서 조금 손해가 오고 말겠지만 영적인 거짓은 영원히 지옥가게 합니다.

1) 영적인 거짓이 무엇일까요?
이것은 무서운 죄 중에 죄가 되고 상대방을 지옥가게 만드는 죄입니다.
① 진리되신 예수 그리스도를 부인하는 거짓말입니다.
우리는 조금 전에도 신앙고백을 하였고 이 신앙고백을 믿습니다. 그러나 거짓 영들은 이 신앙고백을 불신합니다. 이것이 적그리스도요 이단입니다(요일 2:22, 3:13).
② 종교다원주의는 거짓말 중에 거짓말입니다.
예수 안에서 만이 유일하게 구원이 있고 교회 밖에는 구원이 없기 때문입니다(요 14:6, 행 4:12) 그런데 그들은 교회 밖에서 예수 외에도 구원이 있다고 거짓말을 하며 사기를 치고 있습니다.

2) 종교적 사기는 영혼을 지옥 가게 만드는 거짓말입니다.

① 종교적인 거짓이 많은 때가 말세 때입니다(계 18:10-13).
영혼들도 판매되는 물품에 끼이게 되는 시대입니다. 그래서 예수님은 거짓 것을 강하게 조심시키셨습니다(마 24:4).

② 우리는 참 진리이신 예수 그리스도 안에서 영원히 참 말을 하는데 이는 곧 예수 안에 영원한 생명이 있다는 복음 전파입니다.
세상에서의 작은 유익을 위해서 영원한 생명을 팔아먹는 거짓된 이 세대의 에서가 없게 되기를 주의 이름으로 축원합니다.

결론: 거짓증거 하지 말라고 하셨습니다.

신앙생활 솔로몬의 실패의 배경
열왕기상 11:1-3

사람이 어떤 일에 대해서 성공하려고 힘써야 하겠지만 성공한 후에 성공을 지켜나가는 것 역시 힘써야 하는 문제입니다. 역사 속에서 교훈을 얻게 되는 부분들은 성공했던 사람들이 성공 이후에 그 성공을 끝까지 지키지 못하고 실패로 돌아간다는 것입니다. '내 사전에는 불가능이란 단어를 빼버리라'고 했던 불란서의 영웅 나폴레옹 역시 나중에는 센트헬레나섬에 유배 되어서 슬픈 인생을 보냈습니다. 예수님의 제자 중에 가룟유다는 처음에는 능력 있는 제자였고(마 10:1), 그래서 예수님 제자그룹의 전대(회계)까지 맡았으나 결국은 실패자로써 인생을 마감하게 됩니다.

오늘 본문에서 다윗의 아들 솔로몬은 그의 생애 가운데서 그만큼 축복을 받는 사람이 없을 만큼 지혜의 왕이요, 재산가요, 성전 건축가로써 당시에 천하에 명성이 높은 사람이었지만, 성경에서 보면 실패자입니다. 본문에서 솔로몬의 축복 받은 규모가 얼마나 컸던가를 보여주지만 이런 큰 복을 받고도 결국 실패자가 되었습니다. 솔로몬의 본 이름은 '여디디아'(삼하 12:25)로써 선지자 나단이 지어준 이름으로서 그 뜻은 '여호와께 사랑을 입었다'는 뜻입니다. 솔로몬이 왜 실패자가 되었을까요? 본문에서 교훈을 얻게 됩니다.

1. 인생으로써 감당할 수 없을 만큼 많은 지혜와 축복을 받고도 실패한 요인이 무엇인지 생각해 봅시다.

1) 솔로몬의 생애에서 그 요인을 찾게 됩니다.

솔로몬의 생애에서 너무나 큰 복을 받았지만 이 축복을 아름답게 소화를 시키지 못하였습니다. 여기에서 문제가 생기게 되었습니다. 축복을 받아도 하나님의 뜻대로 소화시키지 못할 때에는 문제가 생기게 됩니다.

① 이성(여자) 문제 때문에 실패자가 되었습니다(7절).
이방 여인인 바로의 딸 외에 모압, 암몬, 에돔, 시돈, 헷 여인들이 들어오게 되는데(3절), 후비가 700명, 빈장이 300명, 모두 천 명이 넘습니다. 또한 이들이 들어올 때에 가져온 잡신들이 온 나라에 가득 했습니다. 이것

이 타락입니다. 믿는 성도는 이방인과 멍에를 같이 할 수 없습니다(고후 6:14).

② 하나님을 섬기는 사람에서 이방인 섬기는 사람으로 타락했습니다.
이방신인 그모스신, 몰렉신 등이 성전에까지 파고들었습니다(11:5-8). 이것이 옆구리의 채찍이요, 눈에 가시가 되었습니다.

③ 하나님의 축복에 대해서 감사 대신에 교만에 빠지게 된 것이 요인입니다.
교만은 멸망의 선봉입니다(벧전 5:5-6). 하나님께서 두 번씩이나 경고 하셨음에도 불순종하게 된 것은 교만하였기 때문입니다(11:9-11). 그래서 애굽이나 두로의 신당보다 더 큰 세력을 위해서 무거운 세금을 거두고 강제 노역을 하게 될 때에 이것이 화근이 되어 후에 르호보암 때에 나라가 나뉘어 북 왕조와 남쪽유다로 갈라지게 됩니다(왕상 12:1-15).

④ 성전 건축보다 자기 궁궐 짓는데 더 많은 시간과 자원을 할애했습니다.
성전을 짓는 데는 7년을 할애했지만 궁궐을 짓는 데는 13년이 소비되었습니다(6:38, 7:1).
요즈음 성도들은 성전에는 큰 관심이 없고 자기 아파트를 늘리는데 더욱 힘을 많이 쏟습니다. 영적으로 생각해야 할 부분입니다. 교회 역시 영혼을 중요시하고 전도하고 선교하는 것보다 예배당을 웅장하게 짓는데 더욱 힘을 쏟는 경향이 있는데 이것도 생각해야 합니다. 이 신약시대의 성전은 주님 모신 심령이 성전입니다(고전 3:16-).

⑤ 성전에 들어가 제단 뿔을 붙잡았던 요압장군을 죽였습니다.
용서가 없었고 자기 법이 하나님 법보다 우선이 되었습니다. 잘못이 있어도 제단 뿔을 잡으면 용서하는 것이 구약의 하나님의 법입니다. 교회는 용서 받고 용서해주는 곳임을 잊지 말아야 합니다.

2) 솔로몬은 이로써 성령으로 시작해서 결국은 육체로 마치는 사람의 원조가 되었습니다.

① 갈라디아교회를 생각합니다(갈 3:3).
성령으로 시작해서 육체로 마친 갈라디아교회와 흡사합니다.

② 우리는 솔로몬의 행동이나 갈라디아교회의 모습에서 교훈을 삼아야 합니다.

2. 초심으로 돌아가서 본래의 신앙을 잊지 말아야 합니다.

1) 솔로몬은 처음에는 다윗의 길을 따라서 시작했습니다.
부친 다윗의 유언에 따라서 성전도 건축하였고 하나님의 뜻대로 살려고 힘을 썼습니다. 그러나 이후에 문제가 생겼습니다.
① 이미 하나님께서는 이스라엘 민족에게 모세를 통해서 경고하신 바 있습니다(신 6:11-12).
솔로몬은 이 경고 역시 무시하고 그릇가게 됩니다.
② 부친 다윗이 유언으로 당부한 길을 잃어버리게 되었습니다(왕상 2:3).
다윗은 죽으면서도 이러한 미래를 예측하면서 당부했습니다. 그리스도인들에게 주시는 교훈이 매우 크다고 하겠습니다.
은혜 받을 당시의 초심으로 돌아가지 않으면 변질됩니다.

2) 잊어버린 초심을 회복해야 할 때입니다.
정치인들이 유세 때에는 잘할 것처럼 유세하지만 당선 되고나서 변질되듯이 우리가 신앙생활에서 유사하게 닮아갑니다.
① 처음 신앙을 회복해야 합니다.
소아시아 일곱 교회 중에 하나였던 에베소교회는 처음 사랑을 잃고 책망을 받았습니다(계 2:4-5). 회복하지 않으면 촛대를 옮기시겠다고 경고를 받았습니다.
② 처음 은혜 받고 주님을 만나게 되었을 때의 믿음의 순수성과 열정을 회복해야 합니다.

3. 솔로몬은 하나님의 축복을 누리되 축복의 근원되신 하나님을 잊어버렸습니다.
솔로몬은 부친 다윗 때에 많은 축복을 받고서도 그 축복을 끝까지 지키지 못했던 실패자입니다.

1) 축복의 근원 되신 하나님을 잊어버린 것입니다.
하나님을 잊어버리면 찢어버리시고 건질 자 없다고 하였습니다(시 50:22).
① 후대에 유다 백성마저 이 길로 가게 될 때에 또 책망을 받게 됩니다(렘

2:12-13).
생수의 근원되신 하나님을 잊어버린 죄입니다.

② 하나님을 잊어버리게 되면 '화' 그 자체입니다.
이스라엘과 유다로 분열 되었고 후에 이방인에게 밟히는 화근이 되었습니다. 교회와 성도들에게 주시는 교훈이 큽니다.

2) 하나님의 은혜 속에 살아가는 우리의 현실을 보아야 합니다.

수도에서 누수가 되지 않는지 가스가 새지 않는지 점검하듯이 신앙에도 점검이 필요합니다.

① 우리는 예수님 안에서 솔로몬보다 더 큰 축복을 받았습니다.
예수 안에서 영원한 천국을 얻게 되었기 때문입니다. 예수 그리스도의 피 값으로 이것이 가능케 되었음을 잊지 말아야 합니다.

② 솔로몬과 같이 처음에는 명성이 좋다가 나중에는 실패자로 남는 것이 아니라 처음보다 나중이 더욱 빛나는 이름으로 천국에 기록이 되어야 하겠습니다.
솔로몬의 실패를 닮는 것이 아니라 앞서가신 예수님처럼 승리하는(골 2:15) 성도가 되시기를 주의 이름으로 축원합니다.

결론: 솔로몬의 실패의 교훈은 신약교회에 큰 거울입니다.

[신앙생활] ## 참 꿈을 가진 사람들
사도행전 2:14-21

　성경에서나 교회사 또는 일반적인 역사에서도 성공적인 발자취를 남긴 사람들은 무엇인가 남다르게 살아온 사람들입니다. 무엇인가 남다르게 생각하고, 연구하고, 행동하고, 살아온 사람들에 의해서 역사는 발전해 왔습니다. 물론 꿈을 실현하면서 하루아침에 한꺼번에 아루어진 것이 아니라 실패와 아픔의 역사도 함께 했습니다. 예컨대 대한민국이 이렇게 발전해서 무역이 세계 11위에 위엄을 달성해 가면서 세계 빈국에서 경제 대국으로 가는 중진국에 이른 것은 1965년 경제발전계획부터 시작되었습니다.
　영적이고 신령한 신앙세계에서도 마찬가지의 원리를 가지게 됩니다. 신앙이 한 계단 상승되고 하나님의 온갖 축복과 은사들은 성령께서 주시는 바 영적 꿈을 가지고 사모하는 사람에게 주십니다.

1. 하나님께서는 믿음의 꿈을 가진 사람들을 통해서 일하십니다.
　창조 이전에 세우신 것이 계획들과 예정된 일들이 이 땅에 실현될 때에 꿈과 비전(Vision)을 갖게 하시고 그들을 사용하십니다.

1) 하나님의 큰 일을 위해서 성도들은 꿈을 가져야 합니다.
　꿈을 꾸게 하시는 분도 하나님이시지만 꿈을 이루시는 분도 하나님이십니다.
　① 성경의 내용은 언제나 꿈을 가진 사람들에게서 이루어져 왔습니다.
　　바울은 옥중에 있으면서 교회에게 전한 복음에서 이렇게 전했습니다.
　　(빌 2:13) "너희 안에 행하시는 이는 하나님이시니 자기의 기쁘신 뜻을 너희로 소원을 두고 행하게 하시나니" 했습니다.
　　히브리서에는 믿음의 정의를 '바라는 것들의 실상이요 보지 못하는 것들의 증거' 라고 했습니다(히 11:1).
　② 성경에 나오는 아브라함을 봅니다.
　　(창 12:1) 믿음의 꿈을 가지고 갈대아우르를 떠나게 되었고 이것을 순종이라고 하였습니다(히 11:8).

2) 대표적으로 요셉을 말할 수 있겠습니다(창 37장-50장).
요셉의 일대기는 한 편의 드라마라고 할 정도로 절묘하게 펼쳐집니다.
① 요셉은 야곱의 열두 아들 중에 라헬의 소생으로 열한 번째 아들입니다.
야곱이 특별히 편애했던 아들입니다. 나중에 형들에 의해서 애굽으로 팔리게 됩니다.
② 그렇게 된 배경은 요셉이 꿈을 꾸는 자였기 때문입니다(창 37:9).
해와 달과 열한 별이 자기에게 절하고 곡식단 열한 단이 절하는 꿈 때문에 고난이 시작되었지만 그 고난은 오히려 꿈이 실현되는 과정이었습니다.

2. 하나님은 그의 백성들에게 꿈을 주시고 목표를 세우시며 미래로 전진하게 하십니다.

오늘 본문에(2:17) '내가 내 영으로 모든 육체에게 부어 주리니 너희 자녀들은 예언할 것이요 너희 젊은이들은 환상을 보고 너희 늙은이들은 꿈을 꾸리라' 하였습니다.

1) 교회는 영적 꿈을 갖게 하고 소망을 심어주는 곳입니다.
마귀가 지배하는 곳은 소망이 없지만 성령께서 역사하시는 곳에는 소망이 넘치게 됩니다.
① 교회는 성령의 역사로 말미암아 예수 그리스도 안에서 소망이 있고 결국은 영원히 사는 영생으로 인도합니다.
마귀가 주는 죄 때문에 절망과 낙심이 있는 인생들에게 영원한 영생의 소망이 있습니다. 하나님은 소망의 하나님이 되십니다(롬 15:13).
② 예수로 말미암아 하나님께 나오는 사람들에게 성령께서 밝은 미래를 주시고 영원한 꿈을 이루게 하십니다.
여기에는 가난한 자, 부자, 높은 자, 낮은 자가 관계없습니다. 예수 그리스도의 복음은 보편적이고 동일하기 때문입니다. 소망이 없다면 그 교회는 생명력이 상실한 교회입니다.

2) 성도들의 현실이 어렵다고 해서 낙심치 말아야 합니다.
① 예수 그리스도 안에서 꿈이 있고 미래가 밝기 때문입니다.
예수 안에서는 절망이 없습니다. 이것이 성령의 사람입니다.

② 사람은 두 가지 종류의 사람이 있을 수 있습니다.
신세타령만 하면서 낙심 중에 죽어가는 사람인데 이런 사람은 아무것도 할 수 없습니다. 또 하나는 현실을 극복해 나가는 사람으로서 성령을 의지하며 사는 믿음의 사람입니다. 하나님은 오히려 마이너스 인생을 플러스의 인생으로 바꾸시는 분이심을 믿어야 합니다.

3. 하나님께서 꿈을 주신 사람들은 반드시 해야 할 일이 있습니다.

1) 꿈을 이루기 위해 지불해야 할 일들이 있습니다.
① 인내를 지불해야 합니다.
화려한 환상이나 꿈이 그냥 이루어지지 않기 때문에 기도하더라도 인내의 기도가 요구됩니다(약 5:10-11). 곡식을 농사짓는 농부와 같다고 하였습니다(딤후 2:7).
② 하나님이 주시는 힘으로 노력해야 합니다.
노력하고 연구하고 힘써야 합니다. 공산주의는 발전이 없습니다. 정부에서 주는 것으로 배만 채우면 되기 때문입니다. 북한 동포들은 그것마저 없어서 굶어죽어 가지만 노력이 없는 세상은 소망도 없습니다. 인내와 노력이 중요합니다(히 10:36).

2) 기도를 지불해야 합니다. 성도가 꿈을 가지고 있다면 기도해야 합니다.
① 기도 없이 능력도 나타나지 않습니다(막 9:29).
그래서 예수님은 기도를 강조해 주셨습니다. 예수님도 기도하셨습니다.
② 실제 예들은 수없이 많이 있습니다.
기도 응답은 곧 꿈의 응답입니다. 꿈을 꾸며 기도했기 때문입니다.
예수 안에서 참 꿈을 꾸는 성도들이 되시기를 축원합니다.

결론: 하나님은 성도들에게 꿈을 꾸게 하십니다.

[신앙생활]

육적 부자와 영적 부자
요한계시록 3:17

동서양을 막론하고 부자가 되기 싫어하는 사람은 없을 것입니다. 하나님께서 세상을 창조하실 때에 부요하게 창조하셨습니다(창 1:28). 타락하여 에덴동산에서 쫓겨나게 되었고 축복을 상실했지만 예수 안에서 부요한 축복이 약속되었습니다. 부요하신 예수께서 가난하게 되심은 우리 믿는 자들을 부요케 하기 위함입니다(고후 8:9).

무엇이 과연 부요한 것이고 인간이 이상적으로 사는 것인가 하는 문제는 여러 세대에 걸쳐서 숙제였습니다. 고대에는 그리스를 중심으로 철학이 이상이었고 중세에서는 수도원 생활과 성자 칭호가 이상이었고 현대 자본주의 시대에는 무엇보다도 제일은 부자 되는 것이고 돈을 가치로 판단하는 사람이 많아서 신앙도 돈으로 판단하는 경향이 있습니다.

본문에 나오는 라오디게아교회는 지역적으로 부자였습니다. 금광과 은행업, 그리고 양털로 물감들인 옷감이 화려하였고 의학이 발달했던 곳으로 지진이 일어나도 중앙정부의 도움 없이 복구할 만큼의 재력도시였습니다. 그래서 교회도 부자였고 "나는 부요하여 부족한 것이 없다"고 할 때에 책망 받았습니다. 재정과 신앙은 반대로 반비례합니다. 많은 신학자들은 라오디게아교회가 바로 말세 때의 교회라고 지적하였습니다. 현대에 와서 교회들이 엘리트, 부자, 권력자를 추구합니다. 무엇이 진정으로 주님이 원하시는 부자상일까요? 영적인 부자를 본문에서 살펴보게 됩니다. 부자와 가난한 사람의 차이는 생활에서 나타나게 됩니다. 영적인 의식주가 크게 좌우 됩니다.

1. 영적인 부자는 예수로 옷 입고 있는 사람입니다.

1) 성도들이 세상에서 입어야 하는 옷은 예수로 옷 입은 신령한 옷입니다.

세상적인 것은 신령한 것이 될 수 없습니다. 라오디게아교회 사람들은 육은 좋은 옷을 입었지만 영적으로 볼 때에 벗고 있었습니다.

① 육적이고 세상적인 것으로 둘러있는 명함의 옷은 영원한 옷이 못됩니다.
옷의 기능은 몇 가지로 분류하지만 추위나 더위에서 보호하는 기능과, 수치로부터 자신을 가리는 기능이며, 자신을 잘 보이게 하는 아름다움을 위한 미적 기능일 것입니다.

죄 지은 인간에게 이 세 가지 기능을 모두 해주는 기능은 오직 예수 그리스도 뿐입니다(롬 10:11, 벧전 3:3-4). 최초에 사람이 입었던 옷은 무화과 잎이었는데 그것은 불완전했습니다. 그래서 하나님은 가죽옷을 입혀주었습니다(창 3:21).

그 짐승이 죽은 가죽은 예수 그리스도의 예표입니다(요 1:29). 세상의 화려한 옷들이 나를 감싸주지 못합니다. 그래서 예수님은 본문에서 '흰옷을 사서 입어 네 벌거벗은 수치를 보이지 않게 하라' 고 하였습니다.

② 인간의 부끄러운 수치는 보이는 육적인 옷으로 가릴 수가 없습니다.
외형상으로 제아무리 화려한 것으로 입었다고 해도 내면적인 죄와 허물 된 수치를 가릴 수가 없습니다. 인간은 모두 죄인입니다(롬 3:10, 23).

2) 하나님은 인간에게 가죽옷을 입혀주셨습니다(창 3:21).

① 예수님은 한 마리의 양으로 표현되었습니다.
(요 1:29)"… 보라 세상 죄를 지고 가는 하나님의 어린 양이로다" 했습니다. 피 흘림이 없은 즉 사함도 없습니다. 이사야 선지자도 예언했습니다(사 53:5).

② 예수 그리스도의 피 흘림으로 죄 사함 받아 의롭게 된 옷을 입어야 합니다.
이제는 어두움의 옷을 벗고 빛의 갑옷을 입어야 합니다(롬 13:13-14). 그리스도로 옷 입어야 합니다(갈 3:27). 그리고 영원한 흰 옷을 입고 하나님을 찬양하게 됩니다(계 6:11).

2. 영적 부자는 예수님과 더불어 먹는 사람입니다.

지위가 높은 부자의 두 번째 생활은 식생활입니다. 밥상에 따라서 신분의 위치가 달라집니다.

1) 사람에게는 먹는 문제가 중요합니다(계 3:20).

"내가 문 밖에 서서 두드리노니 누구든지 내 음성을 듣고 문을 열면 내가 그에게로 들어가 그는 나로 더불어 먹고 나는 그로 더불어 먹으리라" 하셨습니다. 예수님과의 관계성은 먹는데 있습니다.

① 예수님과 더불어 먹어야 예수님과 관계가 있는 사람입니다.
라오디게아교회와 같이 현대 교회들은 실상은 예수님을 밖에 세워두는 일이 많이 있습니다.

② 예수님과 더불어 먹는 사람은 예수님이 주시는 양식을 먹는 사람입니다(요 4:13-14).
수가성 여인에게는 생수를 주셨고(요 4:32-34), 영원한 양식을 약속해주셨습니다.

2) 예수님과 더불어 먹고 마시면 영원히 살게 됩니다.

① 영적 부자는 불로초가 소용없습니다.
예수님과 함께 먹어야 합니다. 그래서 성찬식이 중요합니다.

② 영생의 주인공이 되시기 바랍니다.
부흥사였던 김익두 목사님은 "나는 신구약 성경 두 첩으로 영생을 얻게 되었다"고 했습니다. 세상의 그 어떤 음식에도 영생은 없습니다. 오직 예수로 더불어 먹고 마실 때에 영생이 있습니다. 그가 부자입니다.

3. 영적 부자는 예수님과 한 집에서 사는 사람입니다.

가난한 사람과 부자의 세 번째 차이는 사는 집의 차이입니다. 어떤 집에 사느냐에 따라서 가난한 사람인가, 부자인가의 차이가 납니다.

1) 영적 부자는 예수님과 함께 살아가는 사람입니다.

① 어디든지 예수님 모신 곳이 부자의 특징입니다.
찬송가 495장에서 '초막이나 궁궐이나 내 주 예수 모신 곳이 그 어디나 하늘나라' 라고 버틀러(C. F. Butler)는 찬송했습니다.

② 믿음의 선조들은 핍박 중에 토굴 속에서 숨어 지내게 되었지만 예수님을 모신 부자였습니다.

라오디게아교회는 좋은 집에서 살았어도 가난한 사람들에 불과 했습니다. 현대인들에게 큰 교훈이 되는 부분입니다.

2) 예수님과 더불어 사는 사람은 믿음이 부요한 집과 같습니다.

① 사도 바울은 분명히 전했습니다(고전 1:26-27).
믿음의 부요한 성도가 되시기 바랍니다. 그래서 믿음을 금으로 표현했습니다(벧전 1:7).

② 천국은 세상적인 물질의 부요를 가지고 들어갈 수 없습니다.
한 때 미국 비자를 받으려면 통장에 돈이 있어야 받을 수 있었습니다. 그러나 천국 비자는 돈 가지고 받을 수 없습니다.

성도들이여, 언제나 예수님과 함께 살아가는 믿음의 부요한 성도가 되시기를 축원합니다.

결론: 부자의 특징은 의식주입니다. 영적 부자가 되시기 바랍니다.

> **신앙생활**

자기 것을 버리고 순종하는 사람
마가복음 10:17-22

누구든지 자기의 소유가 귀하지 않은 사람은 없을 것입니다. 그래서 내가 소유한 것을 아끼게 되고, 사랑하게 되고 간직하려는 것은 당연합니다. 그것이 물질에 대한 것이라면 사람들이 더욱 집착하게 되고 애착을 갖게 됩니다. 그래서 하나님께서는 에덴동산에서 모든 실과는 아담과 하와가 먹게 하셨지만 선악과는 금지하셨다는 것을 알게 됩니다. 하나님 말씀에 순종하느냐를 보시기 위함입니다. 종교개혁자 마틴 루터(Martin Luther)는 사람이 전대주머니를 회개할 때에 마지막 회개를 하는 것이라고 역설했습니다. 그런데 사람들은 다시 목마를 수밖에 없는 물질에 대해서 너무 많이 지나치게 집착하고 애착을 보이면서 소유하려는 추세를 보게 됩니다.

본문에서 어떤 청년이 예수님께 와서 영생에 관한 말씀을 듣게 될 때에 예수님은 율법을 지키라고 하셨습니다. 이때에 이 청년은 내가 어릴 때부터 다 지키었다고 대답하였습니다.

예수님은 청년에게 잘하였다고 칭찬하시면서 '한 가지 부족한 것이 있는데 재산을 팔아서 가난한 사람들에게 나누어주고 나를 따라오라' 고 하셨습니다. '청년은 부자인고로 근심하며 가니라' 하였습니다. 그 모습을 보시고 예수님은 말씀하시기를 '약대가 바늘귀로 들어가는 것이 부자가 하나님 나라에 들어가는 것보다 쉬우니라' 하셨습니다. '그리하면 하늘에서 보화가 네게 있느니라' 하였습니다. 우리는 여기에서 귀한 진리를 발견하고 배웁니다.

1. 자기 것을 포기하고 주의 말씀에 절대적인 순종이 요구 됩니다.

이것이 또한 신앙이요, 영적 생활이기도 합니다.

① 믿음으로 자기를 포기할 줄 알아야 합니다.

이것을 성경에는 '돈 없이 값없이 와서 포도주와 젖을 사라' (사 55:1-)고 하였고, 수가성 여인에게는 '네 남편을 불러오라' (요 4:16)고 하셨습니다. 내게 힘이 될 만한 남편을 불러와야 합니다. 아브라함은 조카 롯에게 양보할 것을 양보하고 헤브론성지를 택하게 되었습니다(창 13:11-12).

② 예수님은 이것을 실천해 보이셨습니다.
　인간을 구원하시기 위해서 천국을 버리시고 이 땅에 오셨고 모진 고통을 겪으신 후에 영광을 받으셨습니다(빌 2:5-11). 본문에서 율법적인 청년은 어릴 때부터 율법은 다 지켰을지 모르지만 자기 것을 버릴 줄 모르는 인색한 사람이었고 육적인 사람이었습니다.

2) 자기 것을 버리는 것은 말씀에 대한 절대적인 순종을 뜻합니다.
때때로 신앙에는 내 것을 모두 포기해야 합니다.

① 제자들도 그랬습니다(마 4:18-20)
　'저희가 곧 그물을 버려두고 예수를 좇으니라' 하였습니다. 이것이 곧 순종이요 신앙인데 순종이 제사보다 낫습니다(삼상 15:22). 순종에는 기적과 능력이 나타납니다(눅 5:1-8, 요 2:1-9).

② 우리의 현실적인 문제에서 보시기 바랍니다.
　버릴 것을 버리고 예수님을 따르고 있습니까? 아직도 세상적이고 버려야 할 문제들을 붙잡고 있지는 않습니까? 과감하게 버리시고 붙들 것은 천국에 관한 일입니다.

2. 버릴 것을 버리고 순종하는 사람에게 세상적인 것이 아니라 차원 높은 천국의 것으로 축복해 주신다고 하셨습니다.

1) 이 청년은 인생의 가치를 세상 것에 두었습니다.
그래서 세상적 가치 때문에 천국의 가치를 잃어버리게 됩니다.

① 이런 사람은 에서와 같이 팥죽 한 그릇 때문에 장자의 명분을 팔아버린 격에 비유됩니다(창 25:32-34).
　망령되고 어리석어서 다시 회복이 불가능했습니다(히 12:16-17).

② 에서와 같이 또는 이 부자와 같은 어리석은 인생이 되지 말아야 하겠습니다.
　내 가치관을 버리게 되면 영원한 가치관이 세워지게 되는 축복이 있습니다.(막 10:29). 이것이 우리 믿음의 축복이요 영원한 소망이 됩니다.

2) 우리는 내 것을 버리고 주님이 나를 사용하시도록 해야 합니다.
주님이 사용하시는 사람은 나를 버릴 줄 아는 사람입니다(마 16:24).

① 내가 나를 버릴 때에 구제도 하고 남을 돕는 일도 하게 됩니다.
이것이 양과 염소의 차이라고 하셨습니다(마 25:31-46). 양과 같은 사람은 남에게 줄 수 있는 사람이지만 염소 같은 사람은 남을 생각하지 않습니다.

② 결국은 내 것을 포기하는 양과 같은 사람에게 천국이 주어지지만 염소에게는 지옥이 기다린다고 하셨습니다(마 25:41).
말씀 안에서 우리는 언제나 나를 비추어보면서 자기 자신을 포기하고 믿음 안에서 더 나은 천국의 주인공으로 살아야 하겠습니다.

3. 자기의 것을 포기하고 순종하는 사람에게 하늘의 상급이 약속되어 있습니다.

이 청년은 영생에 관한 문제를 가지고 왔지만 그 처방전에는 관심이 없고 근심하며 가게 되었습니다.

1) 우리는 하늘의 보화를 간직해야 합니다.
천국은 마치 자기 것을 버리고 밭을 산 사람으로 비유됩니다(마 13:14).

① 하늘에 간직하세요. 그 곳이 영원히 내가 살 곳입니다.
이 세상은 나그네에 불과합니다(마 6:19-21). '네 보물 있는 곳에 네 마음도 있느니라' 하셨습니다.

② 천국을 위해서 버릴 것을 버릴 때에 진정한 제자가 됩니다.
이것은 예수님이 강조해주셨습니다(눅 14:26). 버릴 것을 버리고 따라가게 될 때에 하늘에서 상이 크다고 하셨습니다.

2) 믿음의 선진들이 버릴 것을 버리고 살았던 사람들입니다.

① 구약에서 보겠습니다.
아브라함을 보세요. 고향 친척(창 12:1), 이스마엘(창 21:13-), 이삭(창 22:1)을 버렸습니다. 아브라함은 지금까지 대대로 축복의 명문가가 되었습니다. 모세를 보세요(히 11:24-26). 애굽의 온갖 왕좌를 버리고 하나님의 백성과 함께 고난의 길을 걷게 되었습니다.

② 신약에서 보겠습니다.

예수님의 제자들(마 4:18-)과 바울을 비롯해서 바울은 세상 것을 배설물로 여겼습니다(빌 3:8-9). 자신을 관제와 같이 버려서 드리게 됩니다(딤후 4:6). 이는 의의 면류관이 있기 때문입니다.

모든 성도들이여, 이 신앙으로 세상에서 천국을 위해서 승리하게 되시기를 주님의 이름으로 축원합니다.

결론: 이 세상은 잠시 지나가는 나그네 길입니다.

신앙생활 | 열등적 신앙인가? 우등적 신앙인가?
출애굽기 4:10-17

최근에 세계적인 추세로 우울증 환자가 급증하게 되고 심한 경우에는 자살까지 가는 경우들이 많아서 사회적 병리현상으로 문제가 되고 있습니다. 이런 문제가 옛날에는 다른 나라 선진국에서 일어나는 병리현상 쯤으로 생각했으나 언제부터인가 우리나라에서도 이러한 현상이 빈번해지고 있습니다. 최근에는 어떤 시장이, 연예인이, 학생이, 대법원장을 지낸 분이, 기업 회장이 자살했으며 심지어 인터넷에 자살 사이트까지 개설해서 동반자살 모임까지 생기게 되었습니다. 자살이 친근하고 친숙하게 느껴져서 전염병처럼 번져가는 시대입니다. 옛날 춥고 배고픈 시대에도 잘 견디어 왔는데 비교의식이나 상대적 빈곤들이 주로 이유가 되고 여기에는 열등의식이 주요 원인으로 자리 잡게 됩니다.

우리는 성경으로 돌아가야 합니다. 하나님께서 쓰시는 사람은 문벌 좋은 자나 유명한 사람이 아닙니다(고전 1:26-29). 제자들 역시 문벌 좋은 사람들이 아니었습니다. 그러나 위대하게 사용하셨습니다(행 4:19-).

본문에서 80세 된 모세를 애굽에 보내시며 이스라엘을 건지게 하실 때의 부르심의 현장입니다. 왕좌에 있는 것도 아니고, 왕위 계승자로 있는 것도 아니라, 추방되어 쫓기어 미디안 광야에서 40년을 지내면서 양치기 노인에 불과한 모세를 부르실 때 일입니다. 모세가 극구 부인하면 하나님께서는 할 수 있다고 말씀하십니다. 할 수 없다고 할 때 "누가 벙어리나 눈 밝은 자나 소경이 되게 하였느냐 나 여호와가 아니뇨 이제 가라 내가 네 입과 함께 있어서 할 말을 가르치리라" 했습니다.

모세는 80세 때에 애굽에 들어가서 430년간 고생하던 자기 민족을 애굽에서 출애굽 시키게 되었습니다. 때때로 우리 자신의 부족을 느끼는 것은 건설적인 일이지만 지나친 자기 비하에 빠지는 것은 하나님의 뜻이 아닙니다. 본문에서 배웁니다.

1. 하나님의 일꾼은 가치의식이 바르게 세워져 있어야 합니다.

세상에서 어떤 전염병보다 무서운 것이 열등감, 열등의식이며 자기를 지나치게 비하시키는 일입니다.

1) 성도에게는 분명한 가치의식이 있어야 합니다.

상대적으로 높낮음이나 사회적 상하조직은 있겠지만 그것이 열등의 문제는 될 수가 없습니다. 그리고 완벽한 인간은 하나도 없습니다.

① 모세를 부르실 때에는 모세가 사회적으로 화려할 때가 아니라 완전히 목동으로 전락한 때였습니다.

권력가도 아니고 위대한 자리에 있는 때도 아닌데 하나님께서 이 때에 부르시고 사용하셨습니다.

② 하나님은 자기 가치관이 뚜렷한 사람을 기뻐하십니다.

중세기 때에 성 프랜시스(St. Francis)에게 브라더 마세오(Brather Baceo)가 말했습니다. '참 이상합니다. 당신은 용모가 뛰어난 것도 없고 학식이 뛰어난 것도 아닌데 많은 사람이 존경 합니다' 할 때에 '하나님이 나를 그렇게 쓰시기 때문입니다' 라고 대답한 것은 유명한 일화입니다.

다음 주일은 어린이 주일입니다. 감리교 창시자인 요한 웨슬레의 어머니 수산나는 17명의 아들들을 뉘어놓고 그들에게 하나님의 축복을 가르쳤다고 전합니다.

2) 우리는 우리들 자녀들이나 우리 자신들에 대한 분명한 가치의식을 가져야 합니다.

한국사회는 지금 자녀들을 공부벌레나, 공장에서 찍어 나오는 벽돌과 같이 획일적인 인간으로 만들고 있습니다. 여기에서 열등의식이 번지고 있는 것입니다.

① 이제는 달라져야 합니다.

꼭 좋은 성적이나, 좋은 대학만 들어가는 것이 좋은 것이 아닙니다. 초등학교만 나왔어도 초일류 기업가가 있고 세계적 정치가인 사람도 있습니다. 모든 일은 하나님께서 역사하십니다(삼상 2:7). 우리는 긍정적인 사고로 바꾸어야 합니다.

② 하나님은 약한 자도 많이 사용해 주셨습니다.
우리 주변에 목사님들을 보면 고생도 많이 하고 학력이 신통치 않은데 한국 강단 뿐 아니라 세계적 부흥사도 있고 세계적 인물들이 많이 있습니다. 이제 우리는 낙심과 절망, 좌절적인 자기 비하를 버리고 자기 가치관을 뚜렷하게 해야 합니다. 이것이 성도입니다.

2. 하나님이 사용하시는 사람은 우등적 의식으로 '자기의 일'을 찾아서 하는 사람입니다.

언제까지 방황할 수 없습니다. 이제는 '나는 할 수 없어'가 아니라 '나는 할 수 있어'로 의식이 전환되어야 합니다.

1) 하나님은 나를 통해서 하실 일이 있다고 믿어야 합니다.

세상에 우연히 태어났거나 목적이 없는 사람은 하나도 없습니다. 모두가 귀한 사람들입니다.

① 새 한 마리, 풀 한 포기도 하나님의 뜻에 있습니다(욥 38:41-42).
전에 군에 입대해서 통신병으로 근무하다가 전신주에서 떨어져서 반신불구가 되었는데, 서예를 공부해서 국무총리 상까지 받은 사람도 있습니다(김준호씨는 시편 15편을 붓글씨로 써서 상을 받았습니다).

② 어려운 환경이나 배경 앞에서도 믿고 일어서는 사람을 하나님이 귀하게 사용해 주십니다.
최소한 '나는 하나님의 자녀' 라는 의식이 중요합니다.

2) 우리 자녀들에게 무엇인가 잘하는 분야를 찾아서 용기와 힘을 얻게 해야 합니다.

① 내 아이가 모두 잘하는 것도 아니요, 모두 못하는 것도 아니라 한 가지 이상만 잘하면 됩니다.
구박하지 말고 칭찬과 격려로 도와야 합니다.

② 하나님께서 이 땅에 보내실 때에 모두에게 한 가지씩은 재능을 주셨습니다.
하나님께서 주신 천부적인 재능을 찾아서 살게 해야 합니다.

3. 내가 위대해서 사용하시는 것이 아니라 다만 하나님께서 사용하기 때문에 위대하게 나타나는 일입니다.

모세가 위대해서 사용하신 것이 아니고, 베드로가 위대한 것이 아니라 주께서 사용하셨기 때문입니다(롬 9:21-22).

1) 나는 부족해도 하나님이 사용하심을 믿고 감사해야 합니다.

① 하나님이 사용하셨던 사람들을 보세요.
위대해서 사용하신 것이 아니라 사랑하셨기에 위대하게 된 것입니다(베드로, 요한, 야고보, 안드레, 무디….) 한얼산 기도원 이천석 목사님도 상이용사요, 깡패에 불과 했었습니다.

② 나도 하나님이 사용하실 때에 위대해집니다.
자기를 발견하게 되고 하나님이 손에 사용되게 해야 합니다. 능력 주시는 자 안에서 할 수 있음을 고백하세요(빌 4:13).

2) 하나님이 사용하려 하실 때에 거절하지 마시고 '아멘' 하세요.

① 열등의식은 하나님의 부르심을 거절하게 합니다.
모세를 보시기 바랍니다. 처음에 할 수 없다고 거절했습니다. (사 6:5)이사야는 입술이 부정된 자로 나타났습니다. (렘 1:6-7)예레미야는 '아이'라고 거절했습니다.

② 우리는 열등의식이 아니라 우등적 의식으로 긍정적 믿음에서 쓰임 받아야 합니다.

이사야, 예레미야, 모세 역시 변화되어 크게 쓰임 받았습니다. 우리는 자녀교육도 이런 차원에서 시켜야 합니다. 열등의식이 아니라 우등의식으로 하나님의 자녀답게 세상을 향해서 귀하게 쓰임 받게 되기를 축원합니다.

결론: 열등의식을 버리고 믿음에 서서 우등의식으로 바뀌어야 합니다.

신앙생활　실패가 변하여 성공으로
누가복음 5:1-11

　　인생사 가운데 하는 모든 일마다 성공만 있고 실패가 없다면 얼마나 좋겠습니까마는 인생에는 성공만 있는 것이 아니고 실패가 많이 있습니다. 공장에서 생산되는 신제품이 나올 때까지는 수많은 시행착오와 함께 실패의 연속이 있는 후에 새 상품이 나오게 됩니다. 인생사에서도 하루아침에 정상에 오른 것이 아니라 수없이 실패 끝에 올라오게 되었음을 수많은 사람들의 경우를 통해서 보게 됩니다. 미국의 16대 대통령인 링컨(Lincoln)도 대통령에 오르기까지는 수많은 쓴 잔이 있은 후에 올라가게 되었고 승자가 됩니다.

　　외환위기때보다 더 어렵다는 현 시점에서 우리는 낙오자가 아니라 성령 충만을 비롯해서 믿음 충만, 말씀 충만, 은혜 충만, 지혜 충만한 사람이 되어야 합니다. 본문에서 베드로는 어느 날 밤 고기를 잡았으나 빈 배로 하룻밤의 실패자가 되었지만 예수님을 만나게 되었고 한 순간에 자기 배만 아니라 옆 동료의 배까지 가득 채우는 현장을 체험케 됩니다. 실패의 현장이 곧 축복의 현장이요, 성공의 현장으로 바뀌는 순간입니다. 이것이 바로 우리교회 성도들의 삶의 현장이요, 인생사가 되기 바랍니다.

1. 실패의 현장은 곧 예수님을 만나는 기회의 장소입니다.

　　베드로가 실패의 현장에서 예수님을 만나게 되었고 낙심의 현장이 변화 되었습니다.

1) 실패의 장소는 흥해서 등이 따뜻하고 배가 부르면 예수님이 보이지 않습니다.

　　전도자가 전도해도 전도의 소리가 들려오지 않습니다. 그러나 실패와 낙심 속에 있을 때에 주님의 소리가 들려옵니다. '깊은 데로 가서 그물을 내리라…'

① 베드로는 밤이 맞도록 수고하였으나 실패자가 되었습니다.
　　330장 찬송의 주인공 윌리엄 슬리퍼(William. T. Sleeper 1819-1904)는

'고통의 멍에 벗으려고 예수께로 나옵니다' 고 찬송했습니다. '낭패와 실망 당한 뒤에 예수께로 나옵니다' 했습니다.

1070년대와 80년대까지 유명했던 곽규석(일명 후라이보이)씨는 빚에 쪼들려서 일본에서 자살하려다가 전도지를 받게 되는데 바로 마태복음 11:28절 내용입니다. "수고하고 무거운 짐진 자들아 내게로 오라…" 이 말씀에 돌아와 회개하고, 예수를 믿게 되고 나중에 목사까지 되었습니다. 그가 하는 얘기 중에 '이 말씀이 자기가 잘 팔리고 잘 나갈 때는 자기와는 관계가 없고 서울역이나 골목에 가난한 노숙자나 지게꾼들에게만 해당된 것으로 여겼다' 고 했습니다. '그러나 자기가 받고 보니 이 말씀은 모든 사람에게 주시는 하나님의 말씀이었다' 고 간증했습니다.

② 예수님은 내가 낙심하고 실패하였을 때에 찾아오십니다.

성공하고 잘 나갈 때에는 예수님이 보이지도 않고 들리지도 않습니다. 그래서 예수님을 만나는 현장은 언제나 문제투성이입니다. (요5:6)베데스다 연못가, (요 9:11)날 때부터 소경된 자, (눅 24:18-32)낙심한 채 엠마오로 내려가던 두 제자, (왕상 17:1-)아합왕 때의 흉년에 굶어죽기 전의 사르밧 과부, (몬7절)무익했던 오네시모 (골 4:9)를 보십시오.

2) 예수님을 만나게 되면 문제가 해결됩니다.

밤을 새워도 고기를 잡지 못했던 베드로를 예수님이 만나주셨습니다.

① 예수님은 지금도 말씀으로 역사하십니다.

배를 강단 삼으시고 말씀하셨듯이 지금도 주님은 역사하십니다. 빈 배였고 실패의 배였습니다. 만약에 빈 배가 아니었다면 예수님이 그 곳에 계실 수가 없었을 것입니다.

② 주님은 빈 마음에 역사하십니다.

말씀은 곧 예수 그리스도이신데(요 1:1), 그 말씀이 지금도 역사하십니다(시 107:19-). 주님은 말씀으로 명하셔서 역사하십니다(시 147:15). 여기에 귀 기울이고 순종하게 될 때에 역사가 나타나게 됩니다.

2. 말씀에 대한 순종과 신뢰는 곧 축복의 현장으로 가게 합니다.

베드로는 자기를 포기하고 예수님의 말씀에 순종했고 신뢰했습니다.

1) 베드로의 반응은 순종과 체험이였습니다.
중요한 일은 예수 그리스도에 대한 신뢰요, 순종입니다.
① 기적의 현장에는 언제나 순종과 신뢰 밖에 없습니다.
아브라함이 독자 이삭을 바치는 현장에서 봅니다(창 22장). 가나 혼인 잔치에서 하인들이 행하였던 현장에서 봅니다(요 2장). 아람나라 군대장관 나아만이 일곱 번 씻는 현장에서 봅니다(왕하 5장). 미국의 부호였던 록펠러(Rockefeller)는 철저히 하나님의 지시에 순종했던 결과였다고 했습니다.
② 예수님의 말씀은 '깊은 데로 가서 그물을 내리라' 였습니다.
내 경험, 내 생각, 내 지식, 내 상황보다 주의 말씀을 앞세워야 합니다.

2) 하나님의 손길은 지금도 말씀 속에서 역사하십니다.
그러므로 말씀에 귀를 기울여야 하겠습니다.
① 말씀에 깊이 내려가야 합니다.
하나님의 생각과 내 생각은 다르다고 했습니다(사 55:8).
② 내 생각에 의존치 말고 주님 생각에 의존해야 합니다.
실패와 낙심의 장소가 성공과 기쁨의 현장으로 바뀌게 됩니다. 사모하는 영혼을 만족케 하시는 하나님이십니다(시 107:9).

3. 주께서 말씀하실 때에 지금까지 우리의 반응은 어떠했나요?
지금까지 우리의 신앙생활에서 수없이 말씀에 접하였는데 거기에 대한 반응은 어떠했습니까?

1) '예수님, 그것은 OO한데요…' 여러 가지 핑계가 있습니다.
① 경험상으로 볼 때, 지식적으로 볼 때, 이론적으로 볼 때, 현재 상황으로 볼 때 이론을 제기 했습니다.
주께서 말씀하시면 무조건 들어야 합니다. 여기에 역사가 나타나게 됩니다. 여기에서 능력이 나타납니다.
② 기독교 역사는 기적의 역사요, 체험의 역사의 현장입니다.
하나님은 살아계셔서 역사하시기 때문입니다. 믿고 행하는 현장은 곧 기적들이 나타나게 됩니다. 이것을 베드로는 체험했습니다.

2) "그러한즉 고기를 에운 것이 심히 많아 그물이 찢어지는지라" 했습니다.
① 고기가 잡혀서 많은 경제적 유익을 체험하게 되었습니다.
자기 배만 아니라 상대방의 배까지 가득했습니다. 나의 축복이 타인에게까지 유익이 됩니다. 내가 잘 되어서 가족과 이웃과 국가에까지 유익이 되게 해야 합니다.
② 영적 축복이 있습니다.
'선생이여'(5절 Teacher)에서 체험한 후에는 '주여'(8절 Lord)했습니다. 육적인 체험만 아니라 영적 체험까지 했습니다. 예수님을 만나게 되면 지금도 이렇게 역사하시는 하나님이시니 이런 성공자들이 되시기를 주의 이름으로 축원합니다.

결론: 주님을 만나게 되면 실패자가 성공자로 바뀌게 됩니다.